KB083602

격고요론

格古要論

Essential Criteria of Antiquities

옮긴이

강경희(姜慶姬, Kang Kyung-hee)

이화여자대학교 중어중문학과에서 학부와 석사과정을 마치고 중국 남경대학교 중어중문학과에서 박사학위를 받았다. 중국 고전문학을 공부하며 앎을 삶으로 살아내기 위해 애쓰고 있다. 지금 여기를 사는 나를 위한 고전 읽기를 시도한 저서 『나는 불완전한 내가 고맙다』(동아일보사)가 있고, 함께 옮긴 책으로 명나라 여류 시인의 시선집 『새벽 바람 기다려 봄을 맞으리』, 『휘장을 열고 차를 끓이다』, 『산꽃은 일부러 우릴 기다려 피었구나』 등이 있다. 그밖에 「음중팔선도(飮中八仙圖)」, 「적벽도(赤壁圖)」, 「귀거래도(歸去來圖)」, 「채국도(採菊圖)」처럼 문학과 그림의 통섭에 관한 논문이 다수 있다.

김의정(金宜貞, Kim Eui-jeong)

성결대학교 파이데이아 학부 조교수. 이화여자대학교 중어중문학과를 졸업하고 연세대학교 중어중문학과에서 「두보 기주시기 시 연구」로 박사학위를 받고 중국고전시가를 다년간 연구하였다. 주요 논문으로 「이백 한적시에 보이는 시간의 흐름에 대하여-'춘일취기언지'를 중심으로」, 「두보가 만난 사람」, 「명말 청초 문인 장대의 시세계」, 「영상 미학을 통해 본 중국 고전시의 재해석」, 「여성, 늙음을 말하다」, 「興, 오래된 비유」, 「시는 어떻게 광고가 되는가」 등이 있고 『쾌락의 정원(한정우기)』, 『장물지』(공역), 『사치의 제국』(공역) 등을 번역하였다.

격고요론

초판인쇄 2022년 12월 10일 **초판발행** 2022년 12월 20일

지은이 조소 **옮긴이** 강경희 · 김의정 **펴낸이** 박성모 **펴낸곳** 소명출판 **출판등록** 제1998-000017호

주소 서울시 서초구 사임당로14길 15 서광빌딩 2층

전화 02-585-7840 **팩스** 02-585-7848

전자우편 somyungbooks@daum.net **홈페이지** www.somyong.co.kr

값 20,000원 ⓒ 강경희 · 김의정, 2022

ISBN 979-11-5905-744-1 93910

이 저서는 2019년 대한민국 교육부와 한국연구재단의 지원을 받아 수행된 연구임(NRF-2019S1A5A7069446)

한 국 연 구 재 단
학술명저번역총서

격고요론

格古要論

Essential Criteria of Antiquities

조소 지음
강경희 · 김의정 역주

머리말

『격고요론格古要論』은 중국미술사, 문화사, 골동품의 수집과 감상에 있어 매우 중요한 학술적 가치가 있다. 역자들은 원문을 정독하고 번역하며, 상세한 각주를 달아 국내 독자들에게 원말 명초 골동품의 수집과 감정이 체계적으로 이루어지는 시기의 모습을 보여주려 노력하였다. 『격고요론格古要論』의 저자 조소曹昭는 자가 명중明仲으로, 원말 명초 송강松江의 화정華亭, 지금의 상해 사람이며, 생애에 대해서는 잘 알려져 있지 않다. 그는 서문에서 "돌아가신 부친 정은처사貞隱處士는 평생 옛것을 좋아하였고, 박학다식하며 고상하였다. 평소 고대의 모범이 되는 서첩書帖·명화名畫·고금古琴·옛날 벼루·이정준호彝鼎尊壺 종류를 수집하여 서재에 두고, 진기한 감상의 기물로 여겼다"라고 하였다. 상당히 부유한 가문에서 자라난 조소는 부친의 영향으로 골동품의 감상과 감정에 뛰어난 식견을 가지고 있었으며, 이를 체계적으로 정리하여 만년에 『격고요론格古要論』을 저술하였다. 명초 간행본은 현재 발견되지 않았으며, 명청 시기를 거치면서 3권본과 5권본과 10권본 및 절록본節錄本 등 4개의 판본이 출현했다. 이 가운데 3권본이 조소의 원본으로, 현재 명 만력萬曆 26년1598에 주리정周履靖, 1549~1640이 간행한 『이문광독본夷門廣牘本』과 청대 『사고전서본四庫全書本』의 두 종류가 있다. 이밖에 명 천순天順 3년1459에 왕좌王佐가 대규모로 증보하여 13권본으로 만들었으며, 『신증격고요론新增格古要論』이라 하여 조소의 저작과 구분하지만, 무질서한 자료 모음집으로 높은 평가를 받지는 못하였다. 이에 본 번역은 학계에서 인정받는 3권본을 따랐다. 『격고요론格古要論』 전체는 상중하 3권이고 총 13부로 나뉘어 있다. 상권은 고동기론古銅器論, 고화론古畫論, 고묵적론古墨跡論, 고비법첩론古碑法帖論으로 구성되어 있고, 중권은 고금론古琴論, 고연론古硯論, 진기론珍奇論, 금철론金鐵論으로 구성되어 있으며, 하권은 고요기론古窯器論, 고칠기론古漆器論, 금기론錦綺論, 이목론異木論, 이석론異石論으로 구성되어, 모두 201개의 조목으로 이루어져 있다. 상권의 고동기론에서는 예기로 사용된 종정이기鐘鼎彝器와 향로 및 거울 등의 주조와 관지款識 및 벽사작용辟邪作用 등에 대하여 논의하였다. 고화론에서는 회화이론, 감정법, 회화기법, 붓, 비단, 종이, 표구 및 역대 명화 등에 관해 논의하였다. 고묵적론에서는 서예 작품과 진위감정 및 사용된 종이 등에 관해 논의하였다. 고비법첩론에서는 역대 법첩의 유래와 전승에 관해 상세히 논의하였다. 중권에서는 원말 명초 강남 문인사대부 계층의 기호가 반영된 기물들을 다루고 있다. 고금론에서는 고대 거문고의 유래와 제작기법 등에 대해 논의했으며, 고연론에서는 문인의 필수품인 벼루에 관한 논의로, 단계연과 흡주연과 도하연 등 각종 벼루의 산지와 특징에 관해 설명하였다. 진기론에서는 먼 이역에서 들어왔거나 오래전부터 특권층이 향유했던 옥, 수정, 서각, 호박, 묘안석, 용연향, 금강석 등과 같이 진기한 기물에 대해 중국 최초로 논의하였다. 금철론에서는 중요한 자원이자 사람들에게 선망의 대상인 금과 은 및 도금법 등에 대해 논의하였다. 하권의 고요기론에서는 오대시기 이래 10여 가지 도자기에 대해 예술품으로서 진위감정에 관해 논의하였으며, 고칠기론에서는 각종 옻칠 공예에 대하여 논의하였다. 금기론에서는 각종 비단의 종류와 제작 기법 등에 관해 논의하였으며, 이목론에서는 자단과 황화리 및 계칙목 등의 진귀한 목재에 관하여 논의하였다. 이석론에서는 완상과 정원의 축조 등에 사용되는 기이한 형태의 돌에 관해 논의하였다. 본 번역서는 『사고전서본』을 저본으로 하고 『이문광독본』을 참조하여 양춘챠오楊春俏가 교감하고 주석을 달아 백화로 번역하였으며, 중화서국에서 2012년에 발간한 『격고요론』을 대상으로 삼았다. 원주原註를 모두 번역하였으며, 원주에 대해서도 주석을 붙이고, 여기에 번역자의 주석을 별도로 첨가하여, 독자가 가능한 이해하기 쉽도록 번역하는 것에 중점을 두었다. 역자들의 자그마한 노력이 문학과 미술 등 관련 분야 연구에 조금이나마 도움이 되기를 기대한다. 600여 년 전의 명대에 저술된 고전을 얕은 식견으로 번역하다 보니, 여러 번 고민하였음에도 불구하고 오류가 있을 듯하다. 두려운 마음으로 독자 제현들의 관심과 아낌없는 질정을 부탁드린다.

2022년 10월 3일 개천절에 역자 씀

격고요론_ 차례

◎『격고요론』 원서

번역 서문

돌아가신 부친 정은처사貞隱處士[1]는 평생 옛 것을 좋아하였고, 박학다식하며 고상하였다. 평소 고대의 모범이 되는 서첩書帖·명화名畵·고금古琴·옛날 벼루·이정준호彝鼎尊壺[2] 종류를 수집하여 서재에 두고, 진기하게 감상하는 기물로 삼았으므로, 그것들을 판매하는 사람의 왕래가 특별히 많았다. 내가 어려서부터 성격이 본래 옛것을 아주 좋아하여 부친의 곁에서 모셨는데, 무릇 하나의 기물을 보면, 반드시 두루 도록을 보며 내력을 추구하고 우열을 연구하여, 옳고 그름을 판별한 뒤에 그쳤다. 늙게 되어도 오히려 나태하지 않았으며, 단지 정확하지 못할까 근심했을 뿐이다. 일찍이 근래의 부잣집 도련님을 보았는데, 우아한 일을 익히는 사람이 반드시 있었지만, 그 마음은 비록 훌륭하여도 눈이 알아보지 못하여 애석하였다. 그리하여 고대의 청동기와 서화 및 기이한 물건을 선택하여, 우열을 구분하고 진짜와 가짜를 변별하며 요점을 거론하여, 글로 써서 책으로 만들었다. 분야를 나누고 종류를 구분하여, 제목을 『격고요론格古要論, 옛 것을 연구하는 중요한 의론』이라 하였으며, 세상의 호사가에게 보인다. 그러나 그 사이에 혹시 오류가 있으면, 또 학식이 많은 군자가 바로잡아 주면 다행일 것이다.

---

1 정은처사(貞隱處士) : 조소의 부친 조정은(曹貞隱). 생평은 알 수 없다. 처사는 벼슬하지 않은 사람.【역주】

2 이정준호(彝鼎尊壺) : 고대에 제사에 사용하는 술 단지·솥·술통·항아리 등의 의례용 제기.【역주】

홍무洪武 23년1390 3월 15일, 운간雲間[3]에서 중명仲明[4] 조소曹昭 서

원문 格古要論原序

先子[5]貞隱處士, 平生好古博雅. 素蓄古法帖名畵古琴舊硯彝鼎尊壺之屬, 置之齋閣,[6] 以爲珍玩,[7] 其售之者往來尤多. 余自幼性本酷嗜古, 侍於先子之側, 凡見一物, 必遍閱圖譜,[8] 究其來歷, 格其優劣, 別其是否而後已. 迨老至, 猶弗怠, 特患其不精耳. 常見近世紈袴子弟,[9] 習淸事[10]者必有之, 惜其心雖好, 而目未之識. 因取古銅器書畵異物, 分高下, 辨眞贋,[11] 擧其要略, 書而成編. 析門分類, 目之曰格古要論, 以示世之好事者. 然其間或有繆誤, 尙冀多識君子幸加正之. 洪武二十年三月望日, 雲間曹昭明仲序

---

3 운간(雲間) : 지금의 상해 송강현(松江縣)의 옛 이름. 조소가 운간 출신이다.【역주】
4 중명(仲明) : 조소의 자(字).【역주】
5 先子(선자) : 조상.【역주】
6 齋閣(재각) : 서재.【역주】
7 珍玩(진완) : 감상에 사용하는 진귀한 기물.【역주】
8 圖譜(도보) : 그림이 있는 서적. 도록.【역주】
9 紈袴子弟(환고자제) : 부잣집 자제.【역주】
10 淸事(청사) : 맑고 우아한 일.【역주】
11 眞贋(진안) : 진짜와 가짜.【역주】

상권上卷

1. 고대 청동기에 관한 논의古銅器論

번역 고대 청동기의 색

청동기가 흙에 묻혀 천년이 지나면, 색이 비취와 같이 순수한 청색이 되고, 물에 들어가 천년이 지나면, 색이 오이 껍질처럼 순수한 녹색이 되며, 모두 옥처럼 밝고 투명하면서 윤택하다. 천년이 되지 못하면, 비록 청색이나 녹색이 되어도, 밝고 투명하면서 윤택하지가 않다. 흙속에서 부식되어 구멍이 나거나 표면이 벗겨진 곳은 자연스럽게 구불구불하며, 혹시 자연스럽지 않은 흔적이 있으면 위조품이다. 기물의 벽이 두꺼운 것은 녹이 1/3에 그치거나, 혹은 반으로 줄어들지만, 기물의 몸체는 여전히 무겁다.[1] 기물의 벽이 얇은 것은 청동이 모두 녹이 슬어버리며, 파손된 곳이 있으면 청동의 색은 보이지 않고, 청색이나 녹색만이 보이며 기물의 벽 내부까지 극심하거나, 단사丹砂[2]와 같은 홍색이 나타난다. 물속이나 흙 속에 들어가지 않고 인간 세상에서만 흘러 전해온 것은 그 색이 자갈색紫褐色이며, 상등품의 진사辰砂[3]와 같은 붉은 색 얼룩이 돋아있다. 이러한 세 등급의 녹이 맺힌 기물이 가장 귀하다. 납차蠟茶[4]의 색과 같은 것

---

1 청동기가 오랜 세월이 흘러 산화되면, 화학적인 변화가 일어나 무게가 약간 감소하여 들어보면 가벼운 느낌이 든다. 청동기의 진위 감정에 사용하는 하나의 방법이지만, 일반인은 감지하기 어려우며, 많은 경험을 가진 전문가만이 감지할 수 있다.【역주】

2 단사(丹砂) : 주사(朱砂). 고대 염색에 사용한 안료.【原註】
* 단사(丹砂) : 진사(辰砂)나 주사(朱砂). 수은(Hg)과 유황(S)과의 화합물인 진홍색 광물로, 수은 제조와 적색의 채색 안료 및 약용으로 사용된다.【역주】

3 진사(辰砂) : 즉 단사(丹砂). 호남성 진주(辰州)에서 산출된 것이 가장 우수하므로 이러한 명칭이 붙었다.【原註】

4 납차(蠟茶) : 납면차(蠟面茶). 당송시기 복건성(福建省)에서 생산되던 명차.【原註】
* 남송학자 정대창(程大昌, 1123~1195)이 여러 가지 잡사를 기록한 필기(筆記)인 『연번

이 있고, 검은 칠과 같은 색이 있는데, 물이나 흙 속에 있는 시간이 가까우면, 비록 녹이 슬어도 기물의 벽 속까지 들어갈 수 없으며, 역시 밝고 투명하면서 윤택하지가 않은데, 이러한 것은 모두 그 다음 등급이다. 일찍이 서한시대B.C.202~A.D.8의 동전을 연구했는데, 현재까지 1500여 년으로, 비록 청색이나 녹색이 있더라도 밝고 투명하면서 윤택함이 없으며, 또 붉은 색의 얼룩이 돋아난 것도 없는데, 한나라의 인장印章도 그렇다. 지금 보이는 고대 청동기 가운데, 청색이나 녹색으로 벗겨짐이나 부식이 극심하고, 옥처럼 밝고 투명하면서 윤택하며, 붉은 색 반점이 돋아난 것이 있는데, 하은주夏殷周[5] 시대의 기물이 아니라면 이러한 현상이 존재하지 않는다.

원문 古銅器論

古銅色

銅器入土千年, 色純靑如翠,[6] 入水千年, 色純綠如瓜皮,[7] 皆瑩潤[8]如玉. 未

로속집 · 납차(演繁露續集 · 蠟茶)』에서 "건주[建州, 지금의 복건성 건구시(建甌市)]의 차는 '납차'라 하는데, 찻물의 표면에 기름이 떠 밀랍을 녹인 것과 유사하므로 '납면차'라 한다(建茶名蠟茶, 为其乳泛湯面, 與鎔蠟相似, 故名蠟面茶也)"라 하였다. 밀랍의 색은 일반적으로 옅은 갈색이므로, 납차의 색은 옅은 갈색을 가리킨다.【역주】

5 하은주(夏殷周) : 하(夏)나라는 기원전 약 2070년에서 기원전 약 1600년까지로, 중국 최초의 한족이 세운 왕조. 은나라는 '상(商)나라'라고도 하며, 기원전 약 1600년에서 기원전 1046년까지로, 중국 대륙의 두 번째 왕조. 주(周)나라는 기원전 1046년에서 기원전 256년까지로 세 번째 왕조. 세 왕조를 묶어서 '하은주'라고 한다.【역주】

6 취(翠) : 경옥.【原註】
* 경옥 : 푸른색의 경옥은 비취를 가리킨다.【역주】

7 瓜皮(과피) : 오이 껍질.【역주】

8 瑩潤(형윤) : 밝고 투명하며 윤택하다.【역주】

及千年, 雖有青綠而不瑩潤. 有土蝕[9]穿剝處, 如蝸篆[10]自然, 或有斧鑿痕,[11] 則僞也. 器厚者止能秀[12]三分之一, 或減半, 其體還重. 器薄者銅將秀盡, 有穿破處, 不見銅色, 惟見青綠徹骨[13]其中, 或有紅色如丹.[14] 不曾入水土, 惟流傳人間者, 其色紫褐, 而有朱砂斑垤起如上等辰砂. 此三等結秀最貴. 有如蠟茶色者, 有如黑漆色者, 在水土年近, 雖秀, 不能入骨, 亦不瑩潤, 此皆次之. 嘗考西漢銅錢, 至今一千五百餘年, 雖有青綠, 而少瑩潤, 亦無朱砂斑垤起者, 漢印亦然. 今所見古銅器, 青綠剝蝕徹骨, 瑩潤如玉, 及有朱砂斑垤起者, 非三代[15]時物, 無此也.

하대 말기 〈청동속요작(青銅束腰爵, 술잔)〉, 상해박물관 소장

서주 초기 〈청동보유(青銅保卣, 청동술통)〉, 상해박물관 소장

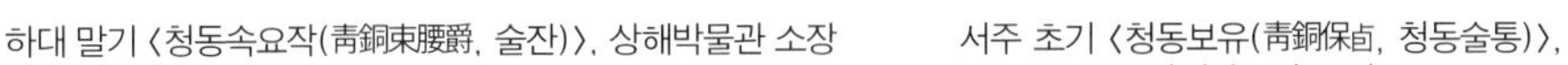

9 土蝕(토식) : 흙에 매장되어 각종 이물질에 의해 부식되다.【역주】
10 蝸篆(와전) : 달팽이가 기어 간 흔적이 전서체처럼 구불부불하다.【原註】
11 斧鑿痕(부착흔) : 도끼와 끌로 깎은 흔적. 자연스럽지 않고 어색한 흔적. 인공으로 만든 흔적.【역주】
12 秀(수) : 수(銹). 녹.【原註】
13 徹骨(철골) : 뼈에 사무치다. 정도가 극심하다.【역주】
14 丹(단) : 단사(丹砂).【原註】
15 三代(삼대) : 하(夏) · 은(銀) · 주(周).【原註】

번역 **위조한 고대 청동기**

진한 식초에 요사硇砂[16] 가루를 잘 섞어 새로 만든 청동기 위에 균일하게 칠하고, 옅은 갈색이나 칠흑색이나 녹색이 되기를 기다렸다가 물에 담근 뒤, 찰벼의 볏짚을 태워 연기로 그을려서, 깨끗한 베로 마찰하여 윤을 내거나 종려나무 털 솔로 문지른다. 붉은 색 얼룩의 위조는 옻에 주사朱砂를 섞어서 만든다. 그러나 모두 기물의 표면에 존재하고 기물의 벽 속으로는 스며들지 못하므로, 판별하기 가장 쉽다.

원문 **僞古銅**

用釅醋[17]調硇砂末, 匀傳[18]新銅器上, 候成蠟茶色或漆色或綠色, 入水浸後, 用糯稻草[19]燒烟熏之, 以新布擦光, 或棕刷[20]刷之. 僞朱砂斑以漆調朱爲之. 然俱在外, 不能入骨, 最易辨也.

번역 **하은주夏殷周 시대의 기물**

하夏[21]나라는 충성을 숭상하였고, 상商[22]나라는 질박함을 숭상하였으

---

16 요사(硇砂) : 광물의 명칭. 통상 근래의 화산 활동구역에서 보이며, 화산이 분출한 산화암모니아 기체가 응결하여 생성된다.【原註】
  * 요사(硇砂) : 북정사(北庭砂). 염화암모늄을 주성분으로 하는 황백색의 광석이며, 약재로 사용한다.【역주】

17 釅醋(엄초) : 진한 식초. 엄(釅)은 차와 술 등 음료의 맛이 진한 것을 가리킨다.【原註】

18 傳(부) : 부(敷). 칠하다.【原註】

19 糯稻草(나도초) : 찰벼(찹쌀이 나는 벼)의 볏짚.【역주】

20 棕刷(종쇄) : 종려나무의 털로 만든 솔.【역주】

21 하(夏) : 하(夏)나라는 중국 역사상 첫 번째 왕조로, 우임금의 아들 계(啓)가 세웠다고 한다.【原註】

22 상(商) : 상(商)은 왕조의 명칭으로, 기원전 16세기 상나라 탕왕(湯王, B.C.1670~B.C.1587)이 하나라를 멸망시키고 건립하였다.【原註】

B.C.21~B.C.16세기
〈청동정(靑銅鼎)〉, 1987년
이리두(二里頭)[23]출토

전국시대 〈청동착금운문돈(靑銅錯金雲紋敦)〉,[24] 북경 고궁 소장

며, 주[25]나라는 화려함을 숭상하였는데, 그 시대에 제작한 기물도 그렇다. 상나라의 기물은 성질이 소박하여 문양이 없으며, 주나라의 기물은 문양을 장식하고 정교하면서 치밀하지만, 하나라의 기물만 그렇지 않다. 일찍이 하나라의 기물이 있어, 청동기 위에 금으로 상감相嵌[26]하였으며,

---

23 이리두(二里頭) : 하남성 낙양시(洛陽市) 언사(偃師) 이리두유적지(二里頭遺蹟地)에서 1973년부터 일련의 청동기가 출토되었다. 시기는 하나라 말기 혹은 상나라 초기의 두 가지 주장이 공존한다. 본문에서 하나라의 청동기에 금으로 상감한 기물이 있다고 하였으나, 아직 하나라의 금은 상감 기물은 발견되지 않았으며, 금은 상감은 상주시기에 처음 나타나 춘추전국시대에 유행하였다.【역주】

24 청동착금운문돈(靑銅錯金雲紋敦) : 착금(錯金)은 금 상감. 돈(敦)은 제사와 연회에서 곡식을 담았던 그릇으로 뚜껑이 있었다.【역주】

25 주(周) : 주는 왕조의 이름으로 기원전 11세기 무왕(武王, ?~B.C.1043)이 상나라를 멸망시키고 주나라를 세워 호경[鎬京, 지금의 섬서성 서안시 장안구(長安區)]에 도읍을 정하였으며, 역사적으로 '서주(西周, B.C.1046~B.C.771)'라 한다. 기원전 771년 견융(犬戎)이 호경을 공격해서 격파하고, 주나라 유왕(幽王, B.C.795?~B.C.771)을 살해하였다. 이듬해 평왕(平王, ?~B.C.720)이 동쪽의 낙읍[洛邑, 지금의 하남성 洛陽(낙양)]으로 천도하였으며, 역사적으로 '동주(東周, B.C.770~B.C.256)'라 한다.【原註】

26 상감(相嵌) : 양감(鑲嵌). 와전되어 '상감(商嵌)'이 되었다. 상감은 청동기 위에 금이나 은을 박아 넣는 장식기법의 하나.【原註】

* 양감(鑲嵌) : 국내에서는 '상감(象嵌)'이라 하며, 청동기와 같은 금속뿐만 아니라 각종 재질에 다 사용한다. 고려상감청자가 대표적인 상감기법이다.【역주】

문양의 선이 터럭처럼 가늘었는데, 하나라의 기물은 대개 모두 그러하였다. 상감相嵌은 현재 와전되어 상감商嵌이 되었다. 『시경詩經』[27]에서 "그 문양을 아름답게 꾸미니, 그 모습이 금이나 옥처럼 아름답네追琢[28]其章,[29] 金玉[30]其相[31]"[32]라고 하였다.

27 시경(詩經) : 중국 최초의 시가집으로, 기원전 11C부터 기원전 6C에 이르는 시기의 고대 시가 305수가 실려 있다. 저자는 알 수 없으며, 주선왕(周宣王)시기의 대신 윤길보(尹吉甫, B.C.852~B.C.775)가 채집하고 공자(孔子, B.C.551~B.C.479)가 정리했다고 한다. 최초에는 '『시(詩)』'나 '『시삼백(詩三百)』'으로 불리다가, 서한시기에 유가의 경전으로 받들어져 『시경(詩經)』이 되었다. 주나라시기 각지의 민요인 「풍(風)」·주나라의 아악(雅樂)인 「소아(小雅)」와 「대아(大雅)」·주왕실과 귀족의 종묘제사 음악인 「송(頌)」으로 구성되어 있다.【역주】

28 추탁(追琢) : 조각하다. 조탁하다[금속은 '조(雕)'라 하고, 옥은 '탁(琢)'이라 한다]. 추(追)는 '조(雕, 새기다)'와 통한다.【原註】

29 章(장) : 채색이나 문양.【原註】

30 金玉(금옥) : 진귀하고 아름다운 것을 비유.【原註】

31 相(상) : 『모전(毛傳)』에서 재질이나 실질의 '질(質)'로 해석하였으나, 본문에서는 '상감(相嵌)'과 '상감(商嵌)'의 주장을 계승하여 이 시를 인용하였으며, "금옥기상(金玉其相)"을 "기물 위에 금과 옥을 상감하다"로 해석하였다. 본문에서 "동기 위에 금으로 상감하다"를 하나라 기물의 특징이라 하였으나, 「역박(棫朴)」은 통상 주나라 문왕(文王, B.C.1152~B.C.1056)을 칭송하여 노래한 시편으로 간주되므로, "조탁기장, 금옥기상(雕琢其章, 金玉其相)"의 내용이 하나라 기물을 지칭하기는 불가능하다. 그러므로 인용한 시를 본서의 저자 조소(曹昭)가 어느 정도 자기 멋대로 해석하였지만, 임시로 그 의미를 따르기로 한다.【原註】

* 相(상) : 저자는 상감(象嵌)의 의미로 해석하여 이 구절을 인용하였으나 견강부회이며, 이 작품에서 의미는 '자질'이나 '인품'의 의미로 풀이한다. 본서 저자와 '원주'의 견해를 무시하고 원래 작품의 의미에 맞추어 해석하였다.

* 모전(毛傳) : 『모시고훈전(毛詩故訓傳)』, 총 30권. 노(魯)나라 사람 모형(毛亨, ?~?, 시 연구자)이 저술. 현존하는 최초의 완전한 『시경』의 주석본으로, 글자의 해석을 위주로 하였으며, 많은 자료가 내포되어 있어 후대 『시경』 연구의 기준 서적이 되었다.【역주】

32 追琢其章, 金玉其相(추탁기장, 금옥기상) : 출처는 『시경·대아·역박(詩經·大雅·棫朴)』.【原註】

원문 三代器

夏尙[33]忠,[34] 商尙質,[35] 周尙文,[36] 其制器亦然. 商器質素無文, 周器雕篆[37]細密,[38] 而夏器獨不然. 常[39]有夏器, 於銅上相嵌以金, 其細如髮, 夏器大抵皆然. 相嵌今訛爲商嵌. 詩云, 追琢其章, 金玉其相.

번역 고대의 주조鑄造

고대에 주조한 기물은 밀랍으로 거푸집을 만들었는데, 문양은 터럭처럼 가늘고 균일하면서 뚜렷하며, 새겨진 문자의 필획은 뒤집은 기와와 같이 오목하면서 깊이 골이 지지 않아서 크기와 깊이가 한결같고, 자잘한 혹이 전혀 없으니, 이것은 바로 사물의 제작이 정밀한 것이다. 관지款識[40]가 약간 모호하며 균일하지 않고 양식이 단정하지 않은 것은 틀림없이 민간에서 주조한 것이다.

원문 古鑄

古之鑄器, 以蠟爲模,[41] 花紋[42]細如髮, 而勻淨[43]分曉,[44] 識文[45]筆畫如仰瓦

33 尙(상) : 존숭하다. 중시하다.【原註】
34 忠(충) : 사사로움이 없이 충성스럽다.【原註】
35 質(질) : 순박하다. 소박하다.【原註】
36 文(문) : 무늬가 있다. 화려하다. '야(野, 저속하다)'와 상대적인 의미이다.【原註】
37 雕篆(조전) : 여기서는 청동기 위에 장식한 문양을 가리킨다.【原註】
38 細密(세밀) : 재질이 정밀하다.【原註】
39 常(상) : 상(嘗). 일찍이.【原註】
40 관지(款識) : 고대 종·솥·청동 제기 등에 주조하거나 새겨 넣은 문자. 바로 아래 본문에 자세하다.【原註】
* 청동기·도자기·목기 등의 기물에 제작 시기·제작자·제작 지점·용도 등을 나타내는 문자나 표식. 특히 도자기에는 명대 이후로 각 조대를 나타내는 연호를 주로 굽의 바닥면에 써 넣어 제작한 시대를 표시하였다.【역주】

而不深峻, 大小深淺如一, 幷無砂纇,[46] 此乃作事之精致也. 其款識稍有模糊不勻淨, 及樣范[47]不端正者, 必野[48]鑄也.

번역 **고대 청동기의 관지款識**

어떤 사람이 말하기를 "관款[49]은 문양으로, 양각 문자로 기물에 장식하여 기물의 외부에 위치하며 튀어나와 있고, 지識는 전서체篆書體로 공적을 기록하며, 이른바 명銘[50]은 종鍾과 정鼎에 쓰고, 기물의 내부에 위치하면서 오목하다"라고 하였다. 하은주 시대에는 음문 지識를 사용하여 문자가 오목하게 들어가 있으며, 한나라에서는 양문 지識를 사용하여 문자가 튀어나와 있고, 간혹 오목한 것이 있다. 대개 음각 지識는 주조하기 어려우며, 양각 지識는 만들기 쉽다. 그러나 양각 지識가 있으면 결코 하은주 시대의 기물이 아니다.

---

41 模(모) : 거푸집. 기물을 제조하는 틀.【原註】
42 花紋(화문) : 도안과 무늬.【역주】
43 勻淨(균정) : 균일하다.【역주】
44 分曉(분효) : 뚜렷하다. 분명하다.【역주】
45 識文(지문) : 고대 종(鐘) · 정(鼎) · 이기(彝器, 제사 의식용 청동기) 위에 주조하거나 새긴 문자.【原註】
46 纇(뢰) : 혹. 과립.【原註】
* 砂纇(사뢰) : 주조할 때 주조가 잘못되어 주조한 기물의 표면에 물방울처럼 맺히는 작은 혹. 청동기의 표면에 주조 불량으로 나타나는 작은 구멍은 '사안(砂眼)'이라 한다.【역주】
47 樣范(양범) : 모양. 양식.【역주】
48 野(야) : 민간 즉 정권을 담당하지 않는 지위를 가리킨다. '조(朝, 조정)'와 상대적인 의미이다.【原註】
49 관(款) : 기물에 새긴 글자나 서화와 편지에 써진 이름.【역주】
50 銘(명) : 기물 위에 새기거나 쓴 글.【原註】

원문 古銅款識

或云, 款乃花紋, 以陽識[51]器皿, 居外而垤,[52] 識乃篆字, 以紀功, 所謂銘書鍾鼎, 居內而坳.[53] 三代用陰識,[54] 其字坳入, 漢用陽識, 其字垤起, 間有坳者. 蓋陰識難鑄, 陽識易成. 但有陽識者, 決非三代器也.

번역 고대 향로

아득한 고대에는 향香[55]이 없어서 쑥을 태웠으며, 냄새를 좋아했을 뿐이므로, 향로가 없었다. 지금 사용하는 것은 모두 고대의 제기祭器[56]로, 솥이나 단지의 종류이며 향로가 아니다. 오직 박산로博山爐[57]가 한나라 태자궁에서 사용하던 향로이다. 향로의 제도는 여기서 시작되었다. 대부분 고대를 모방하여 새로 주조한 것은 재질과 색깔로 변별해야 한다.

---

51 陽識(양지) : 돋을새김한 문자. 기물이나 인장에 돋을새김한 문양이나 문자.【原註】
52 垤(질) : 개미가 굴을 만들 때 구멍의 입구에 쌓아 놓은 흙. 기물의 외부에 돌기한 부분을 가리킨다.【原註】
53 坳(요) : 오목하다. 명문이 오목하게 들어가 있는 상태를 가리킨다.【역주】
54 陰識(음지) : 오목하게 들어간 관지.【역주】
55 향(香) : 향료나 향료로 만든 제품.【原註】
56 제기(祭器) : 제사지낼 때 진열하는 각종 기구.【原註】
57 박산로(博山爐) : 중국 한진시기(漢晋時期, B.C.202~420)에 민간에서 사용하던 향을 태우는 데 사용한 기구. 청동기나 도자기로 제작되었으며, 뚜껑과 향을 태우는 몸체로 구성되고, 뚜껑에 전설의 신선이 산다는 바다에 있는 신령스런 산인 박산(博山)의 모습을 장식하여 '박산로'라 한다. 국보 제287호 백제 '금동대향로'가 박산로의 양식이다.【역주】

백제 〈금동대향로〉 (국보 제287호)

서한 〈착금동박산로(錯金銅博山爐)〉,[58] 하북성박물원 소장

원문 古香爐

上古[59]無香, 焚蕭艾,[60] 尚氣臭[61]而已, 故無香爐. 今所用者, 皆古之祭器, 鼎[62]彝[63]之屬, 非香爐也. 惟博山爐乃漢太子宮中所用香爐也. 香爐之制, 始於

---

58 착금동박산로(錯金銅博山爐) : 하북성박물원 소장. 1968년에 하북성 만성(滿城)의 중산정왕(中山靖王) 유승(劉勝, B.C.165~B.C.113)의 묘에서 출토되었다.
 * 착금(錯金) : 금 상감(象嵌).【역주】

59 上古(상고) : 아득한 옛날. 대체로 복희(伏羲)와 신농(神農)에서 요순(堯舜)시기까지를 가리킨다.【原註】
 * 복희(伏羲) : 중국의 전설에 나오는 창조신으로, 사람의 머리에 뱀의 몸으로, 문자를 창조하고 사냥과 고기잡이를 가르쳤으며, 팔괘(八卦)를 창조했다고 한다.
 * 신농(神農) : 소머리에 사람의 몸을 가진, 전설의 고대 강(姜)씨 부락의 수령으로, 불의 사용법을 획득하여 '염제(炎帝)'라고도 한다. 온갖 풀을 맛보아 약초로 병을 고치는 방법을 발전시켰다고 하여, 신농의 이름이 들어간 의학 서적이 후대에 많이 저술되었다.【역주】

60 蕭艾(소애) : 쑥. 다년생 초목이나 반관목상(半灌木狀)으로 자라며, 식물에 강한 향기가 있다.【原註】

61 臭(취) : 냄새.【原註】

62 鼎(정) : 고대의 취사 기구이며 또 희생물을 넣어 삶는 기구로, 대부분 청동이나 점토로 제작하였다. 상주시기에 성행하였다. 대부분 종묘의 의례와 장례의 명기(明器, 부장품)

동한 〈중평4년군신경(中平四年群神鏡)〉,
상해박물관 소장(중평 4년 : 187년)

당 〈사란함수금은평탈경(四鸞銜綬金銀平脫鏡)〉,[64]
섬서역사박물관 소장

此. 多有象古新鑄者, 當以體質顏色辨之.

번역 고대 거울[65]

옛 사람들이 주조한 거울은 반드시 청동을 사용하여 제작이 정교하였다. 오직 당나라 동경銅鏡의 손잡이가 가장 높고 컸으므로, 속담에서 "당나라의 커다란 코唐大鼻"[66]라고 하였다.

로 사용되었다.【原註】

63 彝(이) : 술을 담는 단지.【原註】

64 금은평탈(金銀平脫) : 당나라에서 시작된 장식기법. 두꺼운 금박과 은박으로 만든 문양을 기물의 표면에 붙인 다음, 공백에 칠을 하여 전체 표면을 평평하도록 마감 처리하는 기법.【역주】

65 거울 : 중국 고대의 거울은 4,000여 년 전에 청동으로 제작한 동경(銅鏡)이 출현하여, 청대 말기에 지금과 같은 유리 거울이 유행할 때까지 계속 사용되었다. 동경은 앞면의 표면을 매끄럽게 연마하여 비추어 보는 용도로 사용하고, 뒷면에는 중앙에 걸거나 매다는 용도의 뉴(鈕)라는 꼭지가 있고, 그 주위를 각종 문양이나 문자로 장식한, 둥근 형태가 가장 기본적이다. 이러한 동경은 요즘의 독서대와 비슷한 형태로 제작한 경가(鏡架, 동경 받침대)에 놓고 사용하였다. 특히 한나라와 당나라의 동경은 두껍고 매우 아름답게 제작이 되었다.【역주】

66 鼻(비) : 고대 동경 뒷면(얼굴을 비추어 보는 면의 반대면)에 있는 손잡이.【原註】
* 인용한 도판에서 보듯이 한나라 동경에도 뉴가 매우 큰 기물이 있다.【역주】

원문 古鏡

古人鑄鏡, 必用靑銅, 制作精致. 惟唐鏡紐[67]最高大, 故諺云唐大鼻.

번역 고대 기물의 벽사辟邪[68]작용

고대 청동기는 대부분 귀신이 끼치는 재앙을 제거할 수 있어, 사람들이 보물로 삼기에 적당하다. 대개 산의 정령精靈과 나무의 요괴가 재앙을 끼칠 수 있는 것은 지낸 세월이 많기 때문일 뿐이다. 하은주 시대의 종정이기鍾鼎彝器[69]는 지나간 세월이 또 지나치게 많으므로, 재앙을 물리칠 수 있다. 십이시경十二時鏡[70]은 시간에 따라 스스로 소리를 낼 수가 있었으며, 이것은 고대의 신령하고 기이한 기물이다.

원문 古器辟邪

古銅器多能辟祟,[71] 人家宜寶之. 蓋山精[72]木魅[73]之能爲祟[74]者, 以歷年多

67 뉴(紐) : 기물에 붙어있는 들거나 매다는 데에 사용하는 고리.【原註】

68 벽사(辟邪) : 사악한 것을 피하거나 제거하다. 집안을 지키고 사악함을 제거하는 영험이 있다는 전설의 신령스러운 동물로, 사슴과 비슷하며 뿔이 두 개로 '비휴(貔貅)'라고도 한다.【역주】

69 彝器(이기) : 고대 종묘에서 사용하는 청동 제기의 총칭으로 종(鍾) · 정(鼎, 세발 솥) · 준(尊, 항아리) · 뢰(罍, 술독) · 조(俎, 접시) · 두(豆, 굽다리 접시)와 같은 종류.【原註】

70 십이시경(十二時鏡) : 송나라 학자 조희곡(趙希鵠, 1170~1242)의 고대 기물의 감정에 관한 저서 『동천청록 · 고대 종정이기의 변별(洞天淸錄 · 古鍾鼎彝器辨)』에서 "십이시경은 범문정공(范文正公) 집안의 고대 동경으로, 거울의 뒷면에 12시가 갖추어져 있는데, 바둑알과 같은 것이 매번 그 시각이 되면 바둑판 내에서 밝은 달처럼 쉬지 않고 순환한다(十二時鏡, 范文正公家古鏡, 背具十二時, 如博棋子, 每至此時, 則博棋中明如月, 循環不休)"라고 하였다.

* 범문정공 : 송나라의 학자 범중엄(范仲淹, 989~1052).
* 박기자(博棋子) : 바둑알.
* 박기(博棋) : 바둑.【역주】

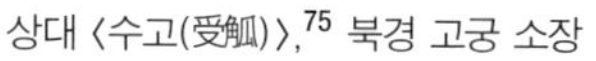

상대 〈수고(受觚)〉,[75] 북경 고궁 소장

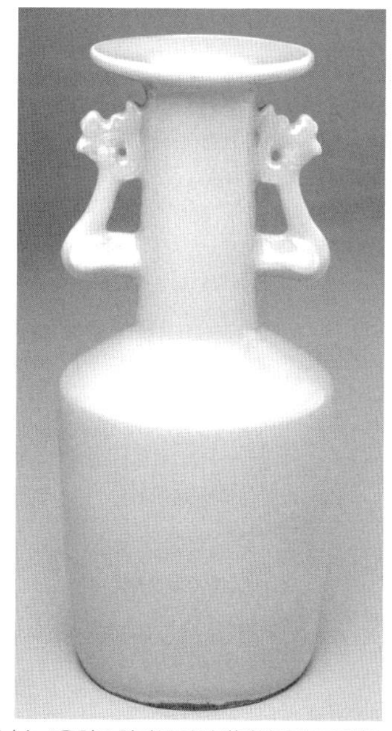

남송 〈용천요청자봉이병(龍泉窯青瓷鳳耳瓶)〉, 대만 소장

爾. 三代鍾鼎彝器歷年又過之, 所以能辟祟. 其十二時[76]鏡, 能應時自鳴, 此古靈異器也.

---

71 辟(벽) : 몰아내고 제거하다.【原註】

72 山精(산정) : 전설에 나오는 산에 사는 괴수.【原註】

73 木魅(목매) : 늙은 나무가 변하여 만들어진 요괴.【原註】

74 祟(수) : 귀신이 주는 재앙. 옛 사람들은 상상 속의 귀신이 항상 나타나서 사람에게 화를 입힌다고 간주하였다.【原註】

75 수고(受觚) : 굽의 내부 벽에 '수(受)'자가 있어 '수고(受觚)'라 하며, 고(觚)는 술잔이다. 후대에는 이러한 형상을 본떠 청대 초기부터 도자기로 제작되어, 진열용이나 화병으로 많이 사용되었다.【역주】

76 十二時(십이시) : 고대의 시간은 하루 밤낮을 12시로 나누었으며, 간지(干支)로 기록하였다.【原註】

번역 고대 화병에 꽃 기르기

고대 청동기가 흙속에 들어가 연대가 오래되면, 흙의 기운을 깊숙하게 받아들이며, 이러한 기물을 사용하여 꽃을 기르면, 꽃의 빛깔이 선명해진다. 가지 끝이 일찍 피어나 느리게 시들면, 화병에서 열매를 맺을 수 있으며, 도자기 화병도 그렇다.

원문 古瓶養花

古銅器入土年久, 受土氣深, 用以養花, 花色鮮明. 如枝頭開速而謝遲, 則就瓶結實, 陶器亦然.

2. 고대 회화론繪畫論[77]

번역 육법六法과 삼품三品

사혁謝赫[78]이 "그림에는 육법六法, 여섯 가지 법칙이 있으며, 첫째는 '기운생동氣韻生動'[79]이라 하고, 둘째는 '골법용필骨法用筆'[80]이라 하고, 셋째는 '응물상형應物象形'[81]이라 하고, 넷째는 '수류부채隨類傅彩'[82]라 하고, 다섯째는 '경영위치經營位置'[83]라 하고 여섯째는 '전모이사傳模移寫'[84]라 한다"라고 하였

---

77 회화론(繪畫論) : 그림에 관한 논평이나 이론.【역주】

78 사혁(謝赫, 479~502) : 남조 제(齊)와 양(梁)시기의 화가이자 회화이론가. 생평과 사적은 알 수가 없다. 풍속화와 인물화를 잘 그렸다. 저서에 『고화품록(古畫品錄)』이 있으며, 중국 최초의 회화이론 저서로서, 3~4세기의 중요 화가를 평가하였고, 중국회화에 '육법(六法)'을 제시하여 후대 화가와 비평가 및 감상가가 추종하는 원칙이 되었다.【原註】
 * 고화품록(古畫品錄) : 1권. 삼국 오나라부터 남조 제나라까지 27명의 화가를 6등급으로 나누어 우열을 평가하고, 회화기법에 대한 '육법'론을 제시하였다.【역주】

79 기운생동(氣韻生動) : 이것은 육법(六法) 가운데 가장 중요한 하나의 법칙이며, 정신과 형태가 화면상에서 고도의 예술성을 가지고 통일되어 있는 것을 가리킨다.
 * 기운(氣韻) : 문장과 서화의 풍격과 의경(意境, 작품에 내재되어 있는 작가의 의도)이나 우아한 맛을 가리킨다.【原註】

80 골법용필(骨法用筆) : 회화의 표현 면에서 필묵(筆墨, 붓과 먹을 사용하는 방법)을 운용하는 문제이다. 대상의 형체가 표현되도록 선묘(線描)를 어떻게 운용해야 하는가의 방법을 가리킨다.
 * 골법(骨法) : 서화의 필력과 법칙.
 * 용필(用筆) : 서화의 운필(運筆, 붓을 움직이는 방법)을 가리킨다.【原註】

81 응물상형(應物象形) : 이것은 형상과 조형의 문제에 관한 것이다. 대상의 형사(形似)를 추구할 때, 대상의 성질과 정신을 체현해야 하는 것을 가리킨다. 화가는 단순히 대상에 따라 그릴 수 없으며, 마땅히 대상에 대하여 가지는 인식이 있어야 한다.
 * 응물(應物) : 사물에 따르다.
 * 상형(象形) : 그 형태를 본뜨다.
 * 상(象) : 모방하다. 묘사하다.【原註】

82 수류부채(隨類傅彩) : 『고화품록』의 원작은 "수류부채(隨類賦彩)"이다. 이것은 색채의 배치와 사용에 관한 문제이다. 이른바 '류(類)'는 '만물의 종류'이며, 여기서 가리키는 것은 회화의 대상이 드러낸 특성과 모습 및 색깔의 분류이다. 수류부채(隨類賦彩)는 대상의 종류에 따라 형상을 개괄적인 색채로 표현을 해야 한다는 것이다.【原註】

다. 육법의 정밀한 이론은 만고불변이다. 골법용필부터 이하 다섯 가지 법칙은 학습하여 타인보다 잘 할 수 있다. 기운과 같은 것은 반드시 태어나면서 알아야 하므로, 진실로 기교와 정밀한 학습으로 획득할 수가 없으며, 세월을 가지고 도달할 수도 없다. 마음으로 통하여 정신적으로 깨달으면, 그런 줄을 알지 못하면서 그렇게 된다. 그러므로 기운생동은 자연적으로 이루어지며, 인간이 그 교묘한 것을 엿볼 수가 없으니, 이를 '신품神品'[85]이라 한다. 필묵筆墨[86]이 탁월하고 채색이 마땅하며 작가의 의도와 취향이 흘러넘치는 것은 '묘품妙品'[87]이라 한다. 형사形似[88]를 취득하

---

83 경영위치(經營位置) : 이것은 회화 표현상에서의 구도와 배치 문제이다.
  * 경영(經營) : 예술적인 구상을 가리킨다.【原註】

84 전모이사(傳模移寫) : '전이모사(傳移模寫)'라 해야 하며, 의미는 이미 존재하는 회화작품을 정확하게 그대로 베껴 널리 전파되도록 할 수 있어야 하는 것이다.【原註】

85 신품(神品) : 가장 정묘한 문예작품. 일반적으로 서화를 가리키는 데에 많이 사용한다.【原註】

86 필묵(筆墨) : 필(筆)은 통상 구(鉤, 윤곽선 그리기) · 륵(勒, 윤곽선 그리기) · 준(皴, 면 그리기) · 찰(擦, 면 칠하기) · 점(點, 점찍기) 등의 필법(筆法)을 가리키며, 묵(墨)은 홍(烘) · 염(染) · 파(破) · 발(潑) · 적(積) 등의 묵법(墨法)을 가리킨다.
  * 생동(生動) : 표정과 태도가 영활하여 사람을 감동시킬 수 있다.【原註】
  * 필법(筆法) : 수묵화에서 붓으로 선을 그리는 방법.
  * 묵법(墨法) : 먹을 사용하여 농도를 표현하는 방법.
  * 홍(烘) : 홍탁(烘托). 먹물이나 옅은 색채로 윤곽선의 외부를 칠하여 사물을 선명하게 하는 기법.
  * 염(染) : 선염(渲染). 먹물이나 옅은 색채를 칠하여 예술적인 효과를 증가시키는 기법.
  * 파(破) : 파묵(破墨). 한 번 칠한 먹이 마르기 전에 다시 한 번 다른 농도의 먹을 칠하여 서로 스며들어 농담이 조화를 이루게 하는 기법. 당나라 왕유(王維)와 장조(張璪, 8세기에 활동한 화가) 등의 산수화가 이러한 기법을 사용하여 '파묵산수(破墨山水)'라 불렸으며, 현대에는 제백석(齊白石, 1864~1957)의 새우가 대표적이다.
  * 발(潑) : 발묵(潑墨). 먹을 뿌리듯이 사용하는 기법.
  * 적(積) : 적묵(積墨). 옅은 색에서 진한 색으로 점점 물들이는 기법.【역주】

87 묘품(妙品) : 서화와 문화재를 품평하는 용어이며, 정교하고 오묘한 작품을 말한다.【原註】

88 형사(形似) : 예술 작품의 외재적인 특징을 원본과 거의 완벽하게 일치하도록 표현한 상태를 지칭하는 용어. 작품의 정신적인 면을 흡사하게 표현하는 것은 '신사(神似)'라 한다.【역주】

여 법도를 잃지 않은 것은 '능품能品'[89]이라 한다.

원문 古畫論

六法三品

謝赫云, 畵有六法, 一曰氣韵生動, 二曰骨法用筆, 三曰應物象形, 四曰隨類傅彩, 五曰經營位置, 六曰傳模移寫. 六法精論, 萬古不移. 自骨法用筆以下五法, 可學而能. 如其氣韵, 必在生知,[90] 固不可以巧密[91]得, 復不可以歲月到. 黙契神會,[92] 不知然而然也. 故氣韵生動出於天成,[93] 人莫窺其巧者, 謂之神品. 筆墨超絶,[94] 傅染[95]得宜, 意趣[96]有餘者, 謂之妙品. 得其形似, 不失規矩[97]者, 謂之能品也.

번역 고대 명화의 변별

불교와 도교의 그림은 복이 모여있는 단정하고 엄숙한 형상이 있으며, 인물화에는 돌아보며 말을 할 듯한 자태가 있고, 옷 주름과 나무와 돌의 묘사는 붓의 사용법이 서예와 유사하다. 옷 주름은 크면서 유창하며, 세

89 능품(能品) : 정교한 작품. 대부분 서화와 시사(詩詞) 등의 예술작품을 가리킨다.【原註】
90 生知(생지) : 학습하지 않고도 알다. 용어는 『논어 · 계씨(論語 · 季氏)』의 "태어나면서 아는 자가 최상이다(生而知之者上也)"에서 나왔다.【原註】
91 巧密(교밀) : 교묘하고 정밀하다.【역주】
92 黙契神會(묵계신회) : 의식의 깊은 곳에서 사물에 내재되어 있는 정신과 기운을 묵묵하게 깨닫고 추리하다.【原註】
93 天成(천성) : 자연히 이루어지다.【역주】
94 超絶(초절) : 비범하다. 월등하게 앞지르다.【역주】
95 傅染(부염) : 색을 칠하다.【역주】
96 意趣(의취) : 의지와 취향.【역주】
97 規矩(규구) : 법칙. 규율.【역주】

전(傳) 오도자(吳道子),[98] 〈팔십칠신선권(八十七神仙卷)〉, 서비홍미술관(徐悲鴻美術館) 소장(국부)

동원(董源), 〈하경산구대도도(夏景山口待渡圖)〉, 요녕성박물관 소장(국부)

밀하면서 굳건하여, 말리고 꺾이고 바람에 날리는 기세가 있다. 나무는 늙은 나무와 어린 나무로 나누어지고, 구부러진 마디와 쭈글쭈글한 주름이 있다. 바위는 세 면을 드러내어 거칠게 갈라 터져 오래되어 보이고 윤택하다. 산과 물과 숲 및 샘은 그윽하고 한가로우면서 심원하여, 사계절의 아침과 저녁·바람과 비·어둠과 밝음·구름과 연기가 출몰하는 광경이 나타나 있다. 물의 근원은 내력이 분명하고 흔들리듯이 출렁인다. 교각과 도로에는 사람이 왕래하고, 들판의 길은 구불구불하다. 가옥은 깊숙하게 위치하여 한 번 사선斜線으로 긋고 한 번 직선으로 그어 이지러지지 않도록 고려한다. 물고기는 헤엄을 치며 오르내리는 기세가 있다. 꽃과 과일은 앞과 뒤의 방향에 따라 바람을 맞아 이슬을 머금고 있다. 날짐승과 길짐승은 물을 마시거나 먹이를 쪼며 움직이거나 고요하거나 표정이 진짜와 매우 흡사하다. 이와 같은 특징이 있는 작품은 틀림없이 유명한 작가의 것임을 알 것이다.

원문 辨古名畫

佛道有福聚端嚴[99]之像, 人物有顧盼[100]語言之意, 衣紋樹石用筆類書. 衣紋大而調暢,[101] 細而勁健, 有卷折飄擧[102]之勢. 樹分老嫩, 屈節皺皮.[103] 石看三面, 皴皵[104]老潤. 山水林泉, 幽閑深遠, 有四時朝暮風雨晦明雲烟出沒之景. 水源來歷分明, 湯[105]湯若動. 橋道往來, 野徑縈回.[106] 屋廬深邃, 一斜一直, 折筭[107]無虧. 魚龍[108]有遊泳升降之勢. 花果陰陽向背,[109] 帶露迎風. 飛禽走獸,

---

98 오도자(吳道子, 680~740) : 하남성 양적[陽翟, 지금의 하남성 우현(禹縣)] 사람. 당나라 화가로 '화성(畵聖, 그림의 성인)'이라 불린다.【역주】

99 端嚴(단엄) : 단정하고 엄숙하다.【역주】

100 顧盼(고반) : 돌아보다. 돌보다.【역주】

101 調暢(조창) : 조화롭고 유창하다.【역주】

102 飄擧(표거) : 날아 흩어지다.【역주】

103 皺皮(추피) : 표면에 나타나는 그물모양의 홈이나 돌기.【역주】

104 皴皵(준작) : 거칠게 갈라터지다.【역주】

105 湯(탕) : 탕(蕩)과 통한다. 흔들리다.【原註】

106 縈回(영회) : 감돌다. 맴돌다.【역주】

107 折筭(절산) : 절산(折算). 헤아리다.【역주】

108 魚龍(어룡) : 물고기와 용. 대개 어류와 조개류 등의 수중에 사는 동물을 가리킨다.【原註】

109 向背(향배) : 앞과 뒤.【역주】

飮啄動靜, 精神奪眞. 有如此者, 定知名手也.

번역 보존되기 어려운 고대 회화의 진품

동원董源[110]과 이성李成[111]은 가까운 시대의 사람일 뿐이지만, 그린 작품이 오히려 드물어 경성景星[112]이나 봉황과 같은데, 하물며 진晋과 당나라 명현의 진품을 획득하여 볼 수 있겠는가? 일찍이 그 이유를 고찰했더니, 대체로 고대 회화의 종이와 비단이 모두 취약하여 항상 펼치고 말다가 손상되는 것이 다수이거나, 부귀한 집에 모여 있다가 한 바탕 홍수와 화재 등의 재난을 겪어, 한꺼번에 모두 소실되어 버렸기 때문이다. 다른 기물과 다르게 오히려 흩어져 있다가 보존된 것이 있다.

원문 古畵眞迹難存

董源李成近代人耳, 所畵猶稀, 如星鳳,[113] 況晋唐名賢眞迹, 其可得見之哉. 嘗考其故, 蓋古畵紙絹皆脆, 如常舒卷損壞者多, 或聚於富貴之家, 一經水火喪亂, 則擧群失之. 非若他物, 猶有散落存者.

---

110 동원(董源, 934?~962?) : '동원(董元)'이라고도 하며, 오대~남당시기의 화가이다. 회화사에서 범관 및 이성과 합하여 '북송삼대가'라 하며, 또 형호(荊浩)·거연(巨然)·관동(關仝)과 함께 오대와 북송시기의 '사대산수화가'로 병칭된다.【原註】

111 이성(李成, 919~967) : 자(字)는 함희(咸熙)이며, 오대에서 북송 초기의 저명한 화가이다. 선대의 혈통은 당나라 이씨의 친척이다. 산수에 뛰어났으며 교외의 평평하고 아득히 드넓은 풍경을 많이 그려, 북송 사람들이 범관 및 관동과 함께 가장 공헌을 한 세 명의 산수화 대가로 간주하였다.【原註】

112 경성(景星) : 덕이 있는 나라에 나타난다는 상서로운 별.【原註】

113 星鳳(성봉) : 경성(景星, 상서로운 별)과 봉황. 진기하여 드물게 나타나거나 진기한 사물을 비유한다.【原註】

조맹부, 〈수석소림도(秀石疏林圖)〉, 북경 고궁 소장

번역 서화는 하나의 기법

옛사람은 "그림에 필적筆迹[114]이 없는 것은 글씨를 쓸 때에 붓끝을 감추는 것과 같다書無筆迹, 如書之藏鋒[115]"라고 하였다. 일찍이 조위공趙魏公[116]이 자신의 그림에 스스로 쓴 것을 보았는데 "바위는 비백飛白[117]과 같고 나무는

114 筆迹(필적) : 쓴 글자가 형체 상에서 나타내는 특징을 가리킨다.【原註】

115 이 내용은 남송 학자 조희곡(趙希鵠, ?~?)의 고대 기물에 대한 감정 이론서인 『동천청록 · 고화변(洞天淸錄 · 古畵辯)』에 나오며 "그림에 필적이 없는 것은 먹이 옅고 모호하여 분간할 수 없는 것을 말하는 게 아니다. 바로 글씨를 잘 쓰는 사람이 필봉을 감추는 것과 같으며, 마치 송곳으로 모래에 그리듯이 흙에 찍혀질 뿐이다(畵無筆迹, 非謂其墨淡模糊而無分曉也. 正如善書者藏筆锋,如錐畵沙, 印印泥耳)"라고 하였다.【역주】

116 조위공(趙魏公) : 조맹부(趙孟頫, 1254~1322). 자(字)는 자앙(子昂), 호는 송설(松說)이나 구파(鷗波)이며 또 다른 호는 수정궁도인(水晶宮道人). 송나라 황실의 친척으로, 송나라가 망한 뒤에 원나라에서 벼슬을 하였으며, 여러 차례 승진하여 관직이 한림학사(翰林學士)와 영록대부(榮祿大夫)에 이르렀다. 죽은 뒤에 추가로 위국공에 봉해지고 시호는 문민(文敏)이다. 행서와 해서에 정통하여 독자적으로 "조맹부체(趙孟頫體)"를 창조하여 '해서사대가'의 한 사람이 되었다. 화법 상에서도 독창성이 있으며 처음으로 "글씨와 그림의 붓 사용은 서로 같다(書畵用筆相同)"는 이론을 제출하였다.【原註】

* 서화용필상동(書畵用筆相同) : 조맹부가 처음으로 제시한 것이 아니라, 당나라 화가 장언원(張彦遠, 815~907)이 회화이론 저서인 『역대명화기 · 그림의 원류 서문(歷代名畵記 · 叙畵之源流)』에서 "서예와 회화는 같은 몸이다(書畵同體)"라고 주장하였으며, 조맹부는 이를 실제 창작에서 구현한 인물이다.【역주】

117 비백(飛白) : '비백서(飛白書)'라고도 쓰며, 필획에 실처럼 하얀 부분(먹이 묻지 않은 부분)이 드러나 고필(枯筆, 먹물을 적게 묻힌 붓)로 쓴 것과 비슷하다. 동한의 문학가이자

주서籒書[118]와 같으며, 대나무를 그리려면 팔법八法[119]에 통달해야 한다石如飛白木如籒, 寫竹應須八法通[120]"라고 하였다. 바로 이른바 서화는 하나의 기법이다.

원문 書畵一法

古人云, 畵無筆迹, 如書之藏鋒.[121] 常[122]見趙魏公自題巳畵云, 石如飛白木如籒, 寫竹應須八法通. 正所謂, 書畵一法也.

번역 산수를 그리는 준법皴法

산의 바위를 그리는 데에는 피마준披麻皴[123]·난부착흔준亂斧鑿痕皴[124]·지마준芝麻皴[125]·우점준雨點皴[126]·고루준骷髏皴[127]·귀면준鬼面皴[128]·탄와준彈渦

서예가 채옹(蔡邕, 133~192)이 창조한 것이라 전해온다.【原註】

118 주서(籒書) : '주문(籒文)'이나 '대전(大篆)'이라고도 하며, 『사주편(史籒篇)』에 기록되어 이러한 명칭을 얻었다. 춘추전국시대에 진(秦)나라에서 통용되었으며, 전서(篆書)와 근사하다.【原註】

* 사주편(史籒篇) : 15편. 어린이용 교과서로 주선왕(周宣王, ?~B.C.783)의 태사[太史, 사관(史官)과 역관(曆官)의 우두머리]가 지었다고 하며 책은 실전되었다.【역주】

119 팔법(八法) : '영자팔법(永子八法)'이라고도 한다. 고대인은 한자의 구성을 8종의 기본 점획으로 귀납하였으며, 이 8종의 점획은 대략 '영(永)'자에 구비되어 있다. 후세 사람은 팔법을 서예의 붓을 사용하는 법칙으로 지칭하였다.【原註】

120 석여비백목여주, 사죽응수팔법통(石如飛白木如籒, 寫竹應須八法通) : 조맹부가 「수석소림도(秀石疎林圖)」의 끝 부분에 쓴 칠언절구의 첫 두 구절이며, 조소(曹昭, 이 책의 저자)의 인용문은 원시와 약간 다르다. 원시는 "대나무를 그리려면 또 팔법에 정통해야 한다(寫竹還於八法通)"라고 하였다.【原註】

121 藏鋒(장봉) : 서예 용어. 필봉(筆鋒, 붓 끝)이 감추어져 드러나지 않는 것을 말한다.【原註】

122 常(상) : 상(嘗). 일찍이.【原註】

123 피마준(披麻皴) : 위에서 아래로 길게 선을 그어 베의 올을 풀어 놓은 것처럼 표현하는 기법.【역주】

124 난부착흔준(亂斧鑿痕皴) : 어지러이 도끼로 마구 깎은 듯이 표현하는 준법, 즉 부벽준(斧劈皴).【역주】

125 지마준(芝麻皴) : 점이 모여 준(皴)이 되며, 점 알갱이가 참깨와 같은 준법으로 범관(范寬)·미불(米芾)·미우인(米友仁) 등이 상용하였다.【原註】

皴[129]이 있고, 발묵潑墨[130]·반두礬頭[131]·능면凌面[132]이 있다. 운필이 노련한 것이 있고, 담백하고 깔끔한 것이 있으며, 인물의 묘사에 철선필鐵線筆[133]

---

* 참깨처럼 작은 점을 모아서 표현하는 기법으로, 커다란 바위나 봉우리의 요철 표현에 적당한 준법.【역주】

126 우점준(雨點皴) : 기다란 점 형태의 촉박한 붓질이며, 보통 중봉(中鋒)으로 간격을 띄우고 측봉(側鋒)으로 그려 내며, 오래되고 단단하며 중후한 산의 바위를 표현할 수 있다. 회화사에 우점준을 운용하여 성공한 실례는 북송의 범관으로, 그의 준법은 사람들에게 '창필(槍筆)'이라 불리며, 그가 그린 산수는 "뾰족한 봉우리가 혼후하고 기세가 웅장하다"는 독특한 풍격을 가지고 있다.【原註】

* 중봉(中鋒) : 붓대를 곧바로 하고 붓 끝을 가운데로 오게 하여 어느 한쪽으로 치우치지 않는 상태.

* 측봉(側鋒) : 붓을 바닥에 댈 때 약간 기울여 쓰거나 그리는 필법.【역주】

127 고루준(骷髏皴) : 석회암 지형이나 강남 정원의 가산(假山, 인공으로 만든 산)과 암석을 표현하기에 가장 적합하다.【原註】

* 고루준(骷髏皴) : 사람의 해골처럼 바위를 요철이 나타나게 그리는 기법.【역주】

128 귀면준(鬼面皴) : 오대 형호(荊浩)가 처음으로 이 준법을 사용하였으며, 북방의 물에 의한 침식으로 만들어진 암석에 형성된 복잡하고 다양한 변화와 알록달록한 지형의 특징을 표현하기에 적합하다.【原註】

* 귀면준(鬼面皴) : 산이나 바위를 귀신의 얼굴처럼 기괴하게 표현하는 기법.【역주】

129 탄와준(彈渦皴) : 흐르는 물의 소용돌이와 같은 것이다. 장강의 물 바닥에 커다란 바위가 물의 흐름을 방해하여, 부딪치는 물의 기세가 위에서 아래로 솟아 흘러 수면에서 감돌며 회전하는 도중에, 파도 같기도 하고 포말 같기도 하면서 높이 솟았다가 낮게 떨어지는데, 산의 바위의 형상이 이와 비슷하므로 '탄와'라고 이름 하였다.【原註】

* 탄와준(彈渦皴) : 둥글거나 소용돌이처럼 둥글게 말리는 모양으로 그리는 준법으로, 울퉁불퉁한 산 모양을 나타낼 때 많이 사용한다.【역주】

130 발묵(潑墨) : 먹물을 종이나 비단 위에 휘 뿌려서 형상에 따라 묘사를 하는데, 붓의 기세가 호방하여 먹물이 뿌려진 것과 같다.【原註】

131 반두(礬頭) : 산수화 기법으로 산꼭대기 위의 작은 돌무더기의 형상이 백반 끝부분의 결정과 같다.【原註】

* 반두(礬頭) : 산수화에서 산꼭대기에 모여 있는 돌무더기. 그 모양이 백반의 결정과 유사하여 이러한 명칭이 붙었다. 송 미불의 『화사·당나라 그림(畵史·唐畵)』에서 "거연(巨然, ?~?. 오대시기 화가)이 젊었을 때에는 반두를 그렸으며, 노년에는 평담하고 아취가 높았다(少時多作礬頭,老年平淡趣高)"라 하였다.【역주】

132 능면(凌面) : 기울어진 면.【역주】

133 철선필(鐵線筆) : 철선묘(鐵線描). 굵기의 변화가 없으며 선의 외형이 철사와 같고 강건하게 힘이 있는 원필(圓筆)로 그린 선. 이러한 묘사기법은 위진(魏晉)과 수당시기에 탄생하였으며, 딱딱한 재질의 천이 겹쳐서 아래로 늘어진 느낌을 표현하는 중요 기법이다.

· 난엽필蘭葉筆[134] · 유사필遊絲筆 · 전필顫筆[135]이 있는데, 역시 각각 하나의 문파를 스승으로 하지만 조화롭고 유창하며 굳센 것이 아름답다.

원문 畵山水皴皵[136]

畵山石, 有披麻皴亂斧鑿痕皴芝麻皴雨點皴骷髏皴鬼面皴彈渦皴, 有潑墨矾頭凌面. 用筆有老潤者, 有恬潔者, 描人物, 有鐵線筆蘭葉筆遊絲筆顫筆, 亦各師一家, 但調暢勁健爲佳.

조의출수(曹衣出水)가 이 기법의 전형이다.【原註】

* 원필(圓筆) : 운필 기법으로 붓을 대고 거두어들이고 꺾이는 부위가 둥근 형상으로 드러나는 필법.

* 조의출수(曹衣出水) : 오대당풍(吳帶當風, 오도자가 그린 띠가 바람에 휘날린다)과 상대되는 개념으로, 고대 인물화의 옷이 몸에 착 달라붙어 물속에서 나온 듯한 모습을 가리킨다. 서역 출신의 북제 화가 조중달(曹仲達, ?~?)이 창조하였으며, 그가 그린 불화를 당나라에서 '조가양(曹家樣)'이라 하고, 오도자가 그린 것은 '오가양(吳家樣)'이라 하고, 장승요(張僧繇, ?~?. 남북조시기 화가)가 그린 불화는 '장가양(張家樣)'이라 하고, 주방(周昉, ?~?. 당나라 화가)이 그린 불화는 '주가양(周家樣)'이라 하였다.【역주】

134 난엽필(蘭葉筆) : 난엽묘(蘭葉描). 압력이 균일하지 않은 것이 특징으로, 붓을 움직이는 도중에 때로는 들었다가 때로는 멈추어 갑자기 굵어졌다가 갑자기 가늘어져, 형태가 난초 잎과 같은 선이 만들어진다. 창시자는 오도자(吳道子)이며, 이러한 필법으로 옷 주름의 향배와 옷자락이 흩날리는 자세를 표현하여, 사람들이 '오대당풍(吳帶當風, 오도자가 그린 띠가 바람에 휘날린다)'이라 하였다.【原註】

135 전필(顫筆) : 떨며 흔들리는 선을 그려내는 기법. 흐르는 물과 나뭇잎 및 의복 등을 그리기에 적합하며, 선이 유창하고 자연스러우며 운치 있게 구부러지는 것을 힘껏 추구한다.【原註】

136 皴皵(준작) : 거칠게 갈라터지다.
준(皴) : 준법(皴法)으로 산의 바위와 산봉우리 및 나무 표피의 무늬를 표현하는 회화기법. 작(皵) : 표피가 거칠게 갈라터지다.【原註】

피마준(披麻皴), 원 황공망(黃公望),[137] 〈부춘산거도(富春山居圖)〉

부벽준(斧劈皴), 남송 마원(馬遠), 〈답가도(踏歌圖)〉

우점준(雨點皴), 북송 범관(范寬), 〈계산행려도(溪山行旅圖)〉

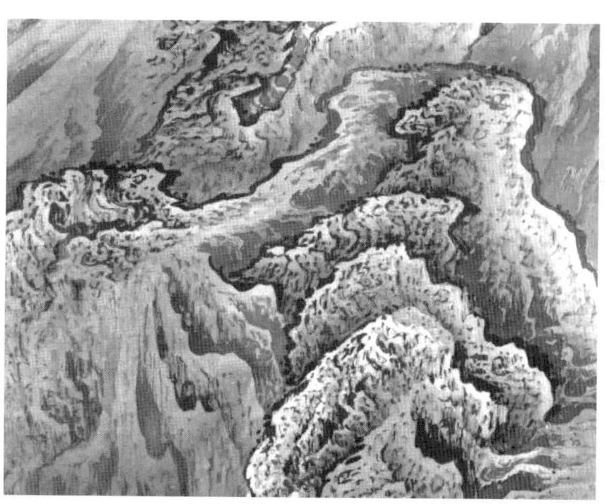

탄와준(彈渦皴), 청 원요(袁耀),[138] 〈봉래선경도(蓬萊仙境圖)〉

---

137 황공망(黃公望, 1269~1354?) : 원나라 화가. 자(字)는 자구(子久), 호는 일봉(一峰)과 대치도인(大痴道人). 조맹부에게 가르침을 받았으며, 원나라 사대가의 한 사람이다.【역주】

138 원요(袁耀) : 청나라 건륭시기(1736~1795)의 화가. 생졸년은 알 수 없다. 자(字)는 소도(昭道), 강도[江都, 지금의 강소성 양주(揚州)] 사람.【역주】

전순거, 〈왕희지관아도(王羲之觀鵝圖)〉, 미국 메트로폴리탄미술관(국부)

번역 사대부의 그림

조자앙趙子昂[139]이 전순거錢舜擧[140]에게 "사대부의 그림은 어떠한가?"라고 질문하였다. 전순거가 대답하여 "비전문가의 그림입니다"라 하였다. 조자앙이 "그러나 내가 당나라 왕유와 송나라 이성李成·곽희郭熙·이백시李伯時를 보니, 모두 고상한 사대부의 그림으로, 사물과 더불어 정신이 전달 되어와 오묘함을 다했다. 근세에 사대부의 그림을 그린 것은 오류가 심하다"라고 하였다.

---

139 조자앙(趙子昂) : 즉 조맹부(趙孟頫). 본문 「서화일법(書畵一法)」의 조위공(趙魏公) 주 참고.【原註】

140 전순거(錢舜擧) : 전선(錢選, 1239~1299), 자(字)는 순거, 호주[湖州, 지금의 절강 오흥(吳興)] 사람으로, 송말 원초의 저명한 화가. 인물·꽃과 새·채소와 과일·산수를 그리는데 뛰어났으며, 필치가 부드럽고 굳세며 착색이 맑고 화려하여 장식미가 있었다. 전해오는 작품으로 〈노동팽차도(盧仝烹茶圖)〉·〈부옥산거도(浮玉山居圖)〉·〈부취도(扶醉圖)〉등이 있다.【原註】

원문 士夫[141]畵

趙子昂問錢舜擧曰, 如何是士夫畵. 舜擧答曰, 隷家[142]畵也. 子昂曰, 然余觀唐之王維宋之李成郭熙李伯時, 皆高尙士夫所畵, 與物傳神, 盡其妙也. 近世作士夫畵者, 繆甚矣.

번역 고대 회화의 붓 사용과 착색

고대인의 붓 사용은 원숙하고 색칠은 비단으로 스며들어가며, 구상은 원대하고 신묘하여 감상할수록 아름답고, 비록 연대가 오래되어 손상되어도 정신은 살아 있다. 후대 사람이 그린 것은 채색한 먹이 모두 고운 비단의 위에 떠 있어 생기가 전혀 없어, 처음 보면 그럴듯하지만 오래되면 멋이 다 사라질 것이다.

원문 古畵用筆設色[143]

古人用筆圓熟, 傅色入絹素,[144] 思大神妙, 愈玩愈姸, 雖年遠破舊, 亦精神. 後人作者, 色墨皆浮於縑素[145]之上, 全無精彩, 初觀可取, 久則意盡矣.

---

141 士夫(사부) : 사대부. 지식인.【原註】

142 隷家(예가) : '여가(戾家)'나 '이가(利家)'라고도 한다. 비전문가. 계공(啓功, 1912~2005. 현대 서예가)의 「여가고(戾家考)」에서 이 단어의 의미에 대하여 매우 명쾌하게 해석하였다. "현대인이 기예에 대한 일은 대개 스승의 가르침을 이어받은 것·전문적인 직업이 있는 것·기예가 숙련되고 정통한 것이 있으며, 모두 '내행(內行, 숙련자)'이나 '행가(行家, 전문가)'라 한다. 반대는 '외행(外行, 비전문가)'이나 '역파(力把, 풋내기)'라 한다. 고대에는 '여가(戾家)'라 하였다."【原註】

143 設色(설색) : 착색(着色).【역주】

144 絹素(견소) : 서화용으로 사용하는 흰 비단.【原註】

145 縑素(겸소) : 올이 가는 비단으로, 서화에 사용할 수 있다.【原註】

북송 왕희맹(王希孟),[146] 〈천리강산도(千里江山圖)〉, 1191.5cm , 북경 고궁 소장(국부)

번역 고대 회화의 비단 색깔

고화의 비단 색깔은 옅은 흑색으로, 자연히 일종의 사랑스러운 오래 묵은 향기가 있으며, 오직 불상을 그린 작품은 향과 연기에 그을려 검게 된 것이 많다. 위조자는 향의 재나 부엌의 그을음을 가져다 짓찧고 끓인 즙으로 비단을 물들이며, 그렇게 한 색은 누르지만 생기가 없다. 오래된 비단이 저절로 찢어진 것은 반드시 붕어의 입과 같은 모양이 있으며, 서너 가닥의 실이 이어져야 하고 직선으로 찢어지지 않는다. 위조한 것은 그렇지 않으며, 그 비단도 새 것이다.

원문 古畫絹色

古畫絹色淡黑, 自有一種古香可愛, 惟佛像香烟薰黑者多. 僞作者取香烟瀝, 或竈烟脂, 搗碎煎汁染絹, 其色黃而不精彩. 古絹自然破者, 必有鯽魚

146 왕희맹(王希孟, 1096~1119?) : 북송 말기의 화가. 10대에 궁중에 들어가 휘종에게 직접 지도를 받았다. 18세에 명작 〈천리강산도〉를 그렸다.【역주】

口,[147] 須連三四絲, 不直裂. 僞作者則否, 其絹亦新.

번역 고대 회화의 비단

당나라 비단은 실이 거칠어 비단이 두터우며, 두드려 삶은 것도 있다. 독사견獨梭絹[148]이 있는데 폭이 네다섯 자[149]가 넘는 것이 있다. 오대시기의 비단은 베처럼 극히 거칠며, 송나라에는 원견院絹[150]이 있어 균일하고 두꺼우면서 조밀하였고, 독사견도 있었다. 종이처럼 극히 세밀한 것이 있지만, 성기고 얇은 것은 원견院絹이 아니다. 원나라 비단은 송나라 비단과 유사하고 독사견이 있으며, 선주宣州[151]에서 나온다. 복기견宓機絹이 있어 극히 균일하고 두터우며 조밀한데, 가흥嘉興 위당魏塘[152]의 복가宓家에서 제작하므로 '복기견'이라 한다. 조송설趙松雪[153] · 성자소盛子昭[154] · 왕약수王

147 鯽魚口(즉어구) : 붕어의 입.【역주】

148 독사견(獨梭絹) : 넓이가 넓은 비단의 일종으로, 두 폭이나 세 폭을 이어서 만든 비단에 상대하여 말한 것이다.【原註】
* 독사견(獨梭絹) : 단사견(單絲絹). 씨실과 날실을 홑실로 하여 짠 얇은 비단으로, 회화용으로 많이 사용하며, 송대에 남경을 중심으로 발전하였다.【역주】

149 자 : 고대의 1자는 상 16.95cm, 주~진(秦) 23.1cm, 한 21.35~23.75cm, 남조 25.8cm, 당 30.7cm, 송 31.68cm, 명청시기 31.1cm, 현재 33.3cm로 시대마다 약간씩 다르다. 본문에서는 기본적으로 30cm를 기준으로 하였으며, 1자의 1/10인 1치는 3cm, 1장은 10자 즉 3m로 환산하여 계산하였다.【역주】

150 원견(院絹) : 화원(畵院, 궁중의 회화 제작기관)에서 사용하는 서화용 비단. 시대마다 특징이 다르다.【역주】

151 선주(宣州) : 고대 주군(州郡)의 명칭으로, 관청 소재지는 지금의 안휘성 선성(宣城) 선성구(宣城區)이다.【原註】

152 가흥(嘉興) 위당(魏塘) : 절강성 가흥시(嘉興市) 가선현(嘉善縣)에 위치.【原註】

153 조송설(趙松雪) : 조맹부. 호가 송설도인.【역주】

154 성자소(盛子昭) : 성무(盛懋, ?~?), 자(字)가 자소(子昭)로 원나라 화가. 성무는 부친의 학문을 계승하여 어린 시절에 일찍이 조맹부의 학생인 진림(陳琳, ?~?)의 지도를 받았으며, 인물·산수·화조를 잘 그렸다. 필법이 정제되고 색의 배치가 밝고 화려하였다. 전해오는 작품으로 「추림고사도(秋林高士圖)」·「추강대도도(秋江待渡圖)」 등이 있다.【原註】

若水[155]가 이 비단을 사용하여 그림을 많이 그렸다.

원문 古畵絹[156]素

唐絹絲麤而厚, 或有搗[157]熟者. 有獨梭絹, 闊四五尺餘者. 五代絹極麤如布, 宋有院絹, 勻淨厚密, 亦有獨梭絹. 有等極細密如紙者, 但有稀薄者, 非院絹也. 元絹類宋絹, 有獨梭絹, 出宣州. 有宓機絹, 極勻淨厚密, 嘉興魏塘宓家, 故名宓機. 趙松雪盛子昭王若水, 多用此絹作畵.

번역 화원畵院의 그림院畵[158]

송나라 화원畵院의 여러 화공들은 그림을 하나 그리려면, 반드시 먼저 화고畵稿를 드린 뒤에 완성한 작품을 바쳤다. 그린 산수·인물·꽃과 나무·새와 짐승은 종종 오묘한 경지에 이르렀다.

원문 院畵

宋畵院衆工凡作一畵, 必先呈藁, 然後上眞.[159] 所畵山水人物花木鳥獸, 種

155 왕약수(王若水) : 왕연(王淵), 자(字)는 약수, 호는 담헌(澹軒). 항주(杭州) 사람. 생졸년은 알 수 없으며, 젊었을 때 조맹부에게 그림을 배웠다. 산수화는 곽희(郭熙)를 스승으로 삼고, 인물은 당나라 화가를 스승으로 삼았으며, 화조는 황전(黃筌, 903?~965. 오대~북송시기의 화가)을 스승으로 삼았고, 화조와 죽석(竹石)으로 뛰어났다. 전해오는 작품으로 〈산도금계도(山桃錦鷄圖)〉·〈추경순작도(秋景鶉雀圖)〉 등이 있다.【原註】

156 絹(견) : 씨줄과 날줄을 한 올씩 교차하여 짠 생사(生絲, 삶지 않은 명주실)로 짠 직물로, 겸(縑, 여러 가닥의 실을 꼬아 만든 실로 짠 비단)과 비슷하지만 성글며, 빳빳하고 매끄럽다.【原註】

157 搗(도) : 찧다. 찧어서 삶아 만든 숙견(熟絹).【原註】

158 院畵(원화) : 화원(畵院, 궁중의 회화 제작기관)의 그림.【역주】

159 上眞(상진) : 완성한 작품을 바치다.【역주】

당 한간(韓幹), 〈목마도(牧馬圖)〉, 대북 고궁박물원 소장

당 대숭(戴崇), 〈투우도〉, 대북 고궁박물원 소장

種臻妙.

번역 무명인의 그림

무명인의 그림에 매우 아름다운 것이 있으며, 지금 사람이 무명의 작품을 유명한 작품으로 이름 붙인 것은 이루 다 헤아릴 수가 없다. 예를 들어 소 그림을 보면 '대숭戴嵩'[160]이라 하고, 말 그림을 보면 '한간韓幹'[161]

---

160 대숭(戴嵩) : 생졸년은 알 수 없다. 당나라 화가로 한황(韓滉)의 제자이다. 농가와 들의 풍경을 그리는 데 뛰어났으며, 물소의 묘사로 특히 저명하여 한간(韓幹)의 말 그림과 '한마대우(韓馬戴牛, 한간의 말과 대숭의 소)'로 함께 거론된다. 전해오는 작품에 〈투우도(鬪牛圖)〉가 있다.【原註】

* 한황(韓滉, 723~787) : 당나라의 정치가이자 서화가. 자(字)는 태충(太冲). 인물과 농촌풍경 및 동물의 묘사에 특히 뛰어났다.【역주】

161 한간(韓幹) : 생졸년은 알 수 없으며, 당나라 화가. 초상화 · 인물 · 귀신 · 꽃과 대나무를 잘 그렸으며, 특히 말 그림에 정통하였다. 전해오는 작품에 〈목마도(牧馬圖)〉가 있다.【原註】

이라 하니, 더욱 가소롭다.

원문 無名人畵

無名人畵有甚佳者, 今人以無名命爲有名, 不可勝數. 如見牛, 即戴嵩, 見馬, 即韓幹, 尤爲可笑.

번역 몰골화沒骨畵[162]

일찍이 하나의 그림이 있었는데, 독사견 숙견熟絹에 황전黃筌[163]이 그린 석류꽃과 백합百合으로, 전혀 먹의 흔적이 없으며, 오직 오채五彩[164]를 칠하여 완성하였다. 석류꽃은 한 나무에 100여 송이 꽃이 피고, 백합 한 그루에 네 송이가 피었다. 꽃의 색이 갓 피어난 듯이 지극하게 생기가 넘쳐, 진실로 신묘하였다.

원문 沒骨畵

嘗有一圖, 獨梭熟絹, 黃筌作榴花百合. 皆無筆墨, 惟用五彩布成. 其榴花一樹百餘花, 百合一本四花. 花色如初開, 極有生意, 信乎神妙也.

---

162 몰골화(沒骨畵) : boneless painting. 윤곽선을 그리지 않는 몰골법(沒骨法)으로 그린 그림.【역주】

163 황전(黃筌, 903?~965) : 오대 서촉(西蜀)의 화가. 산수 · 인물 · 용과 물 · 소나무와 바위 그림에 뛰어났으며, 특히 화조와 풀벌레에 정통하였다. 〈사생진금도(寫生珍禽圖)〉가 세상에 전해온다.【原註】

164 오채(五彩) : '오채(五采)'라고도 하며 청색 · 황색 · 적색 · 백색 · 흑색의 5종 색을 가리키며, 대체로 여러 가지 색을 가리킨다.【原註】

남송 양해(梁楷),[165] 〈발묵선인도(潑墨仙人圖)〉

남당 서숭사(徐崇嗣),[166] 〈모란호접도(牡丹蝴蝶圖)〉

번역 짝이 없는 명화

이성李成[167] · 범관范寬[168] · 소동파蘇東坡[169] · 미남궁부자米南宮父子[170]는 모두

---

165 양해(梁楷, 1150~?) : 남송 화가. 화원대조(畵院待詔)를 역임했으며, 산수 · 불교와 도교화 · 귀신을 잘 그렸다. 술을 좋아하여 '미친 양씨(梁風子)'라 불렸다.【역주】

166 서숭사(徐崇嗣, ?~?) : 남당(南唐, 937~975)의 화가. 풀벌레 · 새와 물고기 · 채소와 과일 · 꽃나무의 그림에 뛰어났다. 윤곽선을 그리지 않고, 채색으로만 형상을 그려 '몰골도(沒骨圖)'라 불렸다.【역주】

167 이성(李成) : 본문 뒷글의 「이성의 그림(李成畵)」 참고.【原註】

168 범관(范寬) : 일명 중정(中正). 자(字)는 중립(中立), 섬서성 화원[華原, 지금의 요현(耀

고상한 사대부로서 그림을 가지고 스스로 즐겼다. 그들이 마음을 달래려 남긴 몇 폭의 작품을 사람들이 만나지만, 어찌 짝이 되는 그림이 있을 수 있겠는가? 지금 사람은 하나의 작품만 있는 것에 만족을 하지 못하는데, 더불어 그림을 말하기에 부족하다.

원문 **名畵無對軸**[171]

李成范寬蘇東坡米南宮父子, 皆高尚士夫, 以畵自娛. 人家遇其適興[172]則留數筆,[173] 豈能有對軸哉. 今人以孤軸爲慊,[174] 不足與之言畵矣.

번역 **황실 창고의 서화**

휘종徽宗[175]의 황실 창고에 소장된 서화가 가장 많았는데, 모두 황제가 쓴 표제가 있었으며, 뒷부분에 선화연간宣和年間[176]에 사용한 옥으로 만든

縣)] 사람. 송나라 초기 산수화가. 산수 그리기를 좋아하여 관동(關仝) 및 이성과 북송산수화 삼대가로 함께 불려졌다.【原註】

169 소동파(蘇東坡) : 본문 뒷글의 「소동파의 그림(蘇東坡畵)」 참고.【原註】

170 미남궁부자(米南宮父子) : 미불과 그의 아들 미우인(米友仁). 본문 뒷글의 「미불의 그림(米芾畵)」 참고.【原註】

171 對軸(대축) : 짝이 되는 작품. 고대에는 서화를 두루마리로 표구하였으며, 두루마리에는 아래(세로로 펼치는 표구)나 앞뒤(가로로 펼치는 표구)에 원통형의 기다란 막대인 축(軸)이 붙어 있다.【역주】

172 適興(적흥) : 견흥(遣興). 흥겨워하다. 흥을 돋우어 마음을 달래다.【역주】

173 筆(필) : 서화나 시문 등 붓으로 쓰거나 그려 만든 작품을 가리킨다.【原註】

174 慊(겸) : 만족스럽지 않다. 유감이다.【原註】

175 휘종(徽宗) : 송나라 8대 황제이자 서화가인 조길(趙佶, 1082~1135), 재위 1100~1126년. 호는 선화주인(宣和主人). 회화를 장려하여 송대 회화가 공전의 발전을 이룩하였으며, '수금체(瘦金體)'라는 서체를 창조하였고, 화조화를 선호하여 '원체(院體, 화원 풍격)'라는 화풍을 창조하였다.【역주】

176 선화(宣和) : 북송 휘종의 연호로 1119~1125년.【原註】

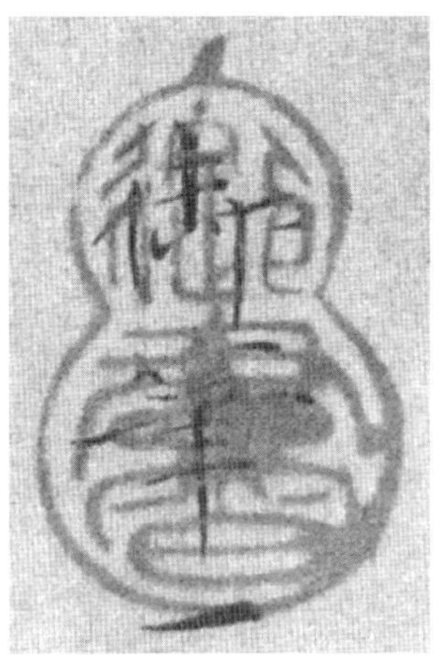
휘종 어서(御書) 호리병형 인장

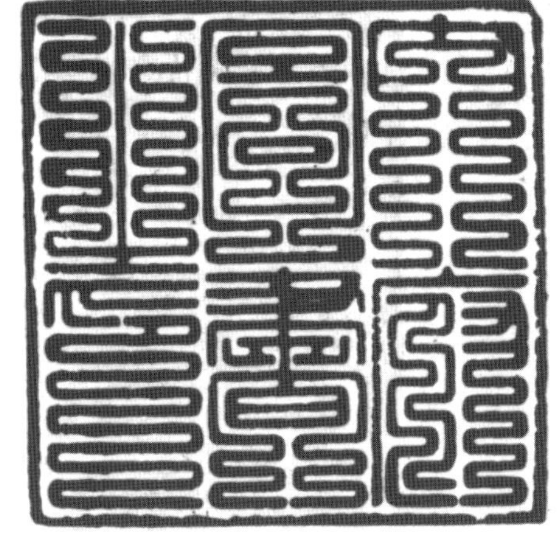
휘종 내부도서지인(內府圖書之印)

휘종 선화(宣龢) 인장

호리병 모양의 황제 도장[177]을 찍었다. 그 중에 대부분은 베껴 그린 작품으로, 모두 진품이라고 여길 수가 없으므로, 소장하는 사람은 자세하게 변별해야 한다.

원문 御府[178]書畵

徽宗御府所藏書畵最多, 俱是御書標題, 後用宣和玉瓢[179]御寶.[180] 於中多有臨摹[181]者, 未可盡以爲眞, 收者仔細辨之.

---

177 호리병 모양 황제 도장 : 휘종이 사용한 인장으로 새겨진 문자는 '어서(御書)'이다.【역주】
178 御府(어부) : 황실 창고.【原註】
179 玉瓢(옥표) : 옥으로 만든 호리병 모양의 도장으로, 현재 통칭하는 휘종의 '어서(御書)'라는 글자의 호리병 모양의 도장이 틀림없다.【原註】
180 御寶(어보) : 천자의 도장.【原註】
181 臨摹(임모) : 원작을 그대로 베껴 그리다.【역주】

번역 그림 제목 붙이기의 어려움

미남궁米南宮[182]이 "범관은 형호荊浩[183]를 스승으로 삼았다. 왕선王詵[184]이 일찍이 두 개의 그림을 보내왔는데, 제목이 구룡상勾龍爽[185]이었다. 다시 표구하느라 물에 담그니 돌 위에 '홍곡자 형호가 그리다洪谷子荊浩筆'라는 글자가 있었으며, 범관과 전혀 비슷하지 않았다. 후에 단도丹徒[186] 승려의 방에 한 폭의 산수화가 있었는데, 형호의 작품과 같았으며, 폭포 가에 '화원 범관華原范寬'이라 쓰여 있었으니, 바로 소년 시절에 그린 것이었으며, 진실로 형호의 제자였다. 한 폭의 그림으로 바꾸어 감상가에게 보여 주었다"라고 하였다. 이것으로 말하자면, 그림에 제목을 붙이기는 어려

---

182 미남궁(米南宮) : 즉 미불. 북송 휘종 숭녕연간(崇寧年間, 1102~1106)에 예부원외랑(禮部員外郞)이 되었으며, 당송시기의 사람들이 예부에서 글을 짓거나 쓰는 일을 하는 관리를 '남궁사인(南宮舍人)'이라 하였으므로, '미남궁'이라 한다. 본문 뒷글 「미씨의 그림(米氏畵)」에 자세히 나온다.【原註】

183 형호(荊浩) : 오대시기 화가. 하내(河內) 사람. 항상 '홍곡자(洪谷子)'라고 자칭하였으며, 박식하고 고상하며 옛 것을 좋아하였고, 산수화를 잘 그렸다. 스스로 편찬한 『산수결(山水訣)』 1권이 있다.【原註】

184 왕선(王詵, 1036~1093?, 또는 1048~1104) : 자(字)는 진경(晋卿)으로 영종(英宗, 재위 1063~1067)의 딸 위국대장공주(魏國大長公主, ?~1008)를 아내로 맞이하였다. 집에 보회당(寶繪堂)을 건립하여 역대 모범이 되는 서예와 명화를 소장하였으며, 소식(蘇軾)·황정견(黃庭堅)·미불·진관(秦觀, 1049~1100. 북송의 문학가)·이공린(李公麟) 등의 문인 및 우아한 선비와 "기이한 물품을 분석하고 감상하였으며(析奇賞異)" 시를 지어 서로 화답하여, 이공린이 일찍이 〈서원아집도(西園雅集圖)〉를 그려 멋진 장면을 기록하였다. 왕선은 시와 그림에 뛰어났으며, 서예에도 숙련되어 해서·행서·초서·예서에 모두 정통하였다. 전해오는 작품으로 〈어촌소설도(漁村小雪圖)〉와 〈연강첩장도(烟江疊嶂圖)〉가 있다.【原註】

185 구룡상(勾龍爽) : 또 다른 이름은 구룡상(句龍爽)이며, 송나라 신종시기(神宗時期, 1067~1085)에 한림대조(翰林待詔)가 되었으며, 당시에 그가 그린 인물에 대하여 "그 형상은 질박하고 저속하지만, 돌아와 보충하는 의미가 있다(其狀質野, 有返補之意)"라고 하였다. 〈서성민락도(西城民樂圖)〉와 〈세풍도(歲豊圖)〉 등이 있다.【原註】

186 단도(丹徒) : 강소성 서남부에 있으며 진강시(鎭江市) 구역의 주위이다.【原註】

형호, 〈광려도(匡廬圖)〉, 대북 고궁박물원 소장

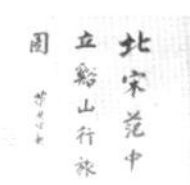

범관, 〈계산행려도(溪山行旅圖)〉, (소장처 좌동)

운 것이다.

원문 畵難題名

米南宮云, 范寬師荊浩. 王詵常以二畵見送, 題勾龍爽. 因重背[187]入水, 於

---

187 背(배) : 표배(裱背). '표배(裱褙)'라고도 한다. 종이나 비단으로 뒤를 받쳐서 서화와 서적을 표구하거나 수리하여, 아름답고 내구성을 갖도록 하는 것이다. 표구는 반드시 두

조맹견(趙孟堅), 〈수선도(水仙圖)〉, 천진박물관 소장

石上有洪谷子荊浩筆字樣, 全不似寬. 後於丹徒僧房有一軸山水, 與浩一同, 於瀑泉邊題華原范寬, 乃少年所作, 信荊浩弟子也. 以一畵易之, 以示鑑者. 以此論之, 畵難題名也.

번역 그림의 제발題跋[188]

옛 사람이 그림에 글을 쓸 때는 인수引首[189]에 썼으며, 송나라 휘종이 직접 쓴 제발도 그렇다. 그러므로 선화연간에 서화의 표구는 황색의 비단으로 인수를 만들었다. 근래에는 대부분 그림의 첫머리에 쓴다. 조맹부가 "그림이 근세에 이르러 한바탕 재앙을 만났다畵至近世, 遭一劫也"라고 하였다.

원문 題跋畵

古人題畵, 書於引首, 宋徽廟[190]御書題跋亦然. 故宣和間背書畵, 用黃絹引

겹으로 하며, 서화 등의 정면이 밖으로 향한 것을 '표(裱)'라 한다. 물들이지 않은 하얀 종이로 뒷면을 받치는 것을 '배(褙)'라 한다. 본문의 뒷글 「그림의 표구(裱褙畵)」에 자세히 나온다.【原註】

188 제발(題跋) : 서화에서 앞부분에 쓴 문자를 '제(題)'라 하고, 끝 부분에 있는 것을 '발(跋)'이라 한다. 내용은 대부분 품평·감상·고증·사건의 기록 등이다.【역주】

189 인수(引首) : 서화의 첫머리 부분.【原註】

首也. 近世多書於畵首. 趙松雪云, 畵至近世, 遭一劫也.

번역 그림의 표구

그림이 손상되지 않으면 다시 표구하는 것은 옳지 않으며, 한 번 더 표구하면 한 번 더 정신이 손상되고, 서예작품과 법첩法帖[191]도 그렇다. 가장자리가 부스러지면 반드시 수리하여 보충해야 하며, 잘라버려서는 안 되는데, 자르면 그림에 손상이 많아질 것이다.

원문 裝背畵

畵不脫落, 不宜重背, 一背則一損精神, 墨迹法帖亦然. 邊道破碎, 必用補葺,[192] 不可裁去, 裁則損畵多矣.

번역 왕유王維[193]의 그림

왕유는 자字가 마힐摩詰로, 집은 남전藍田의 망천輞川[194]에 위치하였다. 일

190 徽廟(휘묘) : 북송황제 조길(趙佶)의 묘호(廟號, 황제가 죽은 뒤에 바치는 칭호)가 휘종이므로, 송나라 사람은 휘종을 '휘묘'라고 하였다.【原註】

191 법첩(法帖) : 명가 서예의 모범이 되는 서첩.【原註】

192 補葺(보즙) : 수리하여 보충하다. 수선하다.【原註】

193 왕유(王維, 701~761) : 자(字)는 마힐(摩詰), 하동(河東) 사람. 모친이 불교를 독실하게 믿었으므로 왕유의 이름과 자(字)는 모두 『유마힐경(維摩詰經)』에서 따왔다. 왕유는 문학과 예술에 전능한 인재로서 시·산문·서예·회화의 조예가 모두 높았으며, 또 음악에 정통하여 거문고와 비파를 잘 연주하였다. 현종(玄宗) 개원(開元) 9년(721)에 진사 급제로 발탁되어 태악승(太樂丞)에 임명되었고, 후에 관직이 상서우승(尙書右丞)에 이르렀다. 만년에 남전(藍田)의 망천(輞川)으로 돌아가 은거하였다. 북송 소식이 왕유는 "시 속에 그림이 있고, 그림 속에 시가 있다(詩中有畵, 畵中有詩)"라고 하였다. 명말 동기창(董其昌)은 "남종화(南宗畵)의 시조"라고 추숭하였으며, "문인의 그림은 왕유에게서 시작되었다(文人之畵, 自王右丞始)"라고 주장하였다.【原註】

찍이 〈망천도輞川圖〉를 그렸는데, 산봉우리가 휘감아 돌고 대나무는 맑고 깨끗하며, 바위는 소부벽준小斧劈皴으로 표현하였고, 나무의 끝은 참새의 발톱처럼 그렸으며, 이파리는 대부분 협필夾筆[195]로 묘사하였고, 인물의 모습은 분명하였으며, 필력筆力[196]은 맑고 굳세었다. 장언원張彦遠[197]은 "왕유 그림에서 흥취를 느낀 부분은 사계절을 따지지 않은 것으로, 예를 들면 꽃을 그릴 경우에 왕왕 복사꽃·살구꽃·부용芙蓉[198]·연꽃을 하나의

---

194 망천(輞川) : 즉 망곡수(輞谷水). 지금의 섬서성 남전에 있으며, 진령(秦嶺)의 북쪽 기슭에서 발원하여 북으로 패수(灞水)로 흘러 들어간다. 『구당서(舊唐書)』·『왕유전(王維傳)』에서 "송지문(宋之問)의 남전 별장을 구입하였는데 망천 입구에 있었다. 망수가 집 아래에서 굽이 돌아, 별도로 대나무를 심은 꽃 언덕으로 흘러들어갔으며, 동지 배적(裴迪)과 함께 배를 띄워 왕래하며 거문고를 타고 시를 지었으며, 종일 시를 읊었다. 일찍이 전원에서 지은 시를 모아 '『망천집』'이라 하였다(得宋之問藍田別墅, 在輞口. 輞水周於舍下, 別漲竹洲花塢, 與道友裴迪浮舟往來, 彈琴賦詩, 嘯詠終日. 嘗聚其田園所爲詩, 號輞川集)"라고 하였다.【原註】

* 송지문(宋之問, 656?~712?) : 자(字)는 연청(延淸). 왕유와 시로 왕래하던 당나라 초기의 시인.
* 배적(裴迪) : 생졸년과 자호(字號)는 알 수 없다. 저명한 산수전원시인으로 왕유의 친구.【역주】

195 협필(夾筆) : 쌍구법(雙鉤法)이나 구륵법(鉤勒法). 윤곽선을 그려 대상을 표현하는 기법. 여기서는 나뭇잎의 윤곽선을 그려 표현하는 기법을 사용했다는 의미이다.【역주】

196 필력(筆力) : 글자와 그림 및 문장이 붓으로 표현하는 기법으로 드러낸 기세와 역량.【原註】

197 장언원(張彦遠, 815~907) : 자(字)는 애빈(愛賓), 포주(蒲州) 의씨[猗氏, 지금의 산서성 임의(臨猗)] 사람. 당나라 화가이자 회화이론가. 대대로 재상의 집안 출신으로 집안에 소장된 모범이 되는 서예와 유명한 회화가 매우 풍부하여 감상에 정통하였고 서화에 뛰어났다. 저서에 『역대명화기(歷代名畵記)』·『법서요록(法書要錄)』·『채전시집(彩箋詩集)』 등이 있다. 주석자의 생각 : 이곳의 "장언원이 말하기를(張彦遠云)"은 인용하는 비율이 매우 높은 일단의 문장이며, 실제로 이 내용과 "눈 속의 파초(雪裏芭蕉)"라는 주장은 모두 심괄(沈括)의 『몽계필담(夢溪筆談)』에서 나왔다. 다만 왕유가 〈원안와설도〉를 정말로 그렸는가와 장언원이 이러한 말을 했는지에 관해서는 정확한 근거가 아직 없다.【原註】

* 몽계필담(夢溪筆談) : 30권. 북송의 과학자이자 정치가인 심괄(沈括, 1031~1095)이 저술한 과학과 공예기술 및 사회와 역사 현상에 대한 종합적인 기록.【역주】

198 부용(芙蓉) : 목련(木蓮) 즉 목부용(木芙蓉, 아욱과의 낙엽반관목). 가을철에 꽃이 피며 꽃이 크고 꽃자루가 있으며, 색은 홍색과 백색이 있고 저녁에 짙은 홍색으로 변한다.【原註】

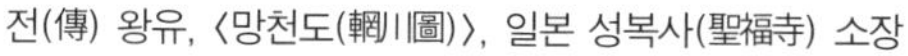
전(傳) 왕유, 〈망천도(輞川圖)〉, 일본 성복사(聖福寺) 소장

청 손호(孙祜),[199] 〈설중고사도(雪景故事圖)〉, 북경 고궁 소장

풍경에 함께 그렸다. 〈원안와설도袁安卧雪圖〉[200]를 그렸는데, 눈 속에 파초

---

199 손호(孙祜, ?~?) : 청 건륭시기(1736~1795)의 궁정화가. 〈설경고사도〉 10폭이 전해오며, 그중에 원안와설(袁安臥雪)이 있다.【역주】

200 원안와설도(袁安卧雪圖) : 원안(袁安, ?~92), 자(字)는 소공(邵公), 여남 (汝南) 여양[汝陽, 지금의 하남성 상수(商水) 서남(西南)] 사람. 동한의 명신으로 매우 분명하고 공정한 것으로 유명하였다. 원안이 눈에 곤란을 당하였으나 구조를 요청하지 않은 이야기가 매우 유명하다. 『후한서 · 원안전(後漢書 · 袁安傳)』의 이현주(李賢注)에서 "이때 큰 눈이 와서 땅에 한 길 남짓 쌓였는데, 낙양령이 직접 순시하다가 사람들이 모두 눈을 치우러 나오고 걸식하는 사람을 보았다. 원안의 대문에 이르렀으나 다니는 길이 없었다. 원안이 이미 죽었다고 생각하고는, 사람들에게 눈을 치우게 하여 방으로 들어가 원안이 빳빳하게 누워있는 것을 보았다. 어찌하여 나오지 않았는가를 물으니, 원안이 '큰 눈에 사람들이 모두 굶고 있으니, 사람들에게 요구하는 것은 마땅하지 않습니다'라 하였다. 현령이 현명하다고 여기고 추천하여 효렴(孝廉)으로 삼았다(時大雪積地丈餘, 洛陽令身出案行, 見人家皆除雪出, 有乞食者. 至袁安門, 無有行路. 謂安已死, 令人除雪入户, 見安僵卧. 問何以不出. 安曰, '大雪人皆餓, 不宜於人' 令以爲賢, 擧爲孝廉)"라고 하였다. 역대로 수많은 저명한 화가와 무명 화가가 모두 〈원안와설도〉를 그렸다.【原註】

* 이현주(李賢注) : 당나라 고종(高宗, 재위 649~683)의 여섯 째 아들 이현(李賢, 655~684)이 문관을 소집하여 『후한서(後漢書)』(후한 사건을 기록한 역사서)에 붙인 주석.【역주】

芭蕉가 있다. 이러한 것은 바로 마음 가는 대로 손이 순응하여, 뜻이 도달하는 대로 이루어진 것으로, 사리에 맞고 신묘한 경지에 들어가서, 아득하게 참 모습을 획득하였으므로, 세속적인 사람과 토론하기 어렵다".

원문 **王維畫**

王維字摩詰, 家居藍田輞川. 嘗作輞川圖, 山峰盤回, 竹樹瀟灑,[201] 石小劈斧皴, 樹梢雀爪, 葉多夾筆描畵, 人物眉目分明, 筆力淸勁. 張彦遠云, 王維畵得興處, 不問四時, 如畵花, 往往以桃杏芙蓉蓮花, 同作一景. 畵袁安卧雪圖, 有雪裏芭蕉. 此乃得心應手, 意到便成, 故造理[202] 入神,[203] 迥得天眞, 難與世俗論也.

번역 **이사훈李思訓[204]의 그림**

이사훈은 당나라 황실의 친척으로, 채색 산수화를 잘 그렸으며, 필법이 굳세었다. 시내와 계곡은 그윽하고 깊숙하며, 이어진 봉우리는 밝고 수려하며, 바위는 소부벽준小斧劈皴을 사용하고, 나무와 잎은 협필夾筆을 사용하였다. 일찍이 금벽산수金碧山水[205] 병풍을 만들었는데 격조가 선명하

201 瀟灑(소쇄) : 기운이 맑고 깨끗하다.【역주】
202 造理(조리) : 사리에 맞다.【역주】
203 入神(입신) : 신묘한 경지에 들어가다.【역주】
204 이사훈(李思訓, 651~716, 648~713) : 당나라의 걸출한 화가. 조부는 당나라 고조(高祖) 이연(李淵, 재위 618~626)의 사촌 동생 이숙량(李叔良, ?~?)이다. 산수·누각·불교와 도교·꽃과 나무·새와 짐승을 잘 그렸으며, 만당(晩唐) 주경현(朱景玄)의 『당조명화록(唐朝名畵錄)』에서 "당나라 산수의 제일(國朝山水第一)"이라 하였다.【原註】
* 당조명화록(唐朝名畵錄) : 당나라 관리 주경현(朱景玄, ?~?)이 저술한 회화역사서. 당나라 화가 124명을 수록하고, 신품·묘품·능품·일품(逸品)의 4등급으로 품평하였으며, 신품과 묘품 및 능품은 또 상중하로 구분하였다.【역주】

전(傳) 이소도, 〈명황행촉도(明皇幸蜀圖)〉, 대북 고궁박물원 소장

고 화려하였으며, 우아하여 천연의 부귀한 기상이 있었다. 아들 이소도李昭道[206]의 그림도 부친과 같았으므로, 세상에서 '대리장군大李將軍'과 '소리장군小李將軍'이라 하였다.

---

205 금벽산수(金碧山水) : 금가루 및 광물질인 석청(石靑, 청색의 광물질 안료)과 석록(石綠, 녹색의 광물질 안료)을 주요한 색으로 하여 그리는 산수화로, 금빛이 찬란하며, 이사훈이 대표적인 작가이다.【역주】

206 이소도(李昭道) : 자(字)는 희준(希俊), 생졸년은 알 수 없다. 당나라 화가로 이사훈의 아들. 청록산수에 뛰어나 세상에서 '소리장군'이라 하였다. 전해오는 작품에 〈춘산행려도(春山行旅圖)〉와 〈명황행촉도(明皇行蜀圖)〉가 있다.【原註】

* 명황행촉도(明皇行蜀圖) : 청나라 황실의 소장목록에는 〈송인관산행려도(宋人關山行旅圖)〉로 되어있었지만, 송대의 자료를 참고하여 대북 고궁박물원에서는 당나라 사람의 작품으로 표기하고 있으며, 작자는 밝히지 않았다. 당나라 현종(玄宗, 재위 712~756)이 안사(安史)의 난을 피해 756년에 촉(蜀, 지금의 사천 지역)으로 피난하는 장면을 그린 작품이다. 산의 채색과 봉우리의 조형은 당나라의 풍격이 있지만, 화려하고 세밀한 채색과 정확한 선의 운용은 11~12세기 작품의 특징을 가지고 있다. 본 작품이 원본인가, 혹은 송나라에서 임모한 작품인가, 혹은 명대의 모방품인가에 대하여 중설이 분분하다.【역주】

원문 **李思訓畵**

李思訓唐宗室[207]也, 善畵設色山水, 筆法遒勁. 澗谷幽深, 峯巒明秀, 石用小劈斧, 樹葉用夾筆. 嘗作金碧[208]圖障,[209] 筆格[210]艷麗, 雅有天然富貴氣象. 子昭道畵, 亦如父, 故世稱大李將軍小李將軍也.

번역 **이백시李伯時의 그림**

이공린李公麟[211]의 자字는 백시伯時이고 호는 용면거사龍眠居士로, 그의 그림은 수묵화만 그리고 천연색을 칠하지 않았으며, 그림에 붓질한 흔적이 없다. 대개 붓질한 흔적이 진하고 머뭇거린 것이 있으면 모두 위조품이다. 독특하게 징심당지澄心堂紙[212]에 그림을 그렸으며, 오직 고화를 그대로 베껴 그릴 경우에 비단에 착색한 작품이 있다.

---

207 宗室(종실) : 군주와 같은 종족의 사람, 황족.【原註】

208 金碧(금벽) : 중국화 안료 가운데 니금(泥金, 금가루) · 석청(石靑) · 석록(石綠).【原註】

209 圖障(도장) : 그림과 도안을 그린 병풍과 글귀가 써진 천을 가리킨다.【原註】

210 筆格(필격) : 서화나 시문의 격조.【原註】

211 이공린(李公麟, 1049~1106) : 자(字)는 백시(伯時), 호는 용면거사(龍眠居士), 여강(廬江) 군서현[郡舒縣, 지금의 안휘성 서성(舒城)] 사람. 북송의 저명한 화가이며, 모든 인물 · 불교와 도교 · 안장을 얹은 말 · 산수 · 화조에 정통하지 않은 바가 없어 당시에 송나라 화가 가운데 첫 번째 사람으로 추종되었다. 전해오는 작품에 〈오마도(五馬圖)〉 등이 있다.【原註】

212 징심당지(澄心堂紙) : 서화용 종이 가운데 정밀한 제품으로 휘주(徽州)에서 산생된다. 남당(南唐)의 후주(後主) 이욱(李煜, 937~978)이 이 종이를 진귀한 보물로 간주하여 "종이 가운데 왕(紙中之王)"이라 칭찬하였으며, 특히 남당의 열조(烈祖) 이승(李昇, 889~943)이 금릉절도사(金陵節度使)일 때 건립하여, 편안하게 거주하며 독서하고 상주문(上奏文)을 열람하던 '징심당'에 이 종이를 저장하였으며, 또 제조국을 설치하여 이러한 종류의 좋은 종이를 어명을 받아 감독하여 제조하도록 하였고, '징심당지'라 명명하였다.【原註】

* 남당(南唐, 937~975) : 오대십국의 하나로 지금의 남경에 도읍하였으며, 39년 동안 지속되었다.【역주】

북송 이공린, 〈오마도(五馬圖)〉, 일본 동경박물관 소장(국부)

원문 李伯時畫

李公麟字伯時, 號龍眠居士, 其畫但作水墨, 不曾[213]設色, 畫無筆迹. 凡有筆迹重濁[214]者, 皆僞也. 獨用澄心堂紙爲之, 惟臨摹[215]古畫, 有用絹着色者.

번역 동원董源의 그림

동원934?~962?은 강남 사람으로, 그가 그린 산은 높고 험하며 불쑥 솟았고, 산의 아랫부분에서 꼭대기에 이르기까지 붓의 전환과 꺾임이 분명하며, 그가 그린 바위는 마를 풀어헤친 듯하고, 그가 그린 물은 구불구불하며, 나무는 대부분 꼿꼿하고, 이파리는 단필單筆[216]과 협필夾筆을 겸하여

213 不曾(부증) : ~~한 적이 없다.【역주】

214 重濁(중탁) : 본래 글자체가 너무 크고 비속하거나 문자가 번잡하고 뒤엉킨 것을 가리키며, 여기서는 진하고 혼탁한 회화의 붓질을 가리킨다.【原註】

215 臨摹(임모) : 원작에 따라 모사하다.【역주】

동원, 〈소상도(瀟湘圖)〉, 141.4×50cm, 북경 고궁 소장(국부)

사용하였다. 인물을 많이 그리는 것을 즐겼으며, 채색은 이사훈을 본받았다. 계곡과 다리 및 모래톱은 모두 생기가 있어 한 편의 강남 풍경이다.

원문 董源畵

董源江南人, 其山峭拔[217]高聳, 從脚至頂, 轉折分明, 其石若披麻, 其水縠紋,[218] 樹多亭直, 葉單夾筆兼之. 喜多作人物, 設色效李思訓. 其溪橋洲渚,[219] 咸有生意, 一片江南景也.

---

216 단필(單筆) : 윤곽선을 그리지 않고 대상을 그리는 기법. 여기서는 나뭇잎을 쌍구법(雙鉤法, 협필)으로 그리거나 직접 점을 찍듯이 그리는 단필을 함께 사용했다는 의미이다.【역주】

217 峭拔(초발) : 높고 험하다.【역주】

218 縠紋(곡문) : 우툴두툴한 천과 비슷한 주름 무늬. 보통 물의 파문을 비유하는 데 사용한다.【原註】

219 洲渚(주저) : 모래톱. 파도가 와서 닿는 곳.【역주】

이성, 〈독비과석도(讀碑窠石圖)〉, 일본 오사카미술관 소장

관동, 〈산계대도도(山谿待渡圖)〉, 대북 고궁박물원 소장

번역 이성李成의 그림

이성의 자字는 함희咸熙이며, 영구營丘[220] 사람으로 산수에 뛰어났다. 처음에는 관동關仝[221]을 스승으로 삼았으며, 매우 총명하고 변화에 적응하

220 영구(營丘) : 지금의 산동성 치박시(淄博市) 임치(臨淄).【역주】

221 관동(關仝) : '관동(關同)'이나 '관동(關穜)'이라고도 하며, 생졸년은 알 수 없고, 오대시기의 화가이다. 그린 산수는 섬서성 일대 산천의 특징과 웅장한 기세를 매우 잘 표현하였으므로, 강렬한 예술적인 감동을 주는 힘을 가지고 있다. 관동은 형호화파(荊浩畵派)의 유력한 계승자로, 형호와 '형관(荊關)'이라 불린다. 전해오는 작품에 〈산계대도도(山溪待渡圖)〉와 〈관산행려도(關山行旅圖)〉 등이 있다.【原註】

여, 사고가 맑고 격조가 노련해서 관동을 넘어서는 것이 있었다. 세상에 절대로 그의 그림이 없으므로, 자세하게 논의하지 않는다.

원문 李成畫

李成字咸熙, 營丘人, 善山水. 初師關仝, 穎悟[222]融變, 思淸格老, 有以過之, 世絶無其畫, 故不細論也.

번역 곽희郭熙[223]의 그림

곽희의 산수화는 산이 우뚝 높이 솟아 이리저리 구부러지고, 물의 근원은 높고 아득하며, 귀신의 얼굴과 같은 바위가 많은데, 난운준법亂雲皴法[224]으로 그렸고, 나무는 독수리의 발톱과 같으며, 솔잎은 바늘을 모아

---

222 穎悟(영오) : 매우 뛰어나다.【역주】

223 곽희(郭熙) : 자(字)는 순부(淳夫), 하남 온현(溫縣, 지금의 하남성에 속함) 사람으로, 북송 중기의 화가이자 회화이론가이다. 정확한 생몰연대에 관해서는 아직 정론이 없다. 신종(神宗) 희녕연간(熙寧年間, 1068~1077)에 어서원예학(御書院藝學)이 되었으며, 후에 한림대조직장(翰林待詔直長)에 임명되었다. 산수와 차가운 숲을 잘 그렸으며 이성(李成)의 화법을 종지로 삼아 스스로 일가를 이루었고, 북송중후기의 대표적인 산수화의 거장으로 이성과 '이곽(李郭)'으로 함께 거론되었으며, 형호·관동·동원·거연과 함께 오대북송시기 산수화 대가로 병칭되었다. 곽희는 또 회화이론에 정통하여 '고원(高遠)·심원(深遠)·평원(平遠)'의 '삼원(三遠)'이라는 산수화를 그릴 때 경물을 배치하는 구도법을 창조하였다. 그의 아들 곽사(郭思)가 편집한 곽희의 화론이 『임천고치(林泉高致)』이며, 중국 제일의 체계적이고 완전하게 산수화 창작 규율을 설명한 저서이다.【原註】

* 삼원(三遠) : 『임천고치』에서 "산에는 삼원(三遠)이 있다. 산의 아래에서 산꼭대기를 우러러 보는 것은 '고원(高遠)'이라 한다. 산의 앞에서 산의 뒤를 엿보는 것은 '심원(深遠)'이라 한다. 가까운 산에서 먼 곳의 산을 보는 것은 '평원(平遠)'이라 한다(山有三遠. 自山下而仰山顚, 謂之高遠. 自山前而窺山後, 謂之深遠. 自近山而望遠山, 謂之平遠)"라고 하였다.【역주】

224 난운준법(亂雲皴法) : '운두준(雲頭皴)'이라고도 하며, 산수화 기법의 하나. 산이 쌓여진 구름처럼 꿈틀거리듯 동적으로 보이도록 웅장하게 묘사하는 기법. 곽희가 창시했다고 한다.【역주】

곽희, 〈관산행려도(關山行旅圖)〉, 대북 고궁박물원 소장(국부)

놓은 듯하고, 잡다한 이파리는 협필과 단필을 서로 반씩 사용하였다. 인물은 뾰족한 붓끝으로 점을 찍어 표현하여 절묘하게 아름답다. 스스로 「산수훈山水訓」[225]을 지었으며, 의론이 극히 탁월하여 영원히 규범이 될 만하다.

원문 郭熙畫

郭熙山水. 其山聳拔[226]盤回, 水源高遠, 多鬼面石, 亂雲皴, 鷹爪樹, 松葉攢針, 雜葉夾筆單筆相半. 人物以尖筆帶點鑿, 絶佳. 自著山水訓, 議論卓絶, 千古可規.

225 산수훈(山水訓) : 산수화의 이론에 관하여 곽희가 총체적으로 결론을 지은 것으로, 『임천고치』의 제1편이며 전체 내용의 핵심적인 내용으로서, "진짜 산과 물의 연기와 안개는 사계절이 같지 않다(眞山水之烟嵐, 四時不同)"와 "산에는 삼원이 있다(山有三遠)" 등의 회화이론을 제시하였다.【原註】

226 聳拔(용발) : 높이 우뚝 솟다.【原註】

소동파, 〈소상죽석도(蕭湘竹石圖)〉, 북경 중국미술관 소장(국부)

번역 소동파蘇東坡[227]의 그림

소식이 그린 대나무는 땅에서 곧게 일어나 꼭대기에 이르렀으며, 마디를 따라 구분하여 그리지 않고, 진하고 옅은 먹으로 잎의 선후를 구분하였다. 시든 나무를 그리면 두서없이 이리저리 구부러져 얽히고, 바위의 주름은 단단하고 기괴하여 가슴 속에 멍울이 맺힌 것과 같았다.

원문 蘇東坡畵

東坡畵竹, 從地一直起至頂, 未嘗逐節分, 以濃淡墨分葉背面. 作枯木, 虯屈[228]無端,[229] 石皴硬奇怪, 如胷中盤鬱[230]也.

---

227 소동파(蘇東坡) : 소식(蘇軾, 1037~1101), 자(字)는 자첨(子瞻)이고 호는 동파거사(東坡居士), 미주(眉州) 미산(眉山, 지금 사천성에 속함) 사람으로, 북송의 문학가이자 서화가이다. 시든 나무와 괴석을 즐겨 그렸으며, 그림을 논하며 '신사(神似)'를 주장하여 후대의 문인화에 많은 영향을 미쳤다.【原註】

228 虯屈(규굴) : 이리저리 구부러지고 얽혀 덩어리진 모양.【原註】

번역 미씨米氏의 그림

미불米芾[231]의 자字는 원장元章이며, 산수화는 동원董源에게서 배웠으나, 천진한 품성이 겉으로 드러나 괴이하고 기이하다. 아들 원휘元暉[232]는 부친의 기법을 약간 변화시켜 스스로 일가를 이루었으며, 강조하거나 흐릿하게 하거나 서로 연결하여 대충대충 그렸지만 천진함을 잃지 않았다. 그리는 종이에는 아교와 명반을 사용하지 않았으며, 비단에 그림을 그리려 하지 않았는데, 고화古畵를 베껴 그릴 경우에는 비단을 사용한 것이 있다.

원문 米氏畵

米芾字元章, 山水學董源, 天眞[233]發露, 怪怪奇奇. 子元暉畧變父法, 自成

229 無端(무단) : 이유 없이.【역주】

230 盤鬱(반울) : 이리저리 구부러져 그윽하다. 멍울져 맺히다.【역주】

231 미불(米芾, 1051~1107) : 자(字)는 원장(元章), 호는 녹문거사(鹿門居士)와 해악외사(海岳外史). 사람됨이 호방하고 구속을 받지 않아 '미전(米顚, 미친 미불)'이라는 별명이 있었다. 시·문·서예·회화의 조예가 모두 높았으며, 시문은 "말에 답습한 것이 없고" "청아하여 속세와 인연을 끊었다". 서예는 송나라 사대가의 하나로 열거되었다. 회화방면의 최대 성취는 산수화이며 이전에 없었던 새로운 풍격을 창립하였다. 또 서화의 감정에 뛰어났으며, 저서에 『화사(畵史)』가 있다.【原註】

* 화사(畵史) : 1권. 「미해악화사(米海岳畵史)」라고도 한다. 약 1101년 전후에 완성되었으며, 미불이 평생 보았던 진(晋) 이후의 명화(직접 보지 못한 작품 일부 포함)를 열거하여, 우열을 품평하고 진위를 감별하며, 오류를 수정하고 풍격의 특징을 지적하였으며, 작자와 소장처 심지어 표구와 인장 및 화단(畵壇)의 숨은 이야기를 수록하였다.【역주】

232 원휘(元暉) : 미우인(米友仁, 1074~1153 혹은 1086~1165), 자(字)는 원휘이며 남송의 화가. 미불의 큰 아들로 사람들이 '소미(小米)'라 하였다. 산수화는 미불의 기법을 발전시켰으나 약간 변화가 있어 다른 면모를 갖추었다.【原註】

233 天眞(천진) : 『장자·어부(莊子·漁父)』에서 나왔으며, 세속적인 예의에 속박을 받지 않는 품성을 가리킨다.【原註】

* 장자(莊子) : 춘추시대 송(宋)나라 철학가 장주(莊周, B.C.369~B.C.289)가 지은 도교 철학서적으로 33편이 남아있다.【역주】

一家, 烘鎖點綴,[234] 草草而成, 不失天眞也. 畵紙不用胶礬,[235] 不肯於絹上畵, 臨摹古畵有用絹者.

번역 이당李唐[236]의 그림

이당은 산수화에 뛰어났으며, 처음에는 이사훈을 모범으로 삼았으나, 그 후에 변화되어 새롭고 산뜻하게 느껴지며, 기다란 화면과 대형 병풍을 많이 즐겨 그렸다. 그가 그린 바위는 대부벽준大斧劈皴을 사용하였고, 물은 비늘 문양과 주름무늬를 사용하지 않았으며, 소용돌이치며 출렁거리는 기세가 있어, 보는 사람이 정신적으로 놀라고 눈이 어지러워지는

---

234 點綴(점철) : 서로 연결하다. 장식하다.【역주】

235 膠礬(교반) : 교반수(膠礬水, 아교와 백반을 10 : 1로 희석한 물)에 담그거나 생지(生紙, 가공하지 않은 종이)나 생견(生絹, 삶지 않은 비단)에 칠하여 적당한 정도로 물을 흡수하도록 하여, 글쓰기나 그리기에 편하게 하는 것을 '반(礬)'이라 한다. 교반수를 칠하지 않은 비단과 선지(宣紙)는 '생견'과 '생선(生宣)'이라 하며, 사의화(寫意畵)를 그리는 재료이다. 교반수를 칠한 비단과 선지는 성능이 개량되어 '숙견(熟絹)'과 '숙선(熟宣)'이라 하며 공필화(工筆畵) 그리기에 적합하다.【原註】

* 사의화(寫意畵) : 간결한 필치로 대상의 본질이나 작가의 정취 표현에 중점을 두고 그린 그림.
* 공필화(工筆畵) : 대상을 아주 세밀하게 그린 그림.【역주】

236 이당(李唐, 1049?~1130) : 자(字)는 희고(晞古), 하양(河陽) 삼성[三城, 지금의 하남성 맹현(孟縣)] 사람. 북송 말기~남송 초기의 화가. 산수화에 뛰어났으며, 형호와 범관의 기법을 변화시켜, 세찬 필묵으로 산천의 웅장한 기세를 그려내었다. 이당의 화풍은 유송년(劉松年)·마원(馬遠)·하규(夏珪)·소조(蕭照) 등에게 표준 기법이 되어 남송 화원(畵院)에 커다란 영향을 미쳤다. 세상에 남아 있는 작품으로 〈만학송풍(萬壑松風)〉·〈교자(教子)〉·〈청계어은(淸溪漁隱)〉·〈장하강사(長夏江寺)〉·〈채미(采薇)〉 등이 있다.【原註】

* 유송년(劉松年, 1155?~1218) : 남송의 궁정화가. 전당(錢塘, 지금의 절강성 항주) 사람. 청파문(淸波門, 항주성에 있는 성문의 하나)에 살아 '유청파(劉淸波)'라는 호가 있었으며, 외호를 '암문유(暗門劉)'라 하였다.
* 소조(蕭照, 1131~1162) : 남송 화원(畵院)의 화가. 호택[濩澤, 지금의 산서성 양성(陽城)] 사람.【역주】

미불, 〈춘산서송도(春山瑞松圖)〉, 대북 고궁박물원 소장

이당(李唐), 〈만학송풍도(萬壑松風圖)〉, 대북 고궁박물원 소장

데, 이것이 묘한 점이다.

원문 李唐畵

李唐善山水, 初法李思訓, 其後變化, 愈覺清新,[237] 多喜作長圖大障. 其石大劈斧皴, 水不用魚鱗縠紋, 有盤渦動蕩之勢, 觀者神驚目眩, 此其妙也.

237 清新(청신) : 새롭고 산뜻하다.【역주】

마원, 〈산수인물도(山水人物圖)〉, 대북 고궁박물원 소장

번역 마원馬遠[238]의 그림

마원은 이당李唐을 스승으로 하였으며, 붓을 대는 것이 엄격하였다. 초묵焦墨[239]으로 나무와 바위를 그렸으며, 나뭇잎은 협필夾筆을 사용하고, 바위는 모두 방정하고 단단한 느낌으로, 수묵화의 대부벽준으로 그렸다.

---

238 마원(馬遠) : 남송의 화가로 생졸년은 알 수 없으며, 세상을 떠난 시간은 1225년 이후이다. 광종(光宗, 재위 1190~1194)과 영종(寧宗, 재위 1195~1224)시기에 화원대조(畵院待詔)를 역임하였다. 산수와 화조 및 인물에 뛰어났으며, 그의 산수화는 이당을 스승으로 본받았고, 자연 산수의 한 부문을 구도로 사용하여 풍격이 독특하다. 〈답가도(踏歌圖)〉·〈수도(水圖)〉·〈서원아집도(西院雅集圖)〉 등이 세상에 전해온다.【原註】

239 초묵(焦墨) : 마른 붓에 진한 먹을 묻히는 것을 전통적으로 '초묵'이라 한다. 초묵은 가장 진한 먹이라 할 수 있다.【原註】

* 초묵 : '고필(枯筆)'·'갈필(渴筆)'·'갈묵(竭墨)'이라고도 한다. 마른 붓에 진한 먹물을 묻혀, 물로 농도를 조절하지 않고 그리는 기법이며, 신석기 시대부터 사용되어온 가장 오래된 기법이다.【역주】

전체 풍경을 그린 작품은 많지 않다. 크기가 작은 작품은 날카로운 봉우리가 수직으로 올라가지만 꼭대기는 보이지 않거나, 절벽이 수직으로 내려가지만 그 아랫부분은 보이지 않거나, 가까운 곳의 나무가 하늘을 찌를 듯이 솟아있지만 먼 곳의 산은 나지막하거나, 달밤에 외로운 배가 떠 있으면서 한 사람이 외로이 있는데, 이러한 것은 귀퉁이의 풍경이다.

원문 **馬遠畫**

馬遠師李唐, 下筆[240]嚴整. 用焦墨作樹石, 樹葉夾筆, 石皆方硬, 以大劈斧帶水墨皴. 其作全境不多. 其小幅, 或峭峯直上而不見其頂, 或絶壁直下而不見其脚, 或近樹參天[241]而遠山低, 孤舟泛月而一人獨, 此邊角[242]之境也.

번역 **하규夏珪[243]의 그림**

하규는 산수에 뛰어났으며, 구도와 준법皴法은 마원馬遠과 동일하지만 사고가 아주 옛스러우면서 간결하고 담백하였다. 독필禿筆[244]을 즐겨 사용하고, 나뭇잎은 간간이 협필夾筆을 사용하였으며, 누각은 자를 사용하여 그리지 않고, 손이 가는 대로 그림을 완성하여, 높이 솟아 우뚝하고 기괴하지만, 생

240 下筆(하필) : 붓을 대다.【역주】
241 參天(참천) : 하늘을 찌를 듯이 높이 솟다.【역주】
242 邊角(변각) : 귀퉁이. 구석. 가장자리.【역주】
243 하규(夏珪) : 또 다른 이름은 규(圭)이며, 자(字)는 우옥(禹玉)으로, 임안(臨安) 전당[錢塘, 지금의 절강성 항주(杭州)] 사람. 생졸년은 알 수 없으며, 남송의 화가이다. 영종(寧宗, 재위 1195~1224)과 이종(理宗, 재위 1225~1234)시기에 화원(畵院)에서 근무하였다. 젊은 시절에는 인물화에 뛰어났으며, 후에는 산수화로 유명하였다. 이당(李唐) · 유송년(劉松年) · 마원(馬遠)과 함께 '남송사대가(南宋四大家)'로 불린다.【原註】
244 독필(禿筆) : 털이 빠져 사용할 수 없는 붓.【역주】

하규, 〈설당객화도(雪堂客話圖)〉, 북경 고궁 소장

동감과 멋이 더욱 고아하다.

원문 夏珪畫

夏珪善山水, 布置皴法與馬遠同, 但其意尙[245]蒼古而簡淡. 喜用禿筆, 樹葉間夾筆, 樓閣不用尺界畫,[246] 信手[247]畫成, 突兀奇怪, 氣韻[248]尤高.

245 意尙(의상) : 지향(志向). 사고(思考).【역주】
246 界畫(계화) : '계획(界劃)'이라고도 하며, 중국화 가운데 계필(界筆, 직선을 그리는 붓)과 계척(界尺, 직선자)으로 선을 그리는 기법으로, 궁실·누대·가옥 등의 제재를 표현하였다. 자를 대고 그리는 기법으로 그린 그림을 가리키기도 한다.【原註】
247 信手(신수) : 손길 가는 대로 하다.【역주】

번역 고사안高士安[249]의 그림

고사안의 자字는 언경彦敬으로 회골인回鶻人[250]이다. 관직에 있으면서 공식적인 휴가에는 산에 올라 감상했으며, 산과 호수가 수려하고 구름과 안개가 변하고 사라지는 모습을 가슴속에 품었다가 붓끝으로 표현하여, 자연히 고아하고 절묘하였다. 그의 봉우리를 그리는 기법은 동원董源을 모범으로 하였고, 구름과 나무 그리는 법은 미불米芾을 배웠으며, 품격이 순박하고 웅장하여 원나라 제일의 명화이다.

역대 화가는 이루 다 헤아릴 수 없으므로, 대략 몇 사람 가문의 기법을 선택하였으며, 알아보는 사람을 기다리기로 한다.

원문 高士安畵

高士安字彦敬, 回鶻人. 居官公暇, 登山賞覽, 其湖山秀麗, 雲烟變滅, 蘊於胸中, 發於毫端, 自然高絶. 其峰巒皴法董源, 雲樹學米元章, 品格渾厚,[251] 元朝第一名畵也.

歷代畵者, 不可勝數, 畧取數人家法,[252] 以俟知者.

---

248 氣韵(기운) : 서화나 문학작품에서 느껴지는 생동감과 멋.【역주】

249 고사안(高士安) : 저자는 고극공(高克恭, 1248~1310)으로 간주하였다. 고극공의 자(字)는 언경(彦敬)으로 위구르 사람이다. 일찍이 원나라에서 공부령사(工部令史)와 강절행성좌우사랑중(江浙行省左右司郎中) 등의 직책을 지냈으며, 관직이 형부상서에 이르렀다. 시로 명성이 있었으며, 서화와 고대 기물의 감상에 정통하였다.【原註】

250 회골인(回鶻人) : 즉 회흘(回紇)로 고대 민족의 이름이자 나라 이름.【原註】
 * 회흘 : 위구르인.【역주】

251 渾厚(혼후) : 순박하고 웅장하다.【역주】

252 家法(가법) : 학술이나 문예 유파의 풍격과 전통을 가리킨다.【原註】

3. 고대 서예작품론古墨跡論

번역 진서眞書[253] · 행서行書[254] · 초서草書[255] 작품

진서眞書 · 행서行書 · 초서草書의 필법은 강백석姜白石[256]『서보書譜』[257]의 논의에 갖추어져 있다. 대개 옛 사람의 작품을 변별하려면 마땅히 붓의 사용법을 관찰해야 한다. 비록 체제體制[258]가 뛰어나게 훌륭하고 전아하며

---

253 진서(眞書) : '해서(楷書)'나 '정서(正書)'나 '정해(正楷)'라고도 한다. 동한시기(25~220)에 시작되어 위진남북조(220~589)에서 성행하였으며, 지금까지 유행하고 있다.【原註】

* 진서(眞書) : 해서. 가장 기본적으로 널리 사용하고 있는 정자체 글씨.【역주】

254 행서(行書) : 해서의 틀을 가지고 있으면서 초서의 흘러 움직이는 흐름을 겸하고 있어, 해서 필법과 초서 필법이 유기적으로 융화되어 하나가 된 새로운 형식.【原註】

* 행서 : 반 흘림체 글씨.【역주】

255 초서(草書) : 일정한 법도와 규칙을 가지고 있으며 쓰기가 간편하고 신속함이 특징인 서체로 장초(章草)와 금초(今草, 지금 사용하는 초서) 및 광초(狂草)가 있다.【原註】

* 초서 : 필기체 글씨.
* 장초(章草) : 초기의 초서로 진한(秦漢)시기에 시작되었으며 흘려 쓴 예서(隸書)에서 변화되어 나온 서체. 동한 말기에 '초서의 시조'라는 장지(張芝, ?~192)가 장초를 변화시켜 금초(今草)를 창조했다고 한다.
* 광초(狂草) : 가장 제멋대로 미친 듯이 휘갈긴 것처럼 보이는 초서로, 당나라 서예가 장욱(張旭, ?~?)과 승려 회소(怀素, 725~785)가 대표적이며, 현대에는 모택동(毛澤東, 1893~1976)이 계승하였다.【역주】

256 강백석(姜白石) : 강기(姜夔, 1154~1221), 자(字)는 요장(堯章), 별호는 백석도인(白石道人), 요주(饒州) 파양(鄱陽, 지금의 강서성 파양) 사람. 젊어서 의지할 곳 없이 가난하였으며, 여러 번 시험을 보았으나 합격하지 못하여, 생을 마칠 때까지 벼슬을 하지 않고 일생동안 세상을 떠돌았다. 시(詩)와 사(詞)에 뛰어났으며, 음악에 정통하고 서예를 잘하였으며, 사(詞)에 대한 조예가 특히 깊었다. 시사(詩詞) · 시론(詩論) · 음악 이론 · 서예 · 잡문(雜文) 등에 관한 여러 종류 저서가 있다.【原註】

257 서보(書譜) : 강기의 서예에 관한 이론 저서『속서보(續書譜)』를 가리키며, 당나라 손과정(孫過庭, 646~691, 서예가)의『서보(書譜』를 모방하여 저술하였으나, 결코『서보』의 속편은 아니다. 전편은 18칙으로 나누어지며, 설명한 서예 예술의 각 방면은 실제로 자신의 깨달음을 스스로 서술한 내용으로, 남송 서예 이론 가운데 성취도가 가장 높고 영향력이 가장 큰 학술저서이다.【原註】

258 체제(體制) : 시와 문장 및 서화 등의 체재(體裁)와 격조.【原註】

당 이백(李白) 초서, 〈상양대첩(上陽臺帖)〉,[259] 북경 고궁 소장(국부)

장중한 것은 다르더라도, 붓 사용법은 한 가지이다. 해서와 같은 경우에는 마땅히 붓질을 따라 분석해 보아야 하며, 완전히 체제와 종이의 색으로 평가해서는 안 된다.

원문 古墨迹論

眞行草墨迹

眞行草書之法, 姜白石書譜論之備矣. 凡辨古人墨迹, 當觀其用筆. 雖體制

259 상양대첩(上陽臺帖) : 당나라 시인 이백(李白, 701~762)이 744년 시성(詩聖) 두보(杜甫, 712~770) 및 시인 고적(高適, 704~765)과 함께 왕옥산(王屋山, 하남성과 산서성에 걸쳐 있는 산) 양대관(陽臺觀)을 유람하다가, 도사 사마승정(司馬承禎, 639~735)이 그린 벽화를 보고 감탄하여 지은 사언시를 쓴 친필 초서. 내용은 "산은 높고 물은 길며, 만물은 천만가지라네. 노련한 필력이 있지 않으면, 맑고 웅장한 경지를 다할 수 있을 것인가? 18일, 상양대에서 쓰다. 태백(山高水長, 物象千萬.非有老筆, 淸壯可窮. 十八日, 上陽臺書, 太白)"이다. 태백(太白)은 이백의 자(字)이다.【역주】

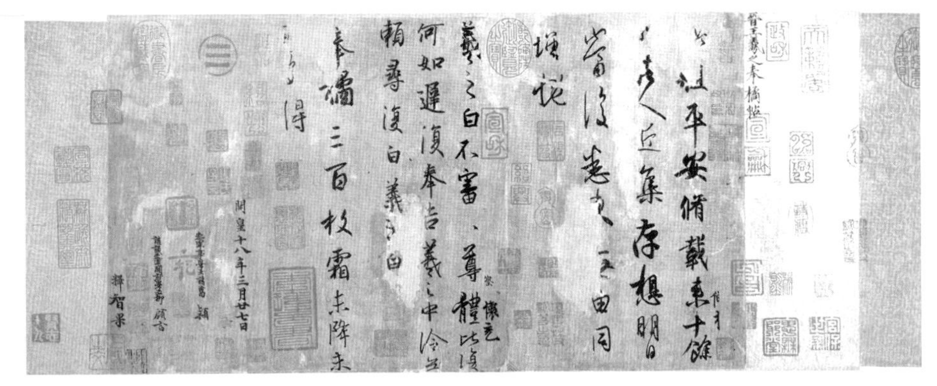

왕희지, 〈평안하여봉귤삼첩(平安何如奉橘三帖)〉, 대북 고궁박물원 소장(국부), 쌍구전묵(雙鉤塡墨),
즉 향탑 기법으로 경황지에 모사한 작품

飄逸[260]典重不同, 其法一也. 如眞書, 宜逐筆拆看, 不可全以體制紙色言之.

번역 **향탑響榻[261]**

향탑 기법으로 서예 작품을 위조하는 것은 비첩碑帖[262]의 위에 종이를 덮고 밝은 곳을 향하게 하여 유사필遊絲筆[263]로 글자의 획을 본떠 그려 진한 먹으로 내부를 메워 칠하며, '향탑'이라 한다. 그러나 베낀 흔적이 은은하게 남아있으며, 글자에도 생기가 없다.

260 飄逸(표일) : 서화가의 필세가 영활하게 날아서 움직이는 것을 가리킨다.【原註】

261 향탑(響榻) : 향탁(響拓). 탑(榻)은 '탑(搨, 베끼다)'자와 용도가 같다. 고대에 법서(法書, 서예 교본)를 복제하는 방법. 종이나 비단을 작품 위에 덮은 다음 빛을 향해 놓고 두 줄로 윤곽선을 베껴 그 내부를 칠한다['향(響)'은 사실은 '향(向, 향하다)'이다.]. 세상에 전하는 진(晋, 265~420)에서 당(唐, 618~907)나라 시기의 법서는 대부분 향탁본(響拓本)이다.【原註】

262 비첩(碑帖) : 비(碑)와 첩(帖)의 합칭. 비(碑)는 돌에 새긴 작품의 탁본을 가리키고, 첩(帖)은 옛 사람의 저명한 작품을 목판이나 돌에 새긴 것의 탁본을 모아서 만든 책을 가리킨다. 고대에 서예 감상과 학습의 교재로 사용되었다.【역주】

263 유사필(遊絲筆) : 쥐의 등 털로 만들어 금채를 칠하는 붓보다 더욱 가는 붓.【역주】

원문 響榻

響榻僞墨迹, 用紙加碑帖[264]上, 向明處, 以遊絲[265]筆圈却字畫, 塡以濃墨, 謂之響榻. 然圈隱隱猶存, 其字亦無精彩.[266]

번역 변별하기 어려운 고대 서첩

당나라 소성蕭誠[267]이 고대 서첩을 위조하여 이옹李邕[268]에게 보여주며, "우군右軍[269]의 진품입니다"라고 하였다. 이옹이 기뻐하며 "진품이다"라고 하였다. 소성이 사실을 알려주자 이옹이 다시 관찰하고 "자세히 보아도 아직 잘 알 수 없다"라 하였다. 이것으로 말하자면 옛 사람의 작품은 변별하

---

264 帖(첩) : 서예를 익힐 때 모방하기 위하여 사용하는 교재.【原註】

265 遊絲(유사) : 거미 등이 토하여 공중에 흩날리는 실을 가리킨다.【原註】

266 精彩(정채) : 활발하고 생기가 넘치다. 뛰어나다.【역주】

267 소성(蕭誠) : 생졸년은 알 수 없다. 난릉[蘭陵, 지금의 산동성 창산(蒼山) 난릉] 사람. 봉예랑(奉禮郞)으로 집안을 일으켰으며, 관직이 우사원외랑(右司員外郞)에 이르렀다. 소성은 남조(南朝) 소량(蕭梁)의 후예로, 다재다능하고 문예와 서화에 뛰어났으며, 저수량(褚遂良, 596~659. 당나라 서예가)을 임모하고 아울러 발전시켜, 크게 존중을 받는 서예가가 되었다.【原註】

* 소량(蕭梁) : 무제(武帝) 소연(蕭衍, 464~549)이 502년에 제(齊)나라를 멸망시키고 양나라를 건국하였으며, 557년에 진(陳)에 멸망하였다.【역주】

268 이옹(李邕, 678~747) : 자(字)는 태화(泰和), 광릉(廣陵) 강도[江都, 지금의 강소성 양주(揚州)] 사람. 소년 시절에 명성을 떨쳤으며, 일찍이 북해태수(北海太守) 등의 직책을 역임하여, 사람들이 '이북해(李北海)'라고 하였다. 산문에 뛰어났으며 특히 장편의 비문(碑文)과 찬송문에 뛰어나, 문장과 서한(書翰)이 모두 당시에 중시되었다. 행서를 잘 썼으며, 왕희지(王羲之)의 서법을 변화시켜 필법을 일신하였다. 서예의 풍격이 호탕하여 이양빙(李陽冰, ?~?. 당나라 중기의 서예가)이 '글씨 가운데 신선의 솜씨(書中仙手)'라고 하였다.【原註】

269 우군(右軍) : 동진의 저명한 서예가이자 서성(書聖, 서예의 성인)인 왕희지(王羲之, 321~379, 혹 303~361). 자(字)는 일소(逸少), 본적은 낭야(瑯琊) 임기(臨沂, 지금의 산동성에 속함)이며, 후에 산음[山陰, 지금의 절강성 소흥(紹興)]으로 이사와 거주하였다. 일찍이 우군장군(右軍將軍)을 역임하였으므로 이러한 칭호가 있게 되었다.【原註】

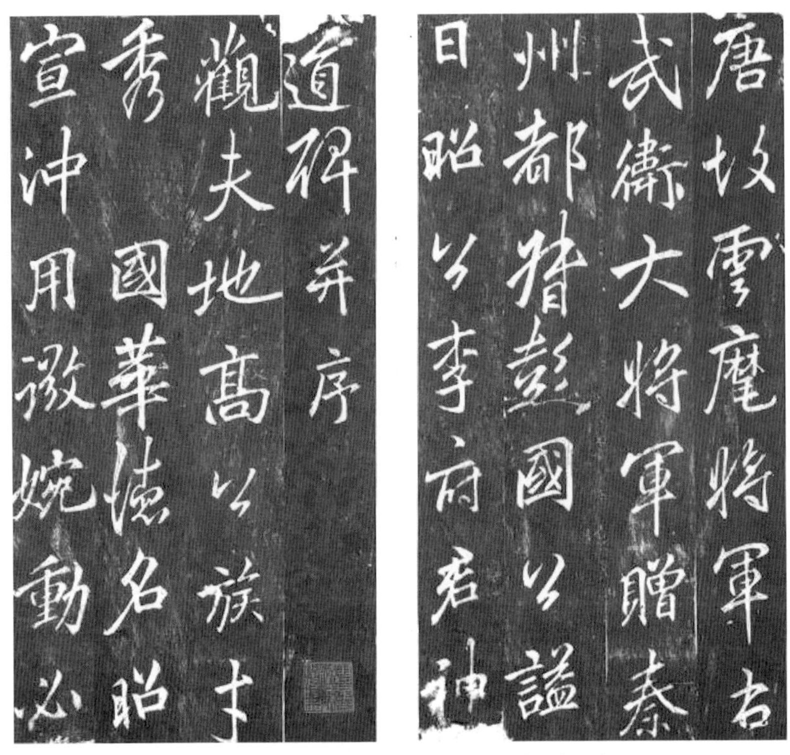

송 탁본 이옹, 〈이사훈비(李思訓碑)〉, 대만 고궁박물원 소장(국부)

기 쉽지 않다.

원문 古帖難辨

唐蕭誠僞爲古帖, 示李邕曰, 右軍眞迹. 邕欣然曰, 是眞物. 誠以實告, 邕復視曰, 細看亦未能好. 以此論之, 古人墨迹, 未易辨也.

번역 고대 서예 작품의 종이 색

고대 서예 작품의 종이 색은 반드시 겉은 낡았으나 속은 새것 같다. 가짜를 만드는 자는 묵은 종이를 즙에 담가 물들이며, 안팎으로 모두 살짝 스며들지만, 뜯어서 보면 바로 드러날 것이다.

원문 古墨迹紙色

古墨迹紙色, 必表古而裏新. 贋作者用古紙浸汁染之, 則表裏俱透微, 揭視之, 乃見矣.

번역 고대 종이

북방의 종이는 가로로 짠 지렴紙簾[270]으로 제조하여 염문簾紋[271]이 반드시 가로이며, 재질은 성기면서 두텁다. 남방의 종이는 세로로 짠 지렴을 사용하여 염문이 세로이다. 왕희지와 왕헌지의 작품 같은 것은 대부분 회계會稽[272]의 염문이 세로인 죽지竹紙[273]를 사용하였다. 당나라에 마지麻紙[274]가 있었으며, 재질이 두터웠고, 경황지硬黃紙[275]가 있는데 재질은 풀과

---

270 지렴(紙簾) : '염모(簾模)'라고도 한다. 아주 가는 대나무실로 짜서 만든 직사각형의 도구로, 고대에 종이를 만들 때 '염지[簾紙, 노지(撈紙)나 초지(抄紙)] 공정에 필수적이다.【原註】
 * 초지(抄紙) : 펄프를 떠 올리다. 수조(水槽)에서 지렴을 사용하여 펄프를 얇게 펴 올려 말리면 바로 종이가 된다.【역주】

271 염문(簾紋) : 펄프를 떠 올려 말렸을 때 종이에 남은 지렴(紙簾)의 흔적을 가리킨다.【原註】
 * 지렴을 엮을 때 가로로 엮으면 염문이 수평으로 나타나며, 세로로 짜면 염문이 수직으로 나타난다.【역주】

272 회계(會稽) : 군의 이름. 진(秦)나라에서 설치하였으며, 지금의 강소성 동부와 절강성 서부 지역이다.【原註】

273 죽지(竹紙) : 어린 대나무를 원료로 만든 종이.【原註】

274 마지(麻紙) : 마의 섬유를 사용하여 만든 종이.【原註】

같이 윤택하고 매끄러워, 이것을 사용하여 불경을 썼으므로, 글씨를 잘 쓰는 사람은 대부분 경황지를 선택하여 글씨를 썼다. 지금 왕희지와 왕헌지의 진품이라 하며 경황지를 사용한 것이 있으면, 모두 당나라 사람이 모방하여 쓴 것이다. 오대시기에 징심당지가 있었으며, 송나라에 관음지觀音紙[276]와 필지匹紙[277]가 있었는데, 길이가 3길약 9m이었고, 채색분전彩色粉箋[278]이 있는데 재질이 매끄러워, 소식[279]과 황정견黃庭堅[280]이 이 종이를 많이 사용하여 글씨를 썼다. 원나라에도 채색분전이 있었고, 납전蠟箋[281]·채색화전彩色花箋[282]·나문전羅紋箋[283]이 있었는데, 모두 소흥紹興에서 산출

---

275 경황지(硬黃紙) : 당나라 경황지는 두 종류로 나누어지며, 하나는 황벽(黃蘗)의 즙으로 물들이고 지면이 매끄럽고 질기며 조밀하면서 좀을 방지하는 종이로, 불경을 베껴 쓰는데 주로 사용되었다. 다른 하나는 황랍(黃蠟, 밀랍)을 칠하여 종이를 매끄럽고 단단하게 하였으며, 반투명 상태가 되도록 하여 서화의 묘사에 사용할 수 있다. 여기서는 앞의 한 종류를 가리킨다.【原註】

* 황벽(黃蘗) : Phellodendron amurense Ruprecht. 식물 염료의 일종으로, 껍질을 물에 담가 색소를 추출하여 염색하며, 방충(防蟲) 효과가 있어 종이의 염색에 사용한다.【역주】

276 관음지(觀音紙) : 강서성에서 산생되는 크고 두터운 종이.【原註】

277 필지(匹紙) : '필지(疋紙)'라고도 하며, 송대 환남(皖南) 흡주(歙州, 지금의 안휘성) 일대에서 제조된 길이가 50자(약 15m)에 달하는 거대한 종이로, 서예와 회화의 특수한 용도를 충족시킬 수 있다.【原註】

278 채색분전(彩色粉箋) : 분전(粉箋)은 종이 위에 광물질인 백분(白粉)을 칠하여 종이의 백도(白度)를 증가시키고, 아울러 투광도(透光度)와 물이 스며드는 성질을 저하시킨 종이이다. 칠하거나 메우는 백분을 천연색의 분말로 대체하여 제조한 종이가 채색분전이다.【原註】

279 소식 : 앞의 「고대 회화이론·소동파의 그림」에 자세하다.【原註】

280 황정견(黃庭堅, 1045~1105) : 字(자)는 노직(魯直), 스스로 만든 호는 산곡도인(山谷道人), 만년의 호는 부옹(涪翁), 또 '예장황선생(豫章黃先生)'이라 한다. 북송의 시인이자 사인(詞人)이며 서예가로 소식·미불·채양(蔡襄, 1012~1067)과 함께 송대의 서예 성과를 가장 잘 대표할 수 있는 '송사가(宋四家)'라 불린다.【原註】

281 납전(蠟箋) : 밀랍을 칠한 종이로, 고대에 오로지 서예가가 글씨를 쓰는 용도로 제공되었다.【原註】

282 채색화전(彩色花箋) : 채색을 한 이외에 또 도안을 첨가한 전지(箋紙, 편지지).【原註】

283 나문전(羅紋箋) : 표면에 방직한 것과 유사한 가는 무늬가 있는 편지지.【原註】

되었다. 백록지白籙紙[284] · 청강지淸江紙[285] · 관음지觀音紙가 있었으며, 강서성에서 산출되었다. 조맹부 · 노노자산巎巎子山[286] · 장백우張伯雨[287] · 선우추鮮于樞[288]가 이 종이를 많이 사용하였다. 왜지倭紙[289]가 있으며 왜국倭國[290]에서

---

284 백록지(白籙紙) : 원대 강서성에서 산출된 종이의 일종으로, 나무껍질을 원료로 하여 재질이 조금 두텁고 인성(靭性)이 있다.【原註】

285 청강지(淸江紙) : '청강저(淸江楮)'나 '강지(江紙)'라고도 한다. 산지가 지금의 강서성 금계현(金溪縣) 청강도(淸江渡)이며, 등나무를 원료로 하여 제조한 서화용지이다.【역주】

286 노노자산(巎巎子山) : 강리노(康里巎, 1256~1301), 자(字)는 자산(子山), 호는 정재(正齋). 중국 서부 소수민족 강리부(康里部) 사람이다. 관직이 규장각대학사와 예부상서 등에 이르렀으며, 죽은 뒤의 시호는 문충(文忠)이다. 서예에 정통하였으며, 해서와 행서 및 초서를 잘 써서 한 때 명성이 높았다.【原註】

287 장백우(張伯雨) : 장우(張雨, 1283~1350), 자(字)는 백우(伯雨), 전당(錢塘, 지금의 절강성 항주) 사람. 원나라 시인 · 산문가 · 사곡(詞曲)작가 · 서화가 · 모산파(茅山派) 도사. 서예는 참신하고 유려하여 진(晋)나라와 당나라의 유풍이 있었다.【原註】

* 모산파(茅山派) : 도교(道敎) 상청파(上淸派)의 별칭으로 모산[茅山, 강서성 구용시(句容市) 소재 해발 372m의 산]에 있어 '모산파'라 한다. 남조 양나라 도사 도홍경(陶弘景, 456~536)이 창시하였다.【역주】

288 선우추(鮮于樞, 1256~1301) : 자(字)는 백기(伯機), 만년에 지은 집의 이름이 '곤학지재(困學之齋)'이며, 스스로 '곤학산민(困學山民)'이라 하였고, 또 다른 호는 기직노인(寄直老人)이다. 대도(大都, 지금의 북경) 사람이며, 앞뒤로 양주(揚州)와 항주에 거주하였다. 원대의 저명한 서예가이다. 시가와 골동을 좋아하였으며, 당시에 문인으로 명성이 현저하였고, 서예의 성취가 가장 두드러졌다.【原註】

289 왜지(倭紙) : 실제는 조선에서 제조한 종이이다. 이 종이는 북송 '선화장(宣和裝)'의 두루마리에서 첫머리나 끝부분에서 최초로 나타나며, 사실상 뽕나무 껍질을 원료로 한 것으로, 재질이 비교적 두텁고 표면이 매끄럽고 깔끔하다. 후대 사람이 섬유가 극히 반짝이는 것을 보고 누에고치로 만든 것으로 오인하였다.【原註】

* 왜지(倭紙) : 일본에서는 610년에 일본에 온 고구려의 담징(曇徵, 579~631)이 최초로 종이를 제작하였다고 받들어지며, 806~810년 사이에 가미야인(紙屋院)을 설립하여 조정에서 사용하는 종이를 제조해서 공급하였다. 이후 많은 종이가 제작되어 일본에서 사용되었으며, '화지(和紙)'라 한다.【原註】에서 왜지(倭紙)를 고려지로 해석한 것은 선화장에 고려지를 사용하여 이렇게 해석하였다.

* 선화장(宣和裝) : 북송 휘종시기에 황실 창고에 소장한 서화의 표구 형식으로, 선화연간(1119~1125)에 이루어져 이러한 명칭이 붙었다. 황색비단과 고려의 종이를 사용하고, 일정한 격식에 따라 인장을 찍었다.【역주】

290 왜국(倭國) : 고대에 일본을 이렇게 불렀다.【原註】

산출되며, 누에고치로 만들어 매우 곱고 희며 매끄럽다. 내가 일찍이 송 휘종이 직접 쓴 『천자문千字文』[291] 두루마리 하나를 보았는데, 종이의 처음부터 끝까지 길이가 5길약 15m 정도로, "필지는 3길匹紙三丈"이라는 말을 믿을 만하였다.

원문 古紙

北紙用橫簾造, 紋必橫, 其質鬆而厚. 南紙用竪簾, 紋竪. 若二王[292]眞迹, 多是會稽竪紋竹紙. 唐有麻紙, 其質厚, 有硬黃紙, 其質如漿, 潤澤瑩滑, 用以書經, 故善書者, 多取其作字. 今有二王眞迹用硬黃紙者, 皆唐人仿書也. 五代有澄心堂紙, 宋有觀音紙, 匹紙長三丈, 有彩色粉箋, 其質光滑, 蘇黃[293]多用是作字. 元亦有彩色粉箋, 有蠟箋彩色花箋羅紋箋, 皆出紹興, 有白籙紙淸江紙觀音紙, 出江西, 趙松雪巎巎子山張伯雨鮮于樞多用此紙. 有倭紙, 出倭國, 以蠶繭爲之, 細白光滑之甚. 余嘗見宋徽廟御筆書千文一軸, 其紙首尾長五丈奇, 信乎匹紙三丈也.

291 천자문(千字文) : 남조 양무제(梁武帝, 재위 502~549)가 원외산기시랑(員外散騎侍郎) 주흥사(周興嗣, 469~537. 역사학자)에게 왕희지의 서예 작품에서 1,000자를 선택하여 중복되지 않도록 편집해서 글을 짓도록 명하였으며, 이것이 『천자문(千字文)』이다.【原註】

292 이왕(二王) : 동진의 서예가 왕희지와 왕헌지(王獻之, 344~386) 부자.【原註】

293 蘇黃(소황) : 소식과 황정견(黃庭堅).【原註】

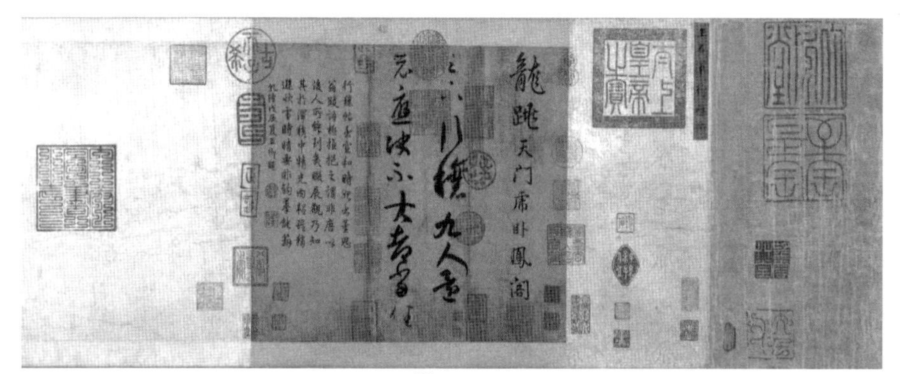

경황지, 왕희지, 〈행양첩(行穰帖)〉,[294] 미국 프린스턴대학교 미술관 소장(국부)

마지(麻紙), 진(晋) 왕순(王珣), 〈백원첩(伯遠帖)〉,[295] 중앙의 5행 47자, 북경 고궁 소장(국부)

---

294 행양첩(行穰帖) : 당나라 시절에 쌍구법(雙鉤法)으로 경황지에 모사한 초서 작품, 2행 15자(도판 중간의 크고 진한 2줄의 글씨 부분. 나머지는 후대의 감상문). 송나라 내부 소장품으로『선화서보(宣和書譜)』(선화시기에 고대 서예 작품을 모아 편찬한 책)에 실려 있었으나, 민간에 흘러갔다가 다시 청나라 황실로 들어갔으며, 후에 다시 민간으로 유출되어 미국으로 들어가 프린스턴대학교 미술관에 소장되어 있다. 청나라 건륭황제를 비롯한 수많은 소장가의 인장이 찍혀 있다.【역주】

295 왕순(王珣) 백원첩(伯遠帖) : 동진의 서예가이자 왕희지의 먼 조카인 왕순(349~400)이 자신의 울적한 심사를 사촌 형제 왕목[王穆, 자(字)가 백원(伯遠)]에게 보낸 편지가 〈백원첩〉이다.【역주】

4. 고대 비석의 법첩에 대한 논의古碑法帖論

번역 난정첩蘭亭帖[296]

난정첩은 세상에서 정무본定武本[297]을 첫째로 삼고, 금릉청량본金陵淸凉本[298]을 둘째로 삼는다. 정무본은 사정師正 설향薛向[299]이 다른 석각石刻으로 바꾸어 갔다. 대관연간大觀年間, 1107~1110[300]에 설향의 집에서 궁궐로 들어

---

296 난정(蘭亭) : 난정(蘭亭)은 정자의 이름으로 지금의 절강성 소흥시 서남에 있다. 동진 영화(永和) 9년(353) 음력 3월 3일에 왕희지와 사안(謝安, 320~385. 정치가) 등이 이곳 물가에서 상서롭지 못한 것을 제거하기 위하여 술을 마시며 시를 지었으며, 왕희지가 시작품을 쓴 두루마리를 위해 〈난정서(蘭亭序)〉를 지었다.【原註】

* 난정첩 : '「계첩(禊帖)」'이나 '「난정집서첩(蘭亭集序帖)」'이라고도 하며, 동진의 왕희지가 난정의 행사에서 지은 서문을 초서로 쓴 서첩. 원작은 이미 사라지고 후대의 임모본이 전해온다.【역주】

297 정무본(定武本) : 당대에 정주[定州, 지금의 하북성 정정(正定)]에 의무군(義武軍, 군사도시의 하나)을 설치하였으며, 송대에 태종 조광의(趙光義, 재위 976~997)의 이름을 피하여 의무(義武)를 정무(定武)로 고쳤다.【原註】

* 정무본(定武本) : 당태종이 왕희지의 〈난정서〉 진품을 획득하여 구양순(歐陽詢, 557~641. 구양순체의 창시자인 당나라 서예가)에게 베끼도록 하여 돌에 새겨 탁본을 떠서 가까운 신하들에게 하사하였으며, 새긴 비석은 학사원(學士院)에 보관하였다. 요나라 태종 야율덕광(耶律德光, 902~947)이 북방으로 가져가다가 중도에서 사망하여, 살호림[殺虎林, 지금의 석가장시(石家莊市) 난성구(欒城區)]에 버리고 있으며, 송 경력연간(慶曆年間, 1041~1048)에 발견되어, 정주(定州)에 비치하였으므로, '정무본'이라 한다.【역주】

298 금릉청량본(金陵淸凉本) : 자세히 알 수 없다.【原註】

299 설향(薛向, 1016~1081) : 자(字)는 사정(師正), 경조(京兆) 장안(長安) 사람. 섬서로(陝西路)와 하북로(河北路)에서 장기간 주둔하며 방어하여, 요나라와 서하(西夏)에 대한 방어에 커다란 공헌을 하였다. 신종(神宗) 희녕(熙寧) 7년(1074)에서 원풍(元豐) 초년(1078)까지 하북로에서 국방의 중요한 임무를 맡았으며, 정무본을 새긴 비석을 획득한 일이 이 시기에 있었다. "별도로 새긴 비석을 바꾸어 간(別刻石易去)" 사람은 설향 본인이 아니라 그의 아들 설소팽(薛紹彭)이다.【原註】

* 설소팽(薛紹彭, ?~?) : 북송의 서예가. 자(字)는 도조(道祖), 호는 취미거사(翠微居士). 집안에 소장품이 매우 많아 감정에 뛰어났으며, 서예에 뛰어나 미불과 함께 '미설(米薛)'로 불렸다. 설소팽이 새겨 만든 탁본은 『가숙첩(家塾帖)』이라 한다.【역주】

300 대관연간(大觀年間) : 북송 휘종의 연호로 1107~1110년.【原註】

송 탁본, 〈정무난정서(定武蘭亭序)〉, 북경 고궁 소장(국부)

갔다. 건염연간建炎年間, 1127~1130[301]에 강남으로 천도遷都하고 존망을 알 수 없게 되었다. 청량본은 홍무 초기에 사찰을 통하여 궁중에 들어갔으며, 새겨진 비석은 천계사天界寺[302]에 남겨졌다. 주지승 금서백金西白[303]이 훔쳐 갔으나, 뒤에 사건이 발각되어 주지승은 옥에 갇혀 죽었지만, 새겨진 비

---

301 건염(建炎) : 남송 고종(高宗)의 연호로 1127~1130년.【原註】

302 천계사(天界寺) : 남경 중화문(中華門) 밖 우화서로(雨花西路)에 있다. 옛 이름은 용상집경사(龍翔集慶寺)이며, 원대에 처음 건립되었다.【原註】

303 금서백(金西白) : 명나라 초기의 승려. 『보속고승전 · 백암금선사전(補續高僧傳 · 白庵金禪師傳)』에 근거하면, 역금(力金)은 자(字)가 서백(西白)이며 속세의 성은 요(姚)이고, 오군(吳郡) 사람이다. 유년 시절에 출가를 자청하여, 오현(吳縣) 보적원(寶積院) 도원연(道原衍) 법사를 스승으로 삼았다. 홍무원년(洪武元年, 1368)에 어명을 받들어 대천계사(大天界寺)의 주지가 되었으며, 태조가 일찍이 궁정으로 불러 들였는데, "받들어 한 대답이 대부분 황제의 뜻에 부합하였다.(奉對多稱旨.)" 홍무 4년과 5년에 일찍이 어명을 받들어 두 차례 종산법회(鍾山法會)를 총괄하였다. 홍무 5년 12월 "갑자기 제자에게 나타나 말하기를, '나에게 묵은 인연이 있어 아직 끝나지 않았으므로 반드시 갚아야 하니, 너희들은 속세에서 나를 서로 만나지 마라(忽示弟子曰, 吾有夙因未了, 必當酬之, 汝等勿以世相遇我)"라고 하였으며, 얼마 뒤에 작은 질병이 나타나자 의약과 음식을 사절하고 자연에 순응하여 입적하였다. 조소가 말한 책을 훔쳐 하옥된 일은 어디에 의거했는지 알 수 없으며, 잠시 보류하여 두고 연구를 기다린다.【原註】

석은 마침내 소재를 모르게 되었다.

원문 古碑法帖論

蘭亭帖

蘭亭帖世以定武本爲第一, 金陵淸凉本爲第二. 其定武本, 薛向師正別刻石易去. 大觀中, 於薛向家取入禁中. 建炎南渡, 不知存亡. 淸凉本, 洪武初因寺入官, 其石留天界寺. 住持僧金西白盜去, 後事發, 其僧系獄死, 石遂不知所在.

번역 순화각첩淳化閣帖

송태종宋太宗[304]이 옛 사람의 서예작품을 찾아다니며 구하였다. 순화연간淳化年間, 990~994[305]에 시서侍書[306] 왕저王著[307]에게 명하여 대추나무 목판에 그대로 새겨 10권을 비각秘閣[308]에 두도록 하였으며, 각 권의 끝부분에 전서체로 "순화 3년992 임진년 11월 6일에 성지를 받들어 글자 모양대로 모사하여 돌에 새기다淳化三年壬辰歲十一月六日奉聖旨摹勒[309]上石"라고 제목을 썼다.

---

304 송태종(宋太宗) : 조광의(趙光義, 939~997), 송나라 제2대 황제로 재위 기간은 21년(976~997).【原註】

305 순화연간(淳化年間) : 송태종의 연호로 990~994년.【原註】

306 시서(侍書) : 제왕을 모시며 문서를 담당하는 한림원에 속하는 9품 관리.【역주】

307 왕저(王著, ?~990) : 자(字)는 지미(知微), 오대 후촉(後蜀, 934~966) 명화(明華) 양부[陽符, 지금의 사천성 성도(成都)] 사람, 저명한 서예가. 태종시기에 글씨를 잘 써서 사관(史館, 역사 편찬 기관)으로 불려 들어가, 칙명을 받들어 『순화각첩』을 편찬하였다.【原註】

308 비각(秘閣) : 고대 황궁에서 책을 보관하는 장소. 송태종 태평흥국(太平興國, 976~984) 시기에 숭문원(崇文院)에 소문각(昭文閣) · 집현원(集賢院) · 사관(史館) 등의 3관을 설치하여, 도서와 문서를 저장하였다. 단공원년(端拱元年, 988)에 숭문원의 정원에 누각을 세워 '비각'이라 하였으며, 3관의 서적 진본과 궁정의 고화 및 서예작품 등을 보관하였다.【原註】

309 摹勒(모륵) : 모양에 따라 글자를 묘사하여 돌에 새기다.【原註】

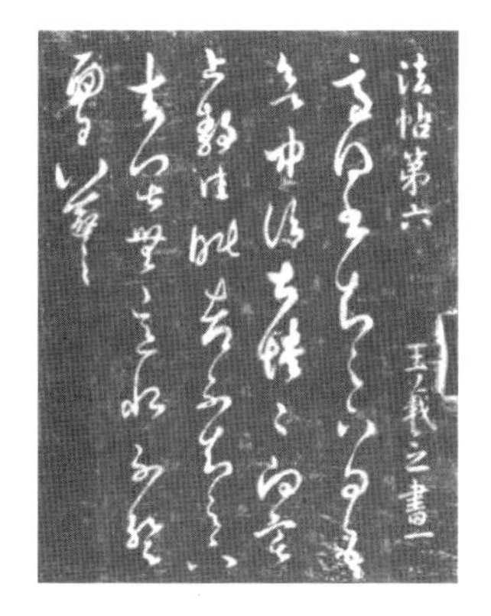

송, 〈순화각첩〉과 은정문
상해박물관 소장(국부)

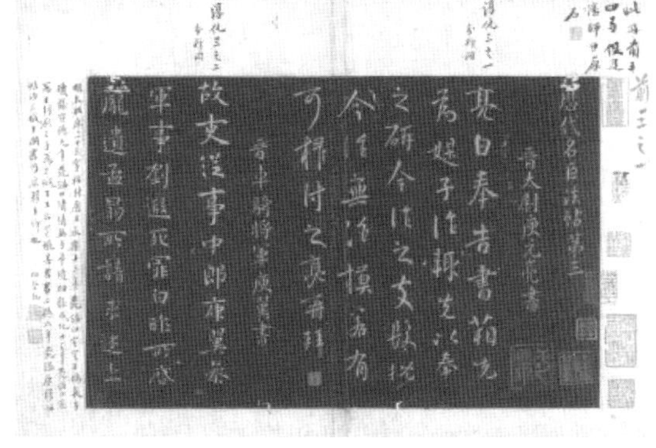

송, 〈강첩(絳帖)〉, 북경 고궁박물원 소장(국부)

탁본의 표면에 은정문銀錠紋[310]이 있고, 징심당지와 이정규李庭珪[311]가 만든 먹으로 탁본을 떴으며, 손으로 문질러도 더럽혀지지 않았다. 이리하여 친왕親王[312]과 대신에게 한 부씩을 하사하였는데, 지금 세상에서 구한 것이 드물었다. 지금 세상 사람들이 가지고 있는 것은 모두 서로 돌아가며 전달하여 베낀 것이다.

원문 淳化閣帖

宋太宗搜訪古人墨迹. 於淳化中, 命侍書王著用棗木[313]板摹刻十卷於秘閣,

---

310 은정문(銀錠紋) : 『순화각첩』의 목판이 손상된 뒤에 수리와 복원을 거쳐 다시 탁본하여, 탁본 위에 남은 흔적. 은정은 주조하여 덩이로 만든 순은.【原註】
  * 은정문(銀錠紋) : 『순화각첩』을 새긴 대추나무 목판이 갈라터진 부분을 은정 모양의 쐐기(가운데가 오목한 'ᴢ'와 유사한 형태)를 바꾸어 다시 갈라지지 않도록 수리하여, 이후의 탁본에는 수리한 은정 모양이 나타나게 되었으며, 최초 『순화각첩』의 탁본이라는 증거가 되었다. 후대에는 새로 새기는 석각에도 은정문을 새겨서 최초의 판본으로 둔갑시키기도 하였다.【역주】

311 이정규(李庭珪, ?~?) : 이정규(李廷珪). 당말 오대시기 저명한 먹 제조공.【原註】

312 친왕(親王) : 황제나 왕의 가까운 친척 가운데 왕에 봉해진 사람.【역주】

各卷尾篆書題云, 淳化三年壬辰歲十一月六日奉聖旨摹勒[314]上石. 上有銀錠紋, 用澄心堂紙李庭珪墨拓[315]打, 手揩之而不汚. 乃親王大臣則賜一本, 人間罕得. 今世人所有, 皆轉相傳摹者.

번역 **강첩絳帖**

상서尙書 반사단潘師旦[316]이 『순화각첩』에 다른 서첩을 첨가하여 넣고, 강주絳州[317]에서 20권을 그대로 다시 베껴 새겼으며, 북방의 종이[318]와 북방의 먹[319]을 사용하여 지극히 생기가 있어, 『순화각첩』의 다음 등급이고, 문자를 새긴 비석은 『순화각첩』본과 비교하여 『강첩』이 두 글자 더 크다.

원문 **絳帖**

尙書潘師旦用淳化閣帖增入別帖, 重摹刻二十卷於絳州, 北紙北墨極有精神, 在淳化閣帖之次, 其石比淳化帖本絳帖高二字.

---

313 棗木(조목) : 대추나무로 재질이 단단하여 비석의 문자를 뒤집어 새기는 데 사용할 수 있다.【原註】

314 摹勒(모륵) : 모양에 따라 글자를 묘사하여 돌에 새기다.【原註】

315 拓(탁) : 비석이나 기물 위의 문자나 문양을 종이로 그대로 떠 인쇄하다.【原註】

316 반사단(潘師旦) : 송나라 사람의 기록에 의거하면 상서랑(尙書郞)이며, 생졸년은 알 수 없다.【原註】

317 강주(絳州) : 지금의 산서성 신강(新絳).【原註】

318 북방의 종이(北紙) : 염문(簾紋)이 가로이며, 재질이 성글고 두터워, 먹을 잘 흡수하지 않는다.【역주】

319 북방의 먹(北墨) : 북방에서 제조한 먹. 송연(松烟, 소나무를 태워 만든 그을음)을 많이 사용하여 색이 푸르면서 연하고, 유연(油煙, 기름을 태운 그을음)과 밀랍을 사용하지 않는다. 북방의 먹을 사용한 탁본은 먹빛이 연하고 주름이 져서, 옅은 구름이 푸른 하늘을 지나가는 듯하여 '선시탁(蟬翅拓)'이라 한다.【역주】

번역 동고본東庫本

세상에 전하기를, 반사단의 아들들이 분가하여 『강첩』을 새긴 비석을 둘로 나누었다고 한다. 그 뒤에 강주絳州의 관청 창고에서 상반부 10권을 획득하여 강주태수가 하반부 10권을 다시 새겼는데, 한 질이 되기에 충분하였으며, '『동고본』'이라 하였다. 반사단의 집안에서 다시 상반부 10권을 새겼으며, 역시 한 질이 되기에 충분하였다. 이리하여 강주에 공고본公庫本과 사가본私家本의 두 판본이 존재하게 되었다. 정강연간靖康年間, 1126~1127[320]의 전쟁으로 비석이 모두 존재하지 않게 되었다. 후에 금나라 사람이 다시 베껴 새긴 것[321]은 하늘과 땅만큼의 차이가 있다.

원문 東庫本

世傳潘氏子析居,[322] 法帖石分爲二. 其後絳州公庫[323]乃得其上十卷, 絳守重刻下十卷, 足之一部, 名東庫本. 其家復重刻上十卷, 亦足一部. 於是絳州有公私二本. 靖康兵火,[324] 石幷不存. 後金人重摹者, 天淵[325]矣.

---

320 정강연간(靖康年間) : 북송 흠종의 첫 번째 연호로 1126~1127년.【역주】

321 1212년 금나라 대신 고여려(高汝礪, 1154~1224)가 『공고본』에 근거하여 다시 새긴 12권 판본은 '『신강본(新絳本)』'이라 한다.【역주】

322 析居(석거) : 따로 나누어 거주하다. 분가하다.【原註】

323 公庫(공고) : 관청의 창고.【原註】

324 靖康兵火(정강병화) : 북송 흠종(欽宗) 정강 2년(1127) 4월에, 금나라 군대가 송나라 수도 변량[汴梁, 지금의 하남성 개봉(開封)]을 공격하여 격파하고, 휘종과 흠종의 두 황제와 후비·황제의 자식·황실 친척·귀족 등 수천 명을 사로잡은 뒤에 북으로 철수하여, 성 안의 공적이거나 사적인 재물이 아무 것도 없게 되었으며, 북송이 멸망하였다.【原註】

325 天淵(천연) : 하늘과 땅 만큼의 차이.【역주】

번역 담첩潭帖[326]

『순화각첩』이 세상에 널리 배포된 뒤, 담주潭州[327]에서 베껴 새긴 판본이 『강첩』과 나란히 통행되었다. 경력연간慶歷年間, 1041~1048[328]에 승려 희백希白[329]이 다시 베껴 새긴 판본도 아름다웠다. 소흥연간紹興年間, 1131~1162[330]에 제3차로 다시 베껴 새긴 것은 진면목을 잃었다.

원문 潭帖

淳化帖頒行, 潭州摹刻一本, 與絳帖鴈行.[331] 慶歷間, 僧希白重摹本亦佳. 紹興間第三次重摹者, 失眞矣.

---

326 담첩(潭帖) : 조희곡(趙希鵠, ?~?)의 『동천청록(洞天淸錄)』에서 "『담첩』은 『순화각첩』이 이미 반포되어 유행하자, 담주에서 2개의 판본을 베껴 새겼으며, 이를 '『담첩』'이라 한다. 내가 일찍이 초간본을 보았는데 글씨가 옛날 『강첩(絳帖)』과 더불어 배열이 가지런하고 질서가 있었다. 경력(慶歷) 8년(1048)에 이르러 비석이 이미 불완전하게 되어, 영주(永州, 지금의 호남성 영주시)의 승려 희백이 다시 모각하였는데, 소동파가 도리어 진(晋)나라 사람의 풍격이 있다고 칭찬하였다. 건염연간(建炎年間, 1127~1130)에 적(금나라)의 기병(騎兵)이 장사에 도착하자, 성을 지키는 사람들이 투석기의 포탄으로 사용하여, 비석이 남은 게 하나도 없었다. 소흥연간(紹興年間, 1131~1162) 초기에 제3차로 다시 모각하였으나, 진면목을 크게 상실하였다(潭帖, 淳化帖旣頒行, 潭州卽模刻二本, 謂之潭帖. 予嘗見其初本, 書與舊絳帖雁行. 至慶歷八年, 石已殘缺, 永州僧希白重摹, 東坡猶嘉其有晋人風度. 建炎, 敵騎至長沙, 守城者以爲炮, 石無一存者. 紹興初, 第三次重摹, 失眞遠矣)"라고 하였다.【역주】

327 담주(潭州) : 북송의 담주는 형호남로(荊湖南路)에 속하며, 관청소재지는 지금의 호남성 장사(長沙)에 있었다.【原註】

328 경력연간(慶歷年間) : 북송 인종(仁宗)의 연호로 1041~1048년.【原註】

329 희백(希白) : 속세의 성은 전(錢)이며, 호는 혜조대사(慧照大師)이고 장사(長沙) 사람이다.【原註】

330 소흥연간(紹興年間) : 남송 고종(高宗)의 연호로 1131~1162년.【原註】

331 鴈行(안행) : 병행하거나 앞에서 달려가다. 동렬이다. 동등하다.【原註】

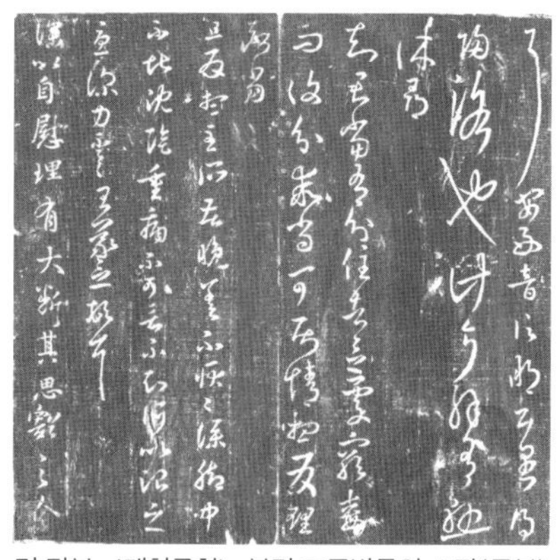

명 탁본, 〈태청루첩〉, 북경 고궁박물원 소장(국부)

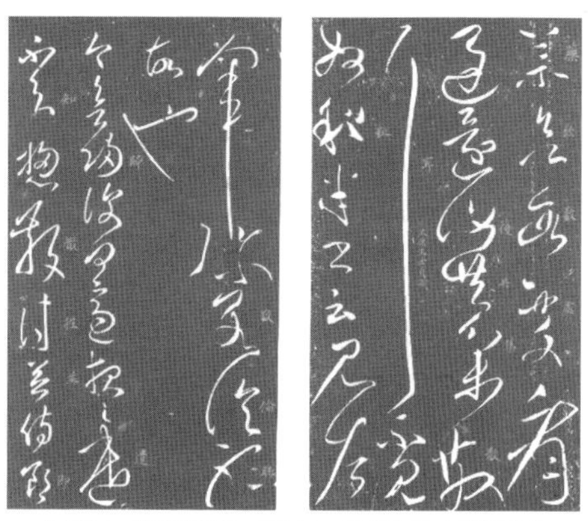

송 탁본, 〈태청루첩〉, 대북 고궁박물원 소장(국부)

번역 태청루첩太清樓[332]帖

대관연간1107~1110에 어명을 받들어 황실 창고에 소장된 진품을 태청루에서 다시 새겼는데, 『순화각첩』과는 몇몇 서첩의 많고 적음이 달랐으며, 그중에 『난정첩』을 수록하였다. 모두 채경蔡京[333]이 제목을 썼으며, 서첩의 끝부분에 "대관 3년1109 1월 1일 황제의 명을 받들어 베껴 돌에 새기다大觀三年正月一日奉聖旨摹勒上石"라고 썼다.

원문 太淸樓帖

大觀間, 奉旨以御府所藏眞迹重刻於太清樓, 與淳化帖有數帖多寡不同, 其中有蘭亭帖. 皆蔡京標題, 卷尾題云, 大觀三年正月一日奉聖旨摹勒上石.

---

332 태청루(太淸樓) : 북송의 황궁 숭정전(崇政殿)의 서북에 있으며, 황궁의 후원에서 가장 중요한 서적을 보관하는 장소이다.【原註】
* 『태청루첩』은 대관연간에 만들어 '『대관첩(大觀帖)』'이라고도 한다.【역주】

333 채경(蔡京, 1047~1126) : 자(字)는 부장(符長), 흥화(興化) 선유(仙遊, 지금 복건성에 속함) 사람으로, 북송 휘종시기의 저명한 재상이자 서예가이며, 타고난 예술성이 극히 높아서 서예·시사(詩詞)·산문 등의 각 영역에서 모두 찬란한 성취가 있었다.【原註】

번역 **원우비각속첩元佑秘閣續帖**

원우연간元祐年間, 1086~1094에 어명을 받들어 궁중 창고에 소장된 진품에서, 『순화각첩』을 제외하고 새겨 만든 속집 법첩일 뿐이다.

원문 **元佑秘閣續帖**

元佑中, 奉旨以御府所藏眞迹, 除淳化帖外, 刻續法帖耳.

번역 **여주첩汝州[334]帖**

『여주첩』은 바로 여러 서첩의 글자를 골라 억지로 합쳐서 만들었으며, 매 권의 뒤에 여주의 관인官印[335]이 있다. 후에 회계會稽에서 다시 베껴 새겼으며, 『난정첩蘭亭[336]帖』이라 한다.

원문 **汝州帖**

汝州帖乃摘諸帖中字, 牽合[337]爲之, 每卷後有汝州印. 後會稽重摹, 謂之蘭亭帖.

번역 **순희비각속첩淳熙秘閣續帖**

순희연간淳熙年間, 1174~1189[338]에 어명을 받들어 황실 창고에 진귀하게 보관되어 있는 서첩을 궁중에서 돌에 새겼으며, 서첩의 끝부분에 "순

---

334 여주(汝州) : 지금의 하남성 여주.【原註】
335 여주의 관인(官印) : 정사각형에 전서체로 '여주지인(汝州之印)'이라는 글자가 새겨진 인장.【역주】
336 난정(蘭亭) : 정자의 이름으로 절강성 소흥(紹興) 서남의 난제산(蘭渚山) 위에 있다.【原註】
337 牽合(견합) : 억지로 모아 합치다.【原註】
338 순희연간(淳熙年間) : 남송 효종(孝宗)의 연호로 1174~1189년.【原註】

희 12년1185 을사년 2월 15일 수내사修內司[339]에서 공손하게 받들어 그대로 베껴 돌에 새기다"라 썼다.

원문 **淳熙秘閣續帖.**

淳熙間, 奉旨以御府珍儲, 刻石禁中,[340] 卷尾題云, 淳熙二年乙巳歲[341]二月十五日修內司恭奉聖旨摹刻上石.

번역 **이왕첩二王帖**

『이왕첩』은 제거提擧[342] 허한許閑[343]이 임강臨江[344]에서 새긴 것으로, 그대로 베껴 새긴 것이 지극히 정밀하다.

---

339 수내사(修內司) : 관청의 명칭으로 장작감(將作監)에 속하며, 궁성과 태묘(太廟, 황제의 종묘)의 수선을 관장하는 업무를 하고, 남송시기에도 계속하여 대량의 기구를 제작하였다.【原註】

340 禁中(금중) : 황제가 거주하는 궁궐 안을 가리킨다.【原註】

341 淳熙二年乙巳歲(순희이년을사세) : "순희십이년을사세(淳熙十二年乙巳歲)"로 해야 하며 1185년이다.【原註】

342 제거(提擧) : 관직의 명칭. 송나라 추밀원편수칙령소(樞密院編修勅令所)에 제거가 있으며, 재상이 겸하였다. 동제거(同提擧)는 집정(執政)이 겸하였다. 이밖에 제거상평창(提擧常平倉)·제거차염(提擧茶鹽)·제거수리(提擧水利) 등의 관직이 있다.【原註】

343 허한(許閑) : '허개(許開)'라 해야 하며, 남송 말기의 사람으로 생평은 알 수 없다.【原註】
* 허개(許開) : 자(字)는 중계(仲啓), 단도[丹徒, 지금의 강소성 진강(鎭江)] 사람. 효종 건도(乾道) 8년(1172) 진사. 개희원년(開禧元年, 1205)부터 가정원년(嘉定元年, 1208)까지 임강군[臨江軍, 지금의 강서성 장수시(樟樹市) 임강진(臨江鎭)]을 잠시 대리로 다스렸다. 『이왕첩』은 이 시기에 제작한 것으로 보인다.【역주】

344 임강(臨江) : 지금의 강서성 장수시(樟樹市).【역주】

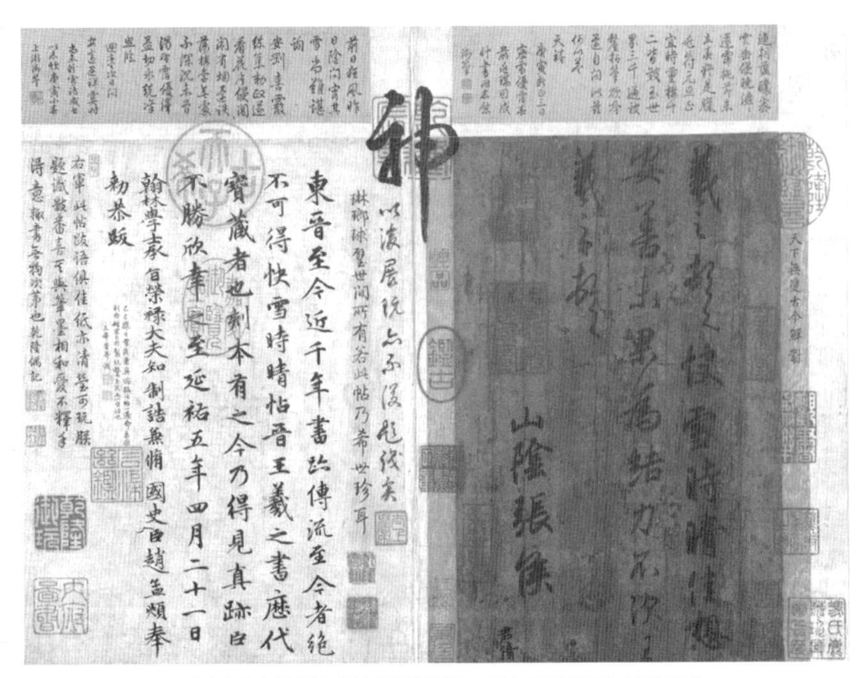

〈왕희지쾌설시청첩(王羲之快雪時晴帖)〉, 대북 고궁박물원 소장(국부)

원문 二王帖

二王帖, 許提擧閑刻於臨江, 摹勒極精.

번역 갑수당첩甲秀堂帖

『갑수당첩』은 여강廬江[345] 이씨李氏[346]가 새겼으며, 앞부분에 왕희지와 안진경顔眞卿[347]의 글씨가 있는데, 여러 서첩에 보이지 않는 것이 많고, 뒷

345 여강(廬江) : 지금의 안휘성 여강(廬江).【原註】

346 이씨(李氏) : 일설에 진씨(陳氏)가 모으고 이씨가 베껴 새겼다고 한다.【原註】

347 안진경(顔眞卿, 709~784, 또는 709~785) : 자(字)는 청신(淸臣), 경조 만년(萬年, 지금의 섬서성 서안) 사람으로, 당나라 중기의 걸출한 서예가이며, '안진경체(顔眞卿體)'라는 해서를 창조하여 유공권(柳公權, 778~865. 당나라 서예가)과 함께 '안근유골(顔筋柳

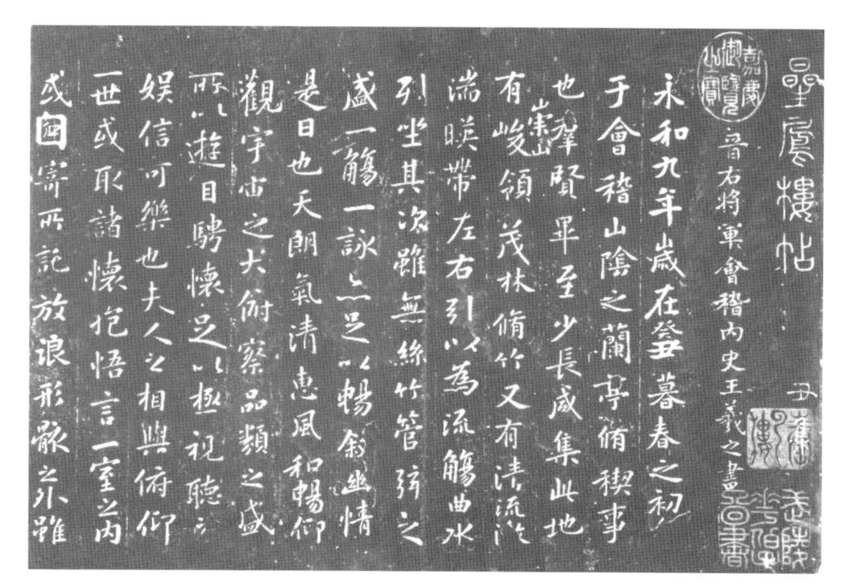

명대 탁본, 〈성봉루첩〉, 북경고궁박물원 소장(국부)

부분에는 송나라 사람의 글씨도 많이 있다.

원문 甲秀堂帖

甲秀堂帖, 廬江李氏刻, 前有王顏[348]書, 多諸帖未見, 後有宋人書亦多.

번역 성봉루첩星鳳樓帖

『성봉루첩』은 상서尙書 조언약趙彦約[349]이 남강南康[350]에서 새겼으며, 비록

骨)'이라고 불렸으며, 유공권·구양순(歐陽詢)·조맹부와 함께 '해서사대가(楷書四大家)'로 불린다.【原註】

* 안근유골(顔筋柳骨) : 안진경의 글씨는 풍만하면서 힘이 있어 '안진경의 근육'이라 하고, 유공권의 글씨는 수척하면서 힘이 있어 '유공권의 뼈대'라고 하였다.【역주】

348 王顏(왕안) : 동진 왕희지와 당나라 안진경을 가리킨다.【原註】

349 조언약(趙彦約) : 자세한 생평은 알 수 없는 송대의 인물이다. 조언약(趙彦約)은 조언약

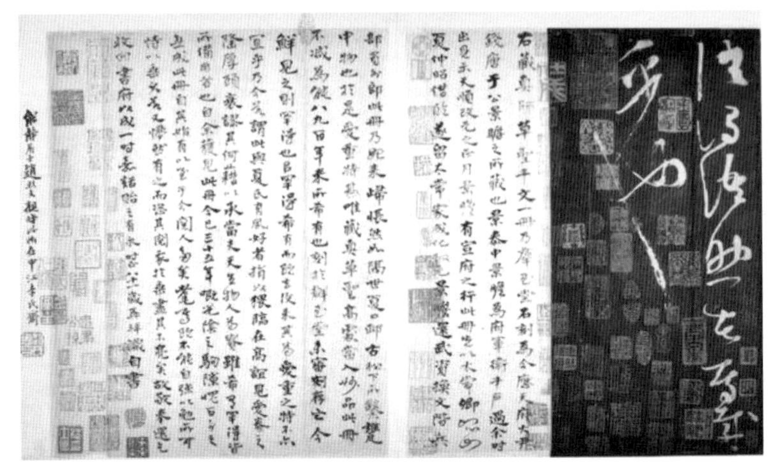

송대 탁본, 〈군옥당첩〉, 미국 개인 소장(국부)

여러 각본을 다시 베꼈으나, 정교하고 완전하여 일사불란하다.

원문 星鳳樓帖

星鳳樓帖, 尙書趙彦約刻於南康, 雖衆刻重摹, 而精善不苟.[351]

번역 군옥당첩群玉堂帖[352]

『군옥당첩』은 한탁주韓侂胄[353]가 새겼으며, 수록한 작품에 이전 시대의

(曹彦約, 1157~1228)의 오기이다. 조언약(曹彦約)은 남송의 대신으로 자(字)는 간보(簡甫), 호는 창곡(昌谷)이며, 남강군(南康郡) 도창(都昌) 사람이다. 주희(朱熹)에게 학습하였고, 시호는 문간(文簡)이다. 1225년 병부상서를 사직하고 도창으로 귀향하였으며, 1223년 무렵에 성봉루(문혁시기에 파괴되어 터만 존재)를 건립하였으며, 『순화각첩』에서 대부분을 선택하고, 집안에 소장되거나 수집한 법첩을 첨가하여 성봉루에서 간행을 시작하여, 1238년 아들 조사면(曹士冕, ?~?. 남송 학자)이 『성봉루첩』 10권을 완성하였다.【역주】

350 남강(南康) : 지금의 강서성 남강.【原註】

351 不苟(불구) : 소홀히 하지 않다.【역주】

352 군옥당첩(群玉堂帖) : 여러 종류의 법첩을 모아서 1질로 만든 법첩으로, 남송의 상약수(向若水, 한탁주의 문객)가 한탁주가 소장한 법서 10권을 베껴 새겼는데, 원명은 『열고당첩(閱古堂帖)』이다. 한탁주가 피살된 뒤, 새긴 비석이 관부의 창고로 몰수되었으며, 가

작품이 많고, 송나라 사람의 작품도 있다.

원문 **群玉堂帖**

群玉堂帖, 韓侂胄刻, 所載前代遺迹多, 亦有宋人者.

번역 **보진재첩寶晋齋[354]帖**

『보진재첩』은 조지격曹之格[355]이 그대로 베껴 새겼으며, 『성봉루첩』의 후예로, 여러 서첩 가운데 최하이다.

원문 **寶晋齋帖**

寶晋齋帖, 曹之格摹刻, 星鳳之子, 在諸帖爲最下.

정원년(嘉定元年, 1208)에 비서성에서 '『군옥당첩(群玉堂帖)』'이라 개명하였다. 청나라 해녕(海寧, 지금의 절강성 해녕시) 장광후(蔣光煦, 1813~1860. 장서가)가 다시 베껴 새겼다.【역주】

353 한탁주(韓侂胄, 1151~1207) : 자(字)는 절부(節夫), 상주(相州) 안양(安陽, 지금의 하남성 안양) 사람, 위군왕(魏郡王) 한기(韓琦, 1008~1075)의 증손이다. 영종(寧宗, 재위 1195~1224)이 즉위하고 외척이 정권을 잡아 14년 동안 권력을 독점하였다. 개희(開禧) 2년(1206)에 북벌을 단행하였으나, 전투에 패하여 화친을 구하다가 그 다음해에 살해되었다.【原註】

354 보진재(寶晋齋) : 북송 서예가 미불이 진(晋)나라 사람의 서예를 숭상하였는데, 동진 왕희지의 『왕략첩(王略帖)』· 사안(謝安)의 『팔월오일첩(八月五日帖)』· 왕헌지의 『십이일첩(十二日帖)』의 세 가지 진품을 획득하여 희세의 보물로 간주하였으므로, '보진재(寶晋齋)'라 서재 이름을 짓고, 북송 휘종 숭녕(崇寧) 3년(1104)에 베껴서 돌에 새겼다.【原註】

355 조지격(曹之格) : 남송 도창(都昌) 사람, 일찍이 무위통판(無爲通判)을 지냈으며, 『보진재첩』을 베껴 새긴 사람이다. 무위(無爲) : 지금의 안휘성 소호(巢湖) 무위.【原註】

* 조지격(曹之格) : 자세한 생평은 알 수 없으며, 조언약(曹彦約)의 손자이자 조사면(曹士冕, ?~?. 서예학자)의 아들로, 남송 도종(度宗) 함순(咸淳) 5년(1269)에 『보진재첩』을 베껴 새겼다.【역주】

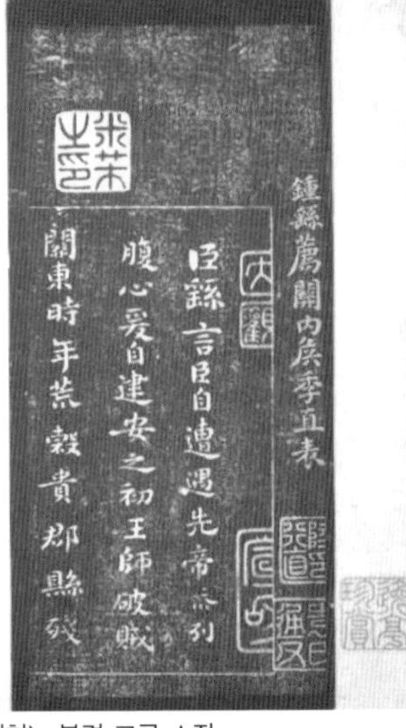

명 탁본, 〈보진재첩〉, 북경 고궁 소장

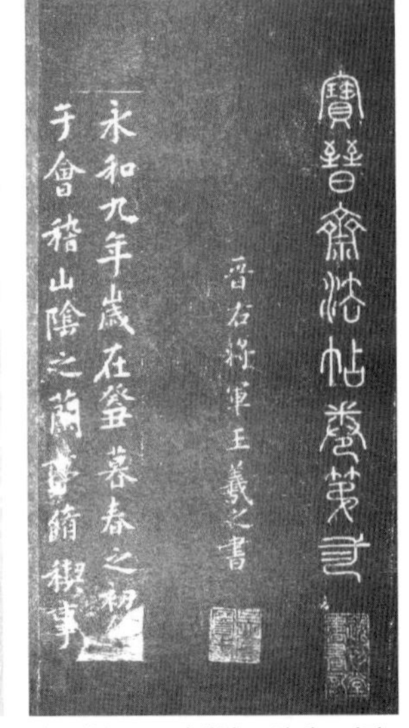

송 탁본, 〈보진재첩〉, 상해도서관

번역 남북의 비석과 종이 및 먹

북방의 먹은 대부분 송연松烟[356]을 사용하여 색이 푸른빛이다. 북방의 종이는 가로 염문簾紋으로, 재질이 성글면서 두터워 먹을 그리 잘 흡수하지 않으며, 문지르면 얇은 구름이 푸른 하늘을 지나가는 것과 같은데, 대개 북비北碑[357]는 모두 그러하며, 밀랍을 칠하지 않았다. 남비南碑[358]는 유

---

356 송연(松烟) : 소나무를 태운 뒤에 엉겨서 생긴 흑색의 재로, 송연묵을 만드는 원료이다. 【原註】

357 북비(北碑) : 후대에 북비는 남북조시기 돌에 새긴 북조(北朝, 386~581)의 문자에 대한 통칭이며, 여기서 북비는 북송시기에 비석의 탁본을 떠서 만든 서첩을 가리키는 듯하다. 【原註】

* 북방의 먹을 사용하여 먹빛이 연하며 주름이 잡힌 탁본은 '선시탁(蟬翅拓)'이라 한다. 【역주】

358 남비(南碑) : 후대에 남비는 오(吳) · 동진(東晋) · 송(宋) · 제(齊) · 양(梁) · 진(陳)의 여러 조대의 비석으로 만든 법첩을 통칭하지만, 여기서는 남송시기 탁본을 떠서 만든 비석의 서첩을 가리킨다.【原註】

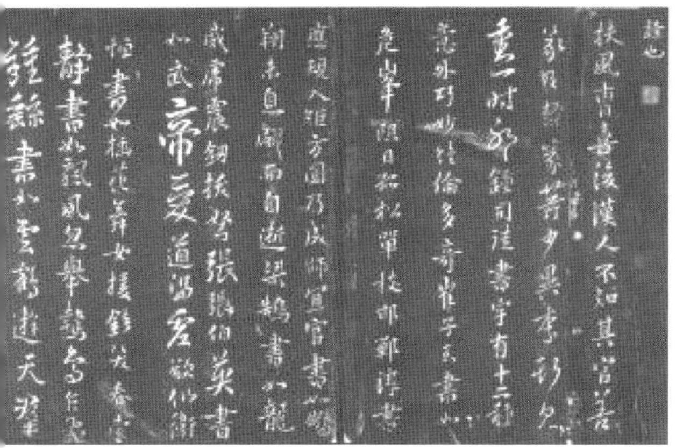

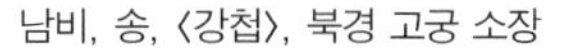
남비, 송, 〈강첩〉, 북경 고궁 소장

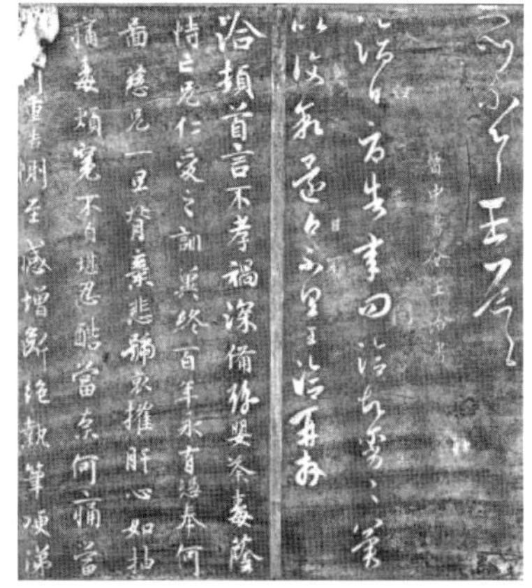
북비, 송, 〈태청루첩〉, 북경 고궁 소장

연묵油煙[359]墨을 사용하여 색이 완전한 흑색으로, 밀랍을 칠하였다. 비석의 탁본을 가짜로 만드는 것은 모두 이 방법을 모방한다.

원문 南北碑紙墨

北墨多用松烟, 色青. 北紙橫紋, 其質鬆厚, 不甚染墨, 拂之如薄雲過青天, 凡北碑皆然, 不用油蠟.[360] 南碑用油烟墨, 色純黑, 用油蠟. 碑文贋墨, 皆仿此.

---

* 남방의 종이에 유연묵을 사용하여 순흑색이면서 광채가 있는 탁본은 '오금탁(烏金拓)'이라 한다.【역주】

359 유연(油煙) : 기름 종류가 불완전 연소할 때 발생하는 흑색의 물질이며, 주요 성분은 탄소이다.【原註】

360 油蠟(유랍) : 먹으로 탁본을 완성한 뒤에 다시 한 겹 밀랍을 칠하여 종이가 매끄럽고 단단하게 하며, 또 탁본의 먹에 보호 작용을 일으키도록 한다. 일설에 사용하는 먹에 밀랍의 성분이 함유되어 있다고 하지만, 먹 제조 기술 부문의 지지를 받지 못하는 듯하다.【原註】
* 油蠟(유랍) : 밀랍.【역주】

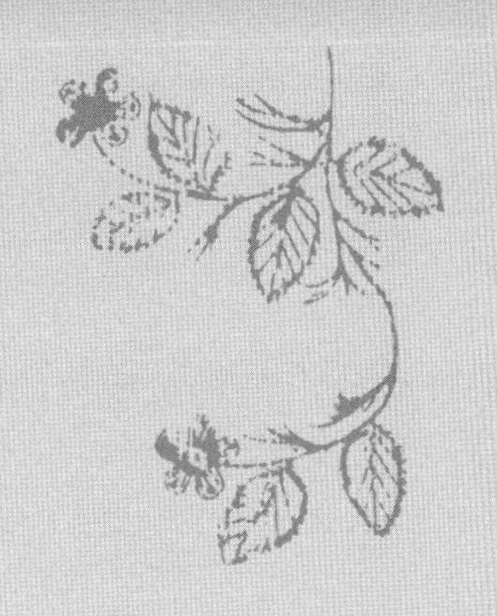

중권中卷

1. 고대 거문고에 관한 논의古琴[1]論

번역 갈라 터진 무늬가 있는 거문고

고대 거문고는 갈라 터진 무늬를 증거로 삼으며, 수백 년이 지나지 않으면 갈라 터지지 않는다. 그러나 갈라 터진 무늬에 여러 등급이 있다. 사복단蛇腹斷[2]이 있으며, 무늬가 거문고의 표면에 가로로 끊어져 있으면서 무늬 사이의 거리가 한 치약 3cm 정도이거나 한 치 반약 4.5cm 정도이다. 세문단細紋斷이 있으며, 머리카락 수천 가닥과 같다. 혹은 거문고의 윗면과 바닥면이 모두 갈라 터진 것이 있다. 또 매화단梅花斷이 있으며, 갈라 터진 무늬가 매화꽃잎의 끝부분과 같은데, 이러한 것이 가장 오래되었다. 그러나 비록 오래되어 갈라 터진 무늬가 있더라도, 소리가 맑으면서 강력하지 않고 연약하거나, 또 변음이 나타나는 것은 역시 기이하지 않은 것이다.

남송, 고금, 북경 고궁 소장

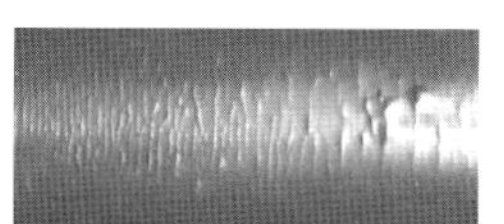

고금의 단문
(斷紋, 갈라 터진 무늬)

---

1 古琴(고금) : 고금(古琴)은 '금(琴)'이나 '요금(瑤琴)'이나 '옥금(玉琴)'이나 '칠현금(七弦琴)'이라고도 하며, 중국의 전통 현악기로, 신농씨가 발명했다고도 하며, 주무왕(周武王, ?~B.C.1043)시기에 7줄이 되었다고 한다. 고금(古琴)이 본문에서는 고대(古) 금(琴)의 의미로도 사용되었다. 거문고는 6줄로, 7줄의 고금과는 다르지만, 본서에서는 이해의 편리를 위해 거문고로 번역하기로 한다.【역주】

2 사복단(蛇腹斷) : 뱀의 배 부분의 비늘처럼, 오래된 거문고의 표면에 칠한 옻칠의 갈라 터진 무늬가 가로로 일정하게 계단모양으로 배열되어 있는 상태.【역주】

원문 古琴論

斷紋[3]琴

古琴以斷紋爲證, 不歷數百年, 不斷. 然斷紋有數等. 有蛇腹斷, 其紋橫截琴面, 相去或寸許, 或寸半. 有細紋斷, 如髮千百條. 或有底面皆斷者. 又有梅花斷, 其紋如梅花頭, 此最爲古. 然雖古而有斷紋, 不淸實[4]脆透者, 又有病者, 亦不爲奇也.

번역 위조한 갈라 터진 무늬

거문고를 겨울에 햇볕을 쪼이거나, 세찬 불로 거문고를 아주 뜨겁게 달구어서 눈으로 덮어 놓아, 세차게 갈라터지도록 하지만, 옻칠의 색은 여전히 산뜻하다.

원문 僞斷紋

用琴於冬日內曬, 或以猛火烘琴極熱, 以雪罨,[5] 激裂之, 然漆色還新.

번역 고대 거문고의 색

고대 거문고는 지난 세월이 이미 오래되어, 옻칠의 광택이 다 퇴색하여 오목烏木[6]과 색이 같으며, 이러한 것이 가장 기이하고 예스럽다.

---

3 斷紋(단문) : '단문(斷文)'이라고도 하며 갈라 터진 무늬. 대부분 오래된 거문고의 갈라 터진 무늬를 가리킨다.【原註】

4 淸實(청실) : 순정하고 힘이 있다.【原註】

5 罨(엄) : 덮다. 가리다.【原註】

6 오목(烏木) : 목질이 단단하고 치밀하며 흑색으로, 정교한 기구와 공예품을 만들 수 있는 목재의 통칭. 본서 「기이한 나무에 관한 논의 · 오목(異木論 · 烏木)」에 자세하다.【原註】

원문 **古琴色**

古琴歷年旣久, 漆光盡退, 其色如烏木, 此最奇古也.

번역 **당나라와 송나라 거문고**

당나라 시절에 뇌문雷文[7]과 장월張越[8]의 두 사람이 거문고의 제작으로 명성을 얻었다. 용지龍池[9]와 봉소鳳沼[10] 사이에 현鉉[11]이 있으며, 나머지 부분은 모두 오목하여 소리를 모아서 흩어지지 않도록 하였다. 송나라 시절에 관청에서 기구를 설치하여 거문고를 제작했으며, 그 거문고에는 모두 정해진 양식이 있었고 길이와 크기가 동일했으므로 '관금官琴'이라 한

---

7 뇌문(雷文, ?~?) : 당나라시기 사천성 지역 거문고 제작의 명가인 뇌씨 가문 사람. 현종시기(玄宗時期, 712~756)에 대조(待詔)를 지낸 뇌엄(雷儼)이 유명하다. 장월의 거문고와 함께 뇌씨 가문의 거문고는 송나라 관금(官琴)의 모범이 되었다.【역주】

8 장월(張越, ?~?) : 당나라 시대 강남의 거문고 제작가로, 뇌씨 가문과 명성이 나란했으며, 그가 제작한 거문고는 송대에 관부 제작 거문고의 모범이 되었다.【역주】

9 용지(龍池) : 거문고의 바닥면에서 윗부분에 있는 출음공(出音空, 소리가 나오는 구멍).【原註】

10 봉소(鳳沼) : 거문고의 바닥면에서 아랫부분에 있는 출음공.【原註】

11 현(鉉) : 본래는 솥의 두 귀를 가로로 관통하여 솥을 드는 나무 막대이며, 여기서는 용지와 봉소가 미미하게 융기한 모양을 가리킨다. 남송 조희곡(趙希鵠)의 『동천청록·고금론(洞天淸錄·古琴論)』에는 "弦(현)"으로 되어 있으며, "뇌씨와 장씨가 제작한 조복(槽腹, 거문고의 내부에 파낸 홈)에 묘한 비결이 있으니, 거문고의 바닥이 모두 오목하여 미미하게 엎어 놓은 기와와 같게 하였으며, 대체로 용지와 봉소의 현(弦)을 약간 볼록하게 하고 나머지 부위는 모두 오목하였다(雷張製槽腹有妙訣, 於琴底悉洼, 微令如仰瓦, 蓋謂於龍池鳳沼之弦, 微令有脣, 餘處悉洼之)"라고 하였다.【原註】

* 조희곡(1170~1242) : 원주(袁州) 의춘(宜春, 강서성 북부) 사람. 서화를 좋아하고 감상에 뛰어난 황실 친족.
* 동천청록(洞天淸錄) : 1권. 고금 32조·벼루 12조·청동기 20조·괴석 11조·연병(硯屛, 탁자 위에 놓는 작은 병풍) 5조·필가(筆架, 붓 받침대) 3조·연적 2조·서화(書畫) 4조·석각(石刻) 5조·지화인색(紙花印色, 법첩과 비문 등) 15조·고화(古畫) 29조로 구성되어 있으며, 전문적으로 고대 기물에 대한 감정을 논술하였다.【역주】

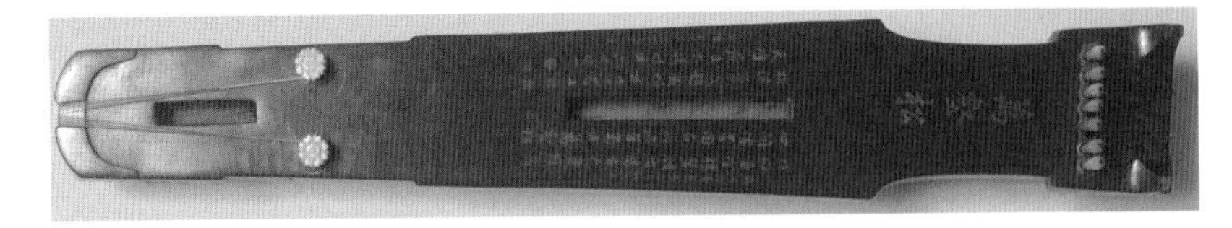

북송, 〈만학송금(萬壑松琴)〉, 북경 고궁 소장, 봉소(鳳沼) : 왼쪽 짧은 구멍, 용지(龍池) : 오른쪽 긴 구멍

다. 다만 관금의 양식과 같지 않은 것이 있으면, 모두 민간에서 제작한 것이다. 그러나 위조한 관금이 많으므로 자세하게 변별해야 한다.

원문 唐宋琴

唐時雷文張越二家製琴得名. 其龍池鳳沼間有鉉, 餘處悉洼, 令關聲而不散. 宋時置官局[12]製琴, 其琴俱有定式, 長短大小如一, 故曰官琴. 但有不如式者, 俱是野斲. 然僞斲者多, 宜仔細辨之.

번역 백납금百衲琴[13]

일찍이 거문고 하나를 보았는데, 열자식列子式[14]으로 표면은 폭이 한 치약 3cm 정도의 기다란 오동나무 막대를 단단하게 접합하여 만들었으며, 갈라 터진 무늬가 특히 많았지만, 연주하면 소리는 평소와 같았고, 소리

12 官局(관국) : 관부에서 설치한 기구.【역주】

13 백납금(百衲琴) : 백납(百衲)은 '백번 기웠다'는 의미이며, 여러 개의 작은 오동나무 판을 접합하여 만들어 '백납금'이라 한다. 당대에 창조되었으며 뇌위(雷威, 소나무로 거문고를 만들었다는 당나라 거문고 제작의 명인)나 이면(李勉, 717~788. 당나라 재상)이 창조했다는 두 가지 설이 있다.【역주】

14 열자식(列子式) : 전국시대 열자(列子, B.C.450?~B.C.375, 도교 철학가)가 창조했다는 양식으로, 목 부분과 허리 부분이 약간 오목하게 들어가 있으며, 외곽선이 둥글지 않고 모두 직선으로 이루어져 있다. 명말 노민왕(潞閔王) 주상로(朱常淓, 1607~1646)가 1634년에 제작했다는 노왕금(潞王琴)의 형태가 열자식이며, 현재 하남성 신향시(新鄉市)의 신향시박물관에 소장되어 있다.【역주】

가 마디마디 끊어지는 폐단도 없었다.

원문 百衲琴

嘗見一琴, 列子樣者, 其面用闊一寸許桐木條, 以漆膠[15]成, 斷紋尤多, 彈之聲如常, 亦無節病.

번역 고대 거문고의 음재陰材와 양재陽材

고대 거문고에는 음재陰材와 양재陽材가 있으며, 대개 오동나무가 해를 향한 부분은 양재가 되고 해를 등진 부분은 음재가 된다. 새것이나 오래되거나를 막론하고 오동나무를 물 위에 놓으면, 양재가 위로 뜨고 음재는 반드시 가라앉으며, 반복해도 바뀌지 않는다. 양재로 만든 거문고는 아침에 소리가 탁濁[16]하고 저녁에 청淸[17]하며, 맑은 날에 탁하고 비오는 날에 청하다. 음재로 만든 거문고는 아침에 소리가 청하고 저녁에 탁하며, 맑은 날에 청하고 비오는 날에 탁한데, 이것은 증험할 수 있다.

원문 古琴陰陽材

古琴陰陽材, 蓋桐木面日者爲陽, 背日者爲陰, 不論新舊, 桐木置之水上, 陽面浮, 陰必沈, 反復不易.[18] 陽材琴旦濁而暮清, 晴濁而雨清, 陰材琴旦清而暮濁, 晴清而雨濁, 此可驗也.

---

15 漆膠(칠교) : 칠과 아교로 접착성이 강한 물질. 접착하다.【역주】
16 탁(濁) : 중국 고대의 음악용어로, 낮고 긴 소리가 탁이다.【原註】
17 청(淸) : 중국 고대의 음악용어로, 맑고 멀리 아득하게 울리는 소리가 청(淸)이다.【原註】
18 不易(불역) : 고치지 않다. 바꾸지 않다.【原註】

번역 순양금純陽琴

거문고의 바닥면과 윗면에 모두 오동나무를 사용하면 '순양금'이라 한다. 고대에는 이러한 양식이 없었으며 근세에 제작하였고, 깊은 밤과 오래 비가 올 때를 선택하여 연주하면, 소리가 가라앉지 않지만, 멀리까지 도달할 수 없으며, 소리가 충실하지 않기 때문이다.

원문 純陽琴

底面俱用桐木, 謂之純陽琴. 古無此製, 近世爲之, 取其暮夜[19]陰雨[20]彈之, 聲不沈, 然不能達遠, 聲不實也.

번역 고대 거문고의 양식

고대 거문고는 부자식夫子式[21]과 열자식列子式의 두 양식이 고대 양식에 부합하며, 아득한 옛날의 거문고는 한 토막의 나무로 만들었다. 근래에 운화식雲和式[22]이 있으며, 그 양식은 일정하지 않지만, 모두 고대 양식이 아니다.

---

19 暮夜(모야) : 깊은 밤.【역주】

20 陰雨(음우) : 오래 내리는 비.【역주】

21 부자식(夫子式) : 중니식(仲尼式)으로 '공자식(孔子式)'이라고도 한다. 거문고의 머리가 보통 보이는 사각형 머리이고, 거문고의 목과 어깨 부위가 안으로 수렴하여 아래로 비스듬히 기울어진 원호(圓弧)이며, 허리 부위가 안으로 수렴하는 각진 선으로, 전체적으로 간결하고 대범하며, 구부러진 정도가 둥글기도 하고 네모나기도 하여, 자못 유학자가 처세하는 도리를 갖추고 있다.【原註】

* 중니식(仲尼式) : 가장 일반적인 고금의 양식이다.【역주】

22 운화식(雲和式) : 명 장대명(張大命)의 『태고정음금경(太古正音琴經)』에서 운화식은 고대 제왕의 거문고라 하였다. 일설에 당나라 소우(蕭祐)가 일찍이 이러한 양식의 고금을 제작했다고 한다. 후대의 운화식은 악산(岳山)의 외부에 운두권(雲頭卷, 거문고의 머리가 둥그스름하면서 뾰족한 꼭지가 있는 형태)을 만들었으며, 하부로 내려가면서 전체 모양이 병(甁)의 모양과 비슷하다.【原註】

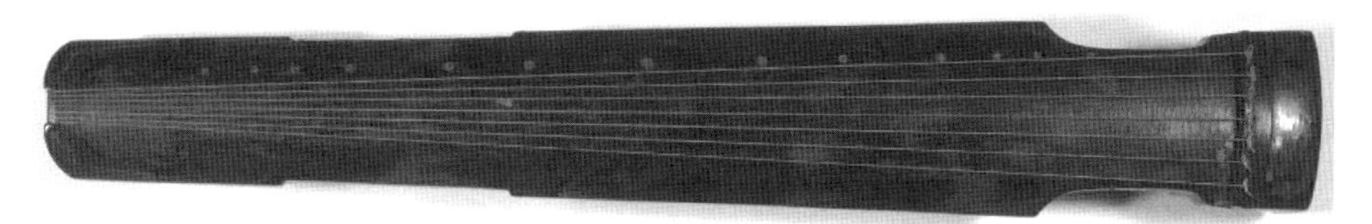

중니식(仲尼式), 남송, 〈해월청휘금(海月淸輝琴)〉, 길이 117.2cm, 북경 고궁 소장

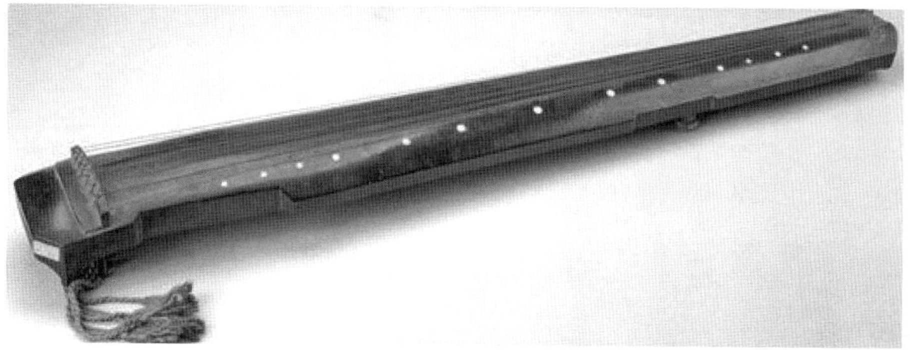

열자식(列子式), 명, 〈노왕칠현금(潞王七弦琴)〉, 신향시박물관(新鄕市博物館) 소장

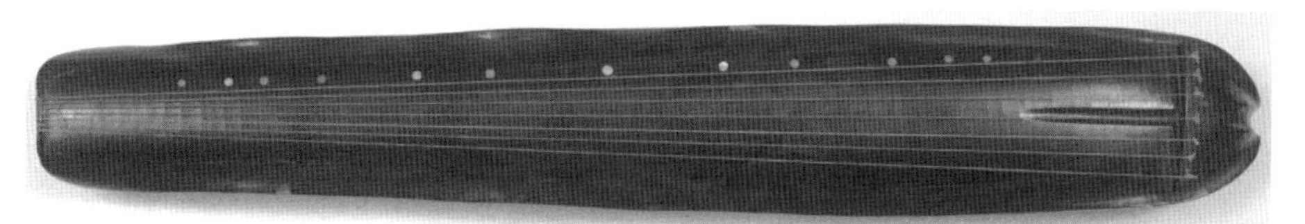

초엽식(蕉葉式),[23] 명 만력, 〈초림청우금(蕉林聽雨琴)〉, 길이 124.6cm, 북경 고궁 소장

---

* 장대명(張大命) : 생평은 알 수 없다. 만력 39년(1611)에 『태고정음금경(太古正音琴經)』 4권을 편집하여 간행하였다.
* 소우(蕭祐, ?~828) : 난릉(蘭陵) 사람으로, 거문고를 잘 연주하였으며, 서화에도 뛰어났던 정치가.
* 악산(岳山, 거문고의 이마 위에 현(絃)을 걸도록 가로로 설치한 불쑥 튀어나온 막대.【역주】

원문 古琴樣

古琴惟夫子列子二樣合古製,[24] 若太古[25]琴, 以一段木爲之. 近有雲和樣, 其樣不一,[26] 皆非古製也.

번역 금탁琴卓[27]

금탁은 유마維摩[28]의 양식을 사용해야 하며, 높이가 2자 8치약 84cm로 탁자 아래에 무릎이 들어갈 수 있어야 한다. 넓이는 3개의 거문고를 놓을 수 있어야 하고, 길이는 거문고보다 1자 정도약 30cm 길어야 한다. 탁자 윗면은 곽공전郭公磚[29]이 가장 아름다우며, 마노석瑪瑙石 · 남양석南陽石[30] · 영석永石[31]이 특히 좋다. 나무를 사용할 것 같으면 단단한 나무를 사용

---

23 초엽식(蕉葉式) : 전체적인 모양이 파초의 잎과 같은 형태의 거문고. 도판의 거문고 뒷면에 '초림청우(蕉林聽雨)'라는 명문이 있어 '초림청우금'이라 한다.【역주】

24 古製(고제) : 고대의 법식과 제도.【原註】

25 太古(태고) : 아득한 옛날.【原註】

26 不一(불일) : 한 가지가 아니다. 일치하지 않다.【역주】

27 금탁(琴卓) : 거문고를 올려놓는 탁자.【역주】

28 유마(維摩) : 유마힐(維摩詰). 초기 불교의 저명한 거사. 유마는 범어 Vimalakirti를 음역한 글자의 생략어로, 의미는 '정결하고 더러움이 없는 유명한 사람'이다.【原註】

29 곽공전(郭公磚) : 정주(鄭州, 하남성)의 벽돌 제작자 곽공이 제조한 회색의 속이 빈 도기 벽돌로, 길이는 5자에 폭은 1자이고, 표면에 방승(方勝)이나 상안(象眼) 문양 등이 있다.【原註】

* 곽공전(郭公磚) : 전국시대에서 한나라까지 사용한 속이 빈 사각형의 건축용 벽돌이며, 주로 무덤에 많이 사용되었다.
* 방승(方勝) : 두 개의 마름모를 서로 연결한 형태의 무늬.
* 상안(象眼) : 고대의 벽돌에 많이 나타나는 문양으로, 비스듬한 그물무늬의 사각형 내부마다 눈처럼 원형의 돌기가 있는 문양.【역주】

30 남양석(南陽石) : 지금의 하남성 남양 일대에서 산출되는 녹색의 문양이 있는 돌. 금탁의 표면에 상감하거나 병풍의 제작에 사용할 수 있다.【原註】

31 영석(永石) : 지금의 호남성 영주(永州)에서 산출되며, 청색으로 무늬가 있다. 금탁의 표면에 상감하거나 병풍의 제작에 사용할 수 있다.【原註】

송 휘종, 〈청금도(聽琴圖)〉, 북경 고궁 소장(국부)

명 만력, 〈홍칠조전창금 금탁(紅漆雕塡戧金琴桌)〉,[32] 높이 70cm, 가로 97cm, 세로 45cm. 북경 고궁 소장

해야 하며, 두께는 1자 정도면 좋고, 다시 두세 번 회칠을 하여 흑색으로 반짝거리게 한다.

원문 琴卓[33]

琴卓須用維摩樣, 高二尺八寸, 可入膝於卓下. 闊可容三琴, 長過琴一尺許. 卓面郭公磚最佳, 瑪瑙石南陽石永石者尤好. 如用木者, 須用堅木, 厚一寸許則好, 再三加灰漆, 以黑光之.

---

32 홍칠조전창금 금탁(紅漆雕塡戧金琴桌) : 전체에 붉은 칠을 하고, 그 위에 각종 무늬의 윤곽선을 새기거나 그린 다음, 윤곽선의 내부를 금분으로 칠해 장식한 금탁. 창금(戧金)은 문양을 금분으로 칠하는 기법.【역주】

33 卓(탁) : 탁자.【原註】

2. 고대 벼루에 관한 논의古硯論

번역 단계하암端溪下巖[34] 옛 광산의 석재

단계석端溪石[35]은 조경부肇慶府[36]에서 산출된다. 단계하암의 옛 광산에서 나오는 난석卵石[37]은 색이 옻칠처럼 검고 옥처럼 고우면서 매끄러우며 석안石眼[38]이 있는데, 눈 속에 눈동자가 있다. 예닐곱 개의 눈이 서로 연결되어 북두칠성의 형상으로 배열된 것이 있다. 이 하암은 경력연간1041~1048에 광산의 석재가 이미 고갈되었다. 또 한 종류의 난석이 있으며, 광맥의

---

34 단계하암(端溪下岩) : 단계의 계곡에 있는 광산은 동쪽의 산을 따라 계곡 입구에서 계곡의 상류로 가면서, 또한 산의 기슭에서 꼭대기로 가면서 여러 곳에 분포한다. 하암은 본문의 내용에 따르면 현대의 노갱(老坑) 수암(水岩)을 가리키는 것으로 판단되며, 대서동(大西洞)과 수귀동(水歸洞)의 두 갱구가 대표적이다.【역주】

35 단계석(端溪石) : 중국 벼루 가운데 제일로 평가되는 단계연(端溪硯)을 만드는 석재로, 광동성 고요현(高要縣)의 부가산(斧柯山) 단계(端溪) 일대에서 산출된다. 단계를 경계로 동쪽의 부가산 기슭에 노갱(老坑)·갱자암(坑仔岩)·마자갱(麻子坑)·고탑암(古塔岩)·선덕암(宣德岩)·조천암(朝天岩)·청점암(靑點岩)·감라초(冚羅蕉) 등의 여러 갱(坑)이 분포되어 있다. 당나라 초기부터 채굴되기 시작하여, 현재까지 계속 채굴되고 있지만, 그중의 최고로 평가되는 노갱(老坑) 대서동(大西洞, 단계 계곡 입구의 물 바닥 아래에 위치)은 1999년에 무너져 현재 더 이상 채굴되지 않는다. 돌의 색은 자주색·녹색·백색·흑색 등이 있으며, 석재의 품질을 나타내는 특징으로 빙문(氷紋, 얼음의 갈라터진 무늬와 비슷한 흰색의 무늬)·금선(金線, 금색의 선)·은선(銀線, 은색의 선)·청화(靑花, 푸른빛의 미세한 점)·화날(火捺, 불로 지진 듯한 자국)·초엽백(蕉葉白, 파초의 잎처럼 펼쳐진 청황색을 띠는 흰색의 무늬)·어뇌동(魚腦凍, 우유처럼 희며 구름처럼 펼쳐진 무늬)·석안(石眼, 눈 모양의 원형 무늬) 등이 있다.【역주】

36 조경부(肇慶府) : 지금의 광동서 조경시(肇慶市).【역주】

37 난석(卵石) : cobble stone. 직경이 6~20cm에 이르는 둥그스름한 돌.【역주】

38 석안(石眼) : 벼룻돌에 나타나는 눈동자 모양의 둥그스름한 무늬를 가리키며, 단계연에 독특하게 존재한다. 사실은 천연적으로 벼룻돌에 생성된 새의 눈동자와 같은 돌의 무늬이다. 취록색(翠綠色)·황록색·미황색(米黃色)·황백색·분록색(粉綠色, 옅은 하늘색) 등의 색이 있으며, 크기가 일정하지 않고 형태가 각기 다르다.【原註】

* 석안(石眼) : 철 성분의 결핵(結核, 주위 침적물의 성분과 서로 다른 광물질 덩어리)이 침적되어 암석이 되는 과정에서 철 성분이 모여 형성된 동심원 형태의 문양.【역주】

표면을 제거해야 비로소 얻을 수 있는데, 석재의 색이 청흑으로 옥처럼 고우면서 매끄럽고, 젓가락 머리와 같은 청화靑花[39]가 있어 벽옥碧玉과 매우 비슷하게 푸르고 반짝인다. 또는 좁쌀과 같은 백색의 점이 있어 북두칠성 모양으로 배열되어서 물에 젖으면 바야흐로 드러난다. 두드리면 모두 소리가 나지 않으며, 먹을 갈아도 소리가 나지 않는다. 이 두 종류의 석재가 가장 귀하다. 하암에는 하나의 광산만 있으며, 이 칠흑색과 청화가 있는 두 종류 석재가 산출되고, 석재의 색은 자주색이 아니다. 따로 새 광산은 없다.

원문 古硯論

端溪下巖舊坑[40]石

端溪石出肇慶府. 端溪下巖舊坑卵石, 色黑如漆, 細潤如玉, 有眼, 眼中有暈. 六七眼相連, 排星斗[41]像. 此巖慶歷間坑已竭. 又有一種卵石, 去膘[42]方得, 材色青黑, 細潤如玉, 有青花如箸頭, 大似碧石,[43] 青瑩. 或有白點如粟, 排星斗像, 水濕方見. 皆扣之無聲, 磨墨亦無聲, 此二種石最貴. 下巖止有一坑, 出此漆黑青花二種石, 其色未嘗紫也. 別無新坑.

---

39 청화(靑花) : 여기서는 단계연의 표면에 나타나는 푸른빛의 작은 반점으로, 청화가 있으면 먹이 잘 갈려 높은 평가를 받는다.【역주】

40 坑(갱) : 광물을 캐기 위해 판 굴. 광산.【原註】

41 星斗(성두) : 북두칠성. 별들.【역주】

42 膘(표) : 여기서는 암석의 태반(표면을 덮고 있는 부분)을 가리킨다.【原註】

43 碧石(벽석) : 광물의 명칭으로 벽옥(碧玉). 철을 함유한 석영으로, 홍색과 갈색 또는 녹색을 띠며 장식품을 만들 수 있다.【原註】

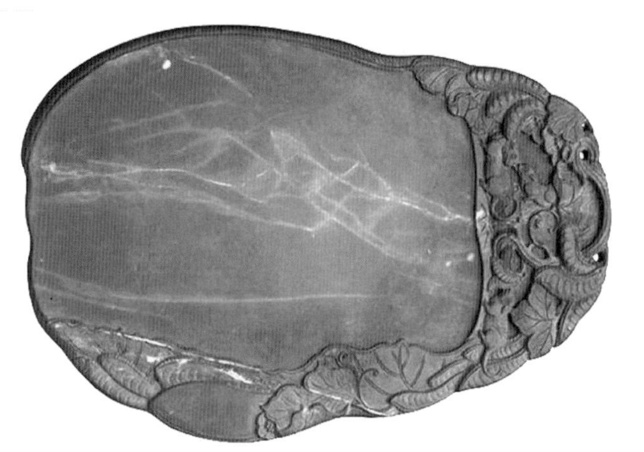

현대, 〈노갱수암(老坑水岩) 단계연〉, 광동성박물관 소장, 빙문(冰紋, 흰 색의 선)이 선명하다

명, 〈단석운룡구구연(端石雲龍九九硯)〉, 벼루 뒷면(수많은 석안), 대북 고궁 소장

번역 **단계중암端溪中巖[44]의 옛 광산과 새 광산의 석재**

단계중암의 옛 광산에서도 난석이 나오며, 색은 어린 돼지의 간처럼 자줏빛이고, 옥처럼 고우면서 매끄러우며, 석안이 있어 녹두처럼 작고, 혹은 푸른색의 줄무늬가 있거나 흰색의 줄무늬가 있는데, 수직으로 둥근 것은 석안이고, 수평으로 긴 것은 줄무늬이다. 두드리면 소리가 나지 않으며, 먹을 갈아도 소리가 나지 않으므로, 이 종류의 석재도 귀중하다. 외부에 황색으로 둘러싼 표피가 있으며, 오래 사용해도 봉망鋒鋩[45]이 무디

---

44 단계중암(端溪中巖) : 단계 하암에서 계곡 위로 올라가 산 중턱에 위치한 광산인 갱자암(坑仔岩)으로 판단된다. 갱자암 벼루는 노갱 다음의 우수한 품질로 평가되며, 특히 석안으로 유명하다. 송 영종(英宗) 치평연간(治平年間, 1064~1067)에 채굴이 시작되어 청나라 함풍(咸豐) 9년(1840)에 무너졌으며, 1978년부터 다시 채굴되었다.【역주】

45 봉망(鋒鋩) : '봉망(鋒芒)'이라고도 한다. 도검 등 예리한 기구의 날과 끝부분이며, 여기서는 필봉(筆鋒, 붓 끝)을 가리킨다.【原註】

* 봉망(鋒鋩) : 벼루에서 먹이 닿아 갈리는 부분의 석질 입자의 예리한 정도. 봉망이 강하면 먹을 쉽게 갈 수 있다. 먹이 쉽게 갈리면서 붓을 상하게 하지 않는 것이 좋은 석질이다. 벼루를 오래 사용하면 봉망이 무디어져 먹이 잘 갈리지 않게 되므로, 유석(乳石,

구욕안(鸜鵒眼)이 있는 단계연, 청, 〈오운[46]명단계판연[47](吳雲銘端溪板硯)〉, 상해박물관 소장

어지지 않는다. 북송시기960~1127에 이 광산의 채굴도 고갈되었다. 중암의 새 광산의 석재는 색이 옅은 자주색이며, 석안은 구욕鸜鵒[48]의 눈과 같이 석안 속에 눈동자가 있다. 석질이 무른 것은 두드리면 그리 소리가 나지 않으며, 먹을 갈면 약간 소리가 나는데, 오래 사용하면 봉망이 무디어진다. 석질에 건조한 것과 윤택한 것이 있으며, 윤택한 것은 또 구하기 어렵다. 이 석재는 하암의 석재와 비교하여 세 등급이 낮다.

종유석)이나 유석(柔石, 무른 돌)이나 버드나무 숯으로 벼루 표면을 연마하여 봉망을 날카롭게 한다. 【原註】에서 '봉망'을 '필봉'으로 해석한 것은 오류이다.【역주】

46 오운(吳雲, 1811~1883) : 금석문 연구자이자 장서가. 자(字)는 소보(少甫), 호는 평재(平齋), 퇴려(退廬), 유정(愉庭). 집안에 양루헌(兩罍軒)을 지어 소장품을 보관하였다.【역주】

47 판연(板硯) : 무늬를 조각하지 않고 판판하게 만든 벼루. 석질이 특히 우수할 경우에, 천연의 문양을 이용해 조각을 더하지 않고 판판하게 벼루를 만든다.【역주】

48 구욕(鸜鵒) : 검은 뿔 찌르레기. 속명은 팔가조(八哥鳥). 온 몸이 검고 머리에 털이 돌기처럼 나 있다. 눈은 동그란 노란색의 중앙에 검은색의 동자가 있다. 중국 그림에 많이 등장한다.【역주】

원문 端溪中巖舊坑新坑石

端溪中巖舊坑亦卵石, 色紫如嫩肝, 細潤如玉. 有眼, 小如綠豆, 或有綠條紋, 或有白絲紋. 竪而圓者爲眼, 橫而長者爲絲. 扣之無聲, 磨墨亦無聲, 此種石亦貴. 外有黃膘包絡,[49] 久用鋒鋩不退. 北宋時此坑取亦竭矣. 中巖新坑石色淡紫, 眼如鸜鵒, 眼中有暈. 嫩者扣之無甚聲, 磨墨微有聲, 久用鋒鋩退乏. 石有枯潤, 潤者亦難得. 此石比下巖低三等矣.

번역 단계상암端溪上巖[50]의 옛 광산과 새 광산의 석재

단계상암의 옛 광산과 새 광산의 석재는 모두 회색이며, 자주색의 석재는 거칠고 푸석푸석하다. 석안은 닭의 눈처럼 크며, 두드리거나 먹을 갈면 모두 소리가 나고, 오래 사용하면 거울 표면처럼 광택이 난다. 옛 광산의 석재가 새 광산보다 조금 우수하다. 단계석에만 석안이 있으며, 옛말에 "석안이 없으면 단계석이 되지 못한다"고 하였다. 석안에는 활안活眼[51]·누안淚眼[52]·사안死眼[53]이 있다. 활안이 누안보다 우수하며, 누안이

---

49 包絡(포락) : 포위하다. 포괄하다.【역주】

50 단계상암(端溪上巖) : 단계중암의 위에 있는 석재 광산.【역주】

51 활안(活眼) : 선이 선명하고 윤곽이 분명하여 새의 눈동자와 같은 석안. 『단계연사(端溪硯史)』에서 『연보(硯譜)』를 인용하여 "둥근 원이 서로 중첩되고 황색과 흑색이 서로 뒤섞이며, 동자가 안에 있어 반짝거려 사랑스러운 것을 '활안'이라 한다(圓暈相重, 黃黑相間, 翳晴在內, 晶瑩可愛, 謂之活眼)"라고 하였다.【原註】

* 활안 : 윤곽선이 분명하고, 점점 작아지는 동심원을 형성하다가 중앙에 뚜렷하게 원형의 동자가 있는 석안.
* 단계연사(端溪硯史) : 3권. 청나라 장서가이자 학자 오란수(吳蘭修, 1789~1839)가 편찬. 1권은 단주(端州)에서 석재가 산출되는 각 광산을 기록하고, 2권은 석질과 벼루 제작에 관한 논하였으며, 3권은 광산 개발과 잡다한 사건을 기록하였다.
* 연보(硯譜) : 1권. 남송학자 이지언(李之彦, ?~?)이 저술한 벼루에 관한 서적.【역주】

52 누안(淚眼) : 석안이 흐르는 눈물처럼 아랫부분에 물방울 형상이 나타나 하부의 윤곽선

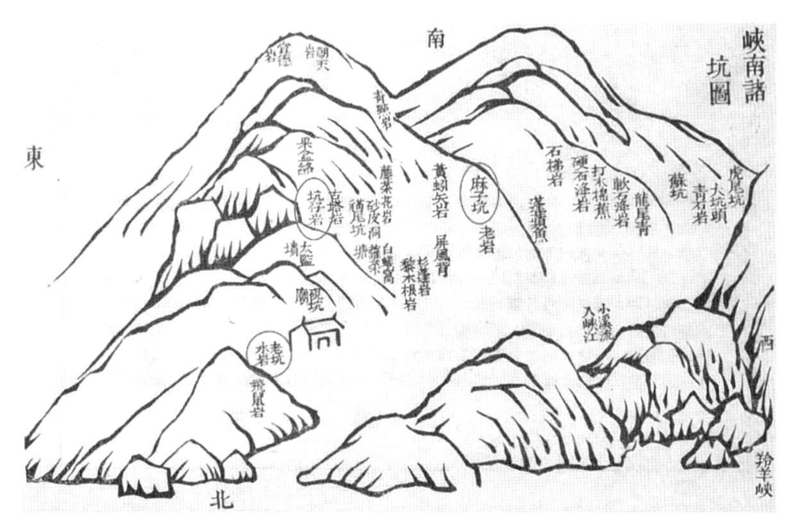

〈단계연갱도(端溪硯坑圖)〉,[54] 좌→우 수암 갱자암(坑仔岩) 마자갱(麻子坑)

사안보다 우수하다. 또 "석안이 많으면 석재 속에 병이 있는 것이다"라고 하였다.

원문 端溪上巖舊坑新坑石

端溪上巖舊坑新坑石, 皆灰色, 紫而粗燥. 眼如鷄眼大, 扣之磨墨皆有聲, 久用光如鏡面. 舊坑稍勝新坑. 惟端石有眼, 古云無眼不成端. 其眼有活眼淚眼死眼. 活眼勝淚眼, 淚眼勝死眼. 又云眼多, 石中有病.

이 모호한 것.【原註】

53 사안(死眼) : 눈동자가 없고 원형의 무늬가 없으며 동심원의 층이 없는 석안.【原註】

54 단계연갱도(端溪硯坑圖) : 출처 井上清一, 『세연록(洗硯錄)』, 寧樂堂, 1936년.【역주】

번역 흡현歙縣[55] 용미계龍尾溪의 옛 광산과 새 광산의 석재

흡현 계곡의 석재는 흡현 용미계에서 나온다. 옛 광산에도 난석이 있으며, 색은 옅은 청흑青黑으로 무늬가 없고, 옥처럼 고우면서 매끄러우며, 물에 젖으면 미미하게 자주색을 띠거나 은은하게 백색의 무늬가 나타나 산수나 별과 달처럼 기이한 형상을 만들지만, 물이 마르면 사라진다. 큰 석재가 네다섯 치를 넘지 못하여 대부분 월연月硯[56]을 만드는데, 석재의 형태를 따른 것이다. 또 순흑색의 석재가 있으며, 이러한 석재가 가장 귀하여, 단계하암의 석재에 뒤지지 않는다. 남당시기南唐時期, 937~975에 채굴하기 시작하여 송대960~1279에 채굴이 끝났다. 용미계의 새 광산은 색이 역시 청흑으로, 석질이 거칠고 건조하다. 매우 큰 석재가 있으며 지름이 두세 자이다.

원문 歙溪龍尾舊坑新坑石

歙溪石出歙縣龍尾溪. 舊坑亦卵石, 色淡青黑, 無紋, 細潤如玉, 水濕微紫, 或隱隱有白紋, 成山水星月異像, 乾則否. 大者不過四五寸, 多作月硯, 就其材也. 或有純黑者, 此石最貴, 不減端溪下巖. 南唐時始開, 至宋取盡矣. 龍尾溪新坑, 色亦青黑, 質粗燥. 有極大者, 盈二三尺.

---

55 흡현(歙縣) : 지금의 안휘성 황산시(黃山市) 동남부에 있는 현. 수나라에서 흡주(歙州)를 설치하고, 송 휘종 선화 3년(1121)에 휘주(徽州)로 이름을 바꿨으며, 관청 소재지는 흡현에 있다.【原註】

56 월연(月硯) : 형상이 달과 같은 벼루.【原註】
* 월연은 달처럼 외곽이 둥글거나 혹은 연지(硯池, 벼루 앞 부분의 먹물이 고이게 우묵한 곳)의 형태를 초승달처럼 만든 벼루. 일월연(日月硯)은 초승달 모양의 연지에 원형의 연당(硯堂, 먹을 가는 평평한 부분)으로 구성된 벼루로 사각형이 다수이다.【역주】

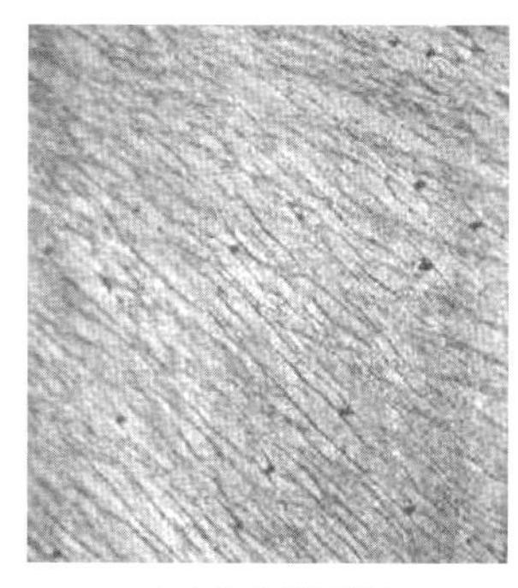

수파쇄사(水波刷絲)

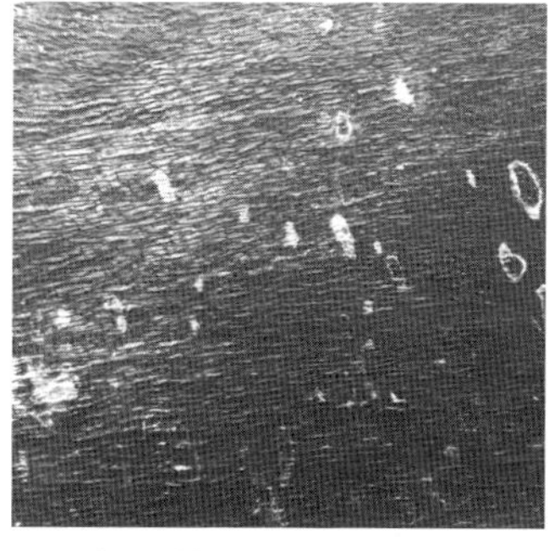

나문(羅紋, 바탕)과 금성(金星)

미문(眉紋)

번역 흡현의 나문羅紋[57] · 쇄사刷絲[58] · 금은쇄사金銀刷絲[59] · 미자眉子[60]의 신구 광산의 석재

네 가지 품질의 옛 광산에서 나오는 석재는 모두 청흑색으로, 무늬가 가늘면서 옥처럼 매끄럽다. 나문은 고운 비단의 무늬와 같으며, 쇄사는 촘촘한 머리카락과 같고, 금은쇄사도 세밀하며, 미자는 손톱으로 누른 흔적과 같고, 누에처럼 크기도 하다. 역시 남당시기에 시작하여 북송에 이르러 없어졌다. 귀중하기는 용미계의 옛 광산에 뒤지지 않는다.

네 가지 품질의 새 광산의 석재는 석질이 모두 매우 건조하며 무늬도 거칠고, 미자는 길이가 두세 치이기도 하며, 쇄사는 매 가닥의 거리가 한두 푼이고, 나문은 회전하는 무늬와 같으며, 큰 것은 두세 자에 이른다.

---

57 나문(羅紋) : 회전하는 무늬나 물결무늬 등.【原註】
* 나문(羅紋) : 흡주석에 나타나는 비단결과 같은 무늬. 세라문(細羅紋, 가는 무늬) · 조라문(粗羅紋, 굵은 무늬) · 금사라문(金絲羅紋, 금색의 실과 같은 무늬) · 금성라문(金星羅紋, 금색의 원형 무늬) · 고서라문(古犀羅紋, 코뿔소 뿔과 같은 무늬) 등의 여러 종류가 있다.【역주】

58 쇄사(刷絲) : 석재의 무늬가 솔의 털처럼 가늘고 치밀한 것을 '쇄사나문'이라 한다.【原註】

59 금은쇄사(金銀刷絲) : 한 층은 철을 함유하여 노랗고, 한 층은 은을 함유하여 은색이 뒤섞인 무늬를 가리킨다.【역주】

60 미자(眉子) : 벼루 표면의 눈썹 형태의 무늬.【原註】

원문 **歙溪羅紋刷絲金銀間刷絲眉子新舊坑石**

四品舊坑, 皆青黑色, 紋細而潤如玉. 羅紋如細羅紋, 刷絲如髮密, 金銀間刷絲亦細密, 眉子如甲痕, 或如蠶大. 亦南唐時開, 至北宋無矣. 貴重不減龍尾舊坑. 四品新坑, 質幷枯燥,[61] 紋亦粗. 眉子或長二三寸, 刷絲每條相去一二分, 羅紋如羅紋, 大者盈二三尺.

번역 **금성석金星石[62]이 산출되는 옛 광산과 새 광산의 석재**

금성이 산출되는 옛 광산과 새 광산의 석재는 옅은 청색으로, 모두 거칠고 건조하며, 큰 것은 직경이 한 자에 이르고, 오래 사용하면 봉망이 무디어진다.

원문 **金星舊坑新坑石**

金星舊坑新坑石, 淡青色, 幷粗燥. 大者盈尺, 久用退乏.

번역 **은성석銀星石[63]이 산출되는 옛 광산과 새 광산의 석재**

은성석이 산출되는 옛 광산과 새 광산의 석재는 모두 거칠고 건조하며 옅은 청흑색으로, 별 무늬가 있는 부분은 먹을 가는 데 좋지 않다. 대부분 측면을 선택하여 벼루를 만든다. 오래 사용하면 거울 표면처럼 봉망이 무디어진다. 큰 석재는 직경이 한 자이다.

---

61 枯燥(고조) : 바싹 마르다.【역주】
62 금성석(金星石) : 흡현에서 산출되는 금색의 별과 같은 둥근 무늬가 있는 석재.【역주】
63 은성석(銀星石) : 흡현에서 산출되는 은색의 별과 같은 둥근 무늬가 있는 석재.【역주】

원문 銀星舊坑新坑石

銀星舊坑新坑石, 幷粗燥, 淡青黑色, 有星處不堪[64]磨墨. 多側取爲硯, 久用退乏如鏡面. 大者盈尺.

번역 만주萬州[65]의 금성석

만주의 절벽에서 산출되는 금성석은 석질이 단계하암에 버금가며, 색은 칠흑으로 옥처럼 고우면서 매끄럽고, 물에 젖으면 금성이 나타나고, 마르면 사라진다. 발묵發墨[66]이 극히 좋으며 오래 사용해도 봉망이 무디어지지 않지만, 흡주석과 비교할 것은 아니다.

원문 萬州金星石

萬州懸崖金星石, 質亞端溪下巖, 色漆黑, 細潤如玉, 水濕金星則現, 乾則否. 極發墨, 久用不退乏, 非歙比也.

번역 도하석洮河石[67]

도하녹석洮河[68]綠石은 색이 쪽빛과 같은 녹색으로, 옥처럼 매끄러우며 발묵은 단계하암에 뒤지지 않는다. 임도臨洮[69]의 큰 강 깊은 물의 바닥에

---

64 不堪(불감) : ~~할 수 없다.【역주】

65 만주(萬州) : 지금의 중경시 만주구(萬州區).【역주】

66 발묵(發墨) : 벼루에 먹을 갈면 쉽게 진해지고 광택이 나는 것을 가리킨다.【原註】

67 도하석(洮河石) : 석재가 감숙성 정서시(定西市) 감남장족자치주(甘南藏族自治州) 탁니현(卓尼縣) 도연향(洮硯鄕)의 도하(洮河) 기슭에서 산출되며, 지금도 '도하연(洮河硯)'이라 하여 계속 제작되고 있다.【역주】

68 도하(洮河) : 황하 수역 상류의 중요 지류이며, 청해성(青海省) 경내에 위치하고, 유가협(劉家峽) 댐으로 흘러들어간다.【原註】

〈난정수계도도하연(蘭亭修禊圖洮河硯)〉, 청 건륭, 북경 고궁 소장

서 산출되어, 얻기가 매우 어렵다. 지금 녹색의 벼루로 '도하석'이라는 것은 대부분 여석潊石[70]의 껍질 부분이거나 장사長沙[71] 산골짜기의 석재이다. 여석은 매끄럽고 반짝이지만 먹이 갈리지 않는다.

원문 洮河石

洮河綠石, 色綠如藍,[72] 潤如玉, 發墨不減端溪下巖. 出臨洮大河深水底, 甚難得. 今有綠石硯名洮石者, 多是潊石之表, 或長沙山谷石也. 潊石潤而光,

69 임도(臨洮) : 지금의 감숙성 정서시(定西市)에 속하는 현의 이름.【역주】

70 여석(潊石) : 여계석(潊溪石). 명나라 말기의 학자 문진형(文震亨, 1585~1645)의 각종 고대 기물에 관한 전문 저서『장물지(長物志)』권5「벼루(硯)」에서 "여계석은 호광(湖廣)의 상덕(常德, 지금의 호남성 상덕)과 진주(辰州, 지금의 호남성 진주) 두 지역에서 산출되며, 석재의 색이 겉은 옅은 청색이고 속은 진한 자주색으로, 금선(金線)과 황맥(黃脉)이 있어 속칭 '자포금대(紫袍金帶)'라고 하는 것이다(潊溪石出湖廣常德辰州二界, 石色淡靑, 內深紫, 有金線及黃脉, 俗所謂紫袍金帶者是)"라고 하였다.

* 금선(金線) : 벼루 표면에 황금색의 선 무늬가 나타나는 것으로, 보통 산화철분 때문이다.
* 황맥(黃脉) : 벼루에 광맥처럼 황색의 선이 나타나는 것을 말한다.
* 자포금대(紫袍金帶) : 본래는 자주색의 관복과 금으로 장식한 요대이지만, 여기서는 '자주색의 석질에 금색의 선이 내포되어 있다'는 의미이다.【역주】

71 장사(長沙) : 지금의 호남성 성도(省都) 장사.【역주】

72 藍(남) : 식물의 이름. 잎으로 남색의 염료를 만들 수 있다.【原註】

명 가정(嘉靖) 21년(1542), 문징명(文徵明), 〈난정수계도(蘭亭修禊圖)〉, 북경 고궁 소장

不受墨.

번역 **동작연銅雀硯[73]**

동작대銅雀臺[74]의 기와가 물에 들어가 지난 세월이 오래되었으므로, 촉촉하고 먹이 잘 갈리는데, 세상에 위조한 것이 많다.

원문 **銅雀硯**

銅雀臺瓦入水經年之久, 故滋潤[75]發墨, 世多僞者.

73 동작연(銅雀硯) : 동작대의 기와로 만들었다는 벼루로 와연(瓦硯)의 일종.【역주】

74 동작대(銅雀臺) : '동작대(銅爵臺)'라고도 한다. 동한 말기 건안(建安) 15년(210) 겨울에 조조(曹操, 155~220)가 건립하였다. 대형 공작을 주조하여 누각의 꼭대기에 설치하였으므로 '동작대'라 하였다. 명나라시기에 이미 존재하지 않았으며, 유적지는 지금의 하북성 임장현(臨漳縣) 서남 고박성(古鄴城) 서북에 있다.【역주】

75 滋潤(자윤) : 촉촉하다.【역주】

〈미앙궁동각와연(未央宮東閣瓦硯)〉,
대북 고궁박물원 소장

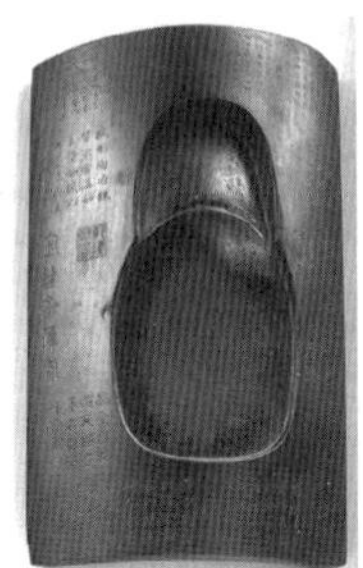

〈동작와연(銅雀瓦硯)〉,[76] 대북 고궁박물원 소장

번역 미앙연未央硯[77]

미앙궁의 기와도 물에 들어가 오래 지나면 물이 잘 마르지 않게 되며, 호사가가 벼루로 만들었다.

원문 未央硯

未央宮瓦亦注水經久不涸, 好事者[78]以爲硯.

---

76 동작와연(銅雀瓦硯) : 청 건륭때에 편찬된 벼루 도록 『서청연보(西淸硯譜)』에 실려 있는 기물로, 청나라 황실에 소장되어 있었으며, '건안15년(建安十五年)'이라는 명문이 있어 동작와연으로 간주되어 왔다. 그러나 동작대가 있던 지역에서 발굴된 기와는 벼루로 사용하기에 적당하지 못하며, 이 벼루와 재질과 형태가 완전히 다르다. 동작와연은 건륭 이전에 호사가를 위해 명문을 넣어 위조한 것으로 추정하고 있다.【역주】

77 미앙연(未央硯) : 한나라 미앙궁(未央宮)의 기와로 만들었다는 벼루로 와연(瓦硯)의 일종. 도판의 벼루는 청 건륭 이전시기에 제작되었으며 구체적으로 알 수 없다.
* 미앙궁(未央宮) : 지금의 섬서성 서안시 서안성(西安城) 서북에 한고조(漢高祖) 7년(B.C.200)에 건립한 궁전. 당나라 말기에 파괴되었다.【역주】

78 好事者(호사자) : 호사가. 쓸모없는 일 만들기를 좋아하는 사람.【역주】

3. 진귀하고 기이한 것에 대한 논의珍奇論

번역 옥기玉器

옥玉[79]은 서역 우전국于闐國[80]에서 나오며, 여러 가지 색이 있고, 날카로운 칼로 깎아도 깎이지 않으며, 따스하고 매끄러우면서 윤택하여, 손으로 어루만지면 물기가 손을 따라서 생겨난다. 대개 기물을 관찰해보면 백색이 상등품이고, 황색과 벽색碧色, 짙은 푸른색의 옥도 귀하며, 특히 기이하고 정교하며 중후하게 쪼아 다듬은 기물이 더욱 아름답고, 하자가 있거나 갈라 터지거나 잡석이 끼어 있거나 그리고 색이 순정하지 않거나, 따스하고 매끄럽지 못한 것은 가치가 낮다.

백옥白玉 : 색이 우유처럼 흰 것이 가장 귀하지만, 밥의 색즉 죽의 색과 기름의 색옅은 황색 및 설화雪花[81]가 있는 것은 모두 그 다음 등급이다.

황옥黃玉 : 좁쌀과 같은 것[82]이 귀중하며 '감황옥甘黃玉'이라 하고, 옅은 갈색의 것이 그 다음 등급이다.

벽옥碧玉 : 색이 검은 빛을 띠는 남색과 같은 청색의 것이 귀중하고, 또 자잘하게 검은 반점이 있는 것과 색이 옅은 것이 그 다음 등급이다.

---

79 옥(玉) : 연옥(軟玉)과 경옥(硬玉)으로 나누어지며, 중국의 연옥은 신강 화전옥(和田玉)이 가장 우수하여, 일반적으로 '옥'이라 하면 화전옥을 가리킨다. 연옥의 경도는 5.6~6.5도이며, 불투명이나 반투명으로, 색에 따라 백옥(白玉) · 황옥(黃玉) · 청옥(青玉) · 벽옥(碧玉) · 묵옥(墨玉) 등으로 구분된다. 현대에는 양의 지방처럼 윤택하고 하얀 양지백옥(羊脂白玉)을 최고로 평가한다. 경옥은 미얀마의 비취를 가리킨다.【역주】

80 우전국(于闐國) : 고대 서역의 국명으로 지금의 신강성(新疆省) 화전(和田) 일대에 있었다.【原註】

81 설화(雪花) : 눈송이. 나뭇가지에 엉겨 붙은 눈. 여기서는 백옥의 내부에 희끗희끗하게 눈송이처럼 보이는 결.【역주】

82 좁쌀과 같은 것 : 황옥의 내부에 촘촘하게 분포해 있는 좁쌀처럼 보이는 결.【역주】

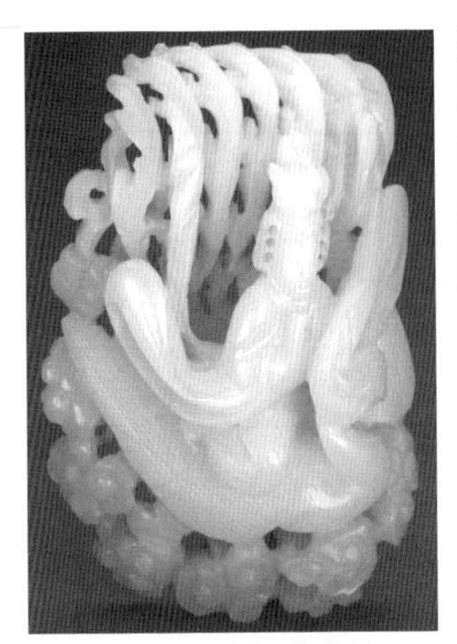
송, 〈백옥기봉선인(白玉騎鳳仙人)〉, 북경 고궁 소장

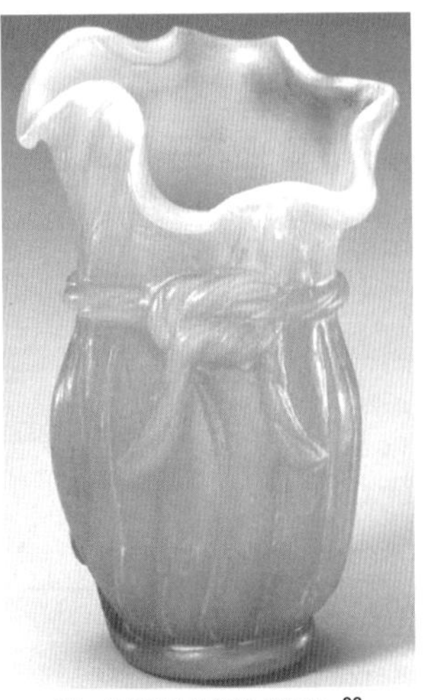
청, 〈황옥화삽(黃玉花插)〉,[83] 북경 고궁 소장

청, 〈벽옥화고(碧玉花觚)〉,[84] 북경 고궁 소장

묵옥墨玉 : 색이 옻칠처럼 검은 것은 또 '묵옥'이라 하며, 가치가 낮다. 서쪽 사천성 지역에도 있다.

적옥赤玉 : 색이 닭의 벼슬과 같이 붉은 것이 좋으며, 인간 세상에 적게 보인다.

녹옥綠玉 : 짙은 녹색의 것이 아름다우며, 색이 옅은 것은 그 다음 등급이다.

감청옥甘靑玉 : 색이 옅은 청색이면서 황색을 띤다.

채옥菜玉[85] : 청색도 아니고 녹색도 아니며, 색이 채소의 잎과 같은데,

83 화삽(花插) : 꽃병.【역주】

84 화고(花觚) : 청동기의 조형을 모방하여 만든 기물로 진열용이나 꽃병으로 사용되었다.【역주】

85 채옥(菜玉) : 색이 채소와 같이 녹색인 이등급의 옥석. 명나라 학자 조학전(曹學佺, 1574~1646)의 지리서 『촉중명승기 · 남강현(蜀中名勝記 · 南江縣)』에서 "남강현의 북쪽 양탄(洋灘)의 양시랑(楊侍郎)의 묘비(墓碑)는 글자가 대부분 부식되었는데, 비석 받침대는 채옥(菜玉)으로서 남아있다(縣北洋灘楊侍郎墓碑, 字多蝕, 碑座是菜玉, 見存)"라고 하였다. 정확히 무엇을 가리키는지 명확하지 않으며, 등급이 낮은 녹색 빛깔의 옥을 가리키는

옥 가운데 가장 낮은 것이다.

원문 珍奇論

玉器

玉出西域于闐國, 有五色,[86] 利刀刮不動, 溫潤而澤, 摹[87]之靈泉[88]應手而生. 看器物, 白色爲上, 黃色碧色亦貴, 更碾[89]琢奇巧敦厚者尤佳, 有瑕玷[90]皵[91]動夾石及色不正欠溫潤者, 價低.

白玉. 其色如酥[92]者最貴, 但飡[93]色卽飯湯色[94]油色及有雪花者, 皆次之.

黃玉. 如粟者爲貴, 謂之甘黃玉, 焦黃[95]者次之.

碧玉. 其色靑如藍黑[96]者爲貴, 或有細墨星[97]者, 色淡者次之.

墨玉. 其色黑如漆, 又謂之墨玉, 價低. 西蜀[98]亦有.

赤玉. 其色紅如鷄冠者好, 人間少見.

綠玉. 深綠色者爲佳, 色淡者次之.

것으로 판단된다.【역주】

86 五色(오색) : 청색 · 적색 · 백색 · 흑색 · 황색의 다섯 가지 색으로, 대개 각종 색을 가리킨다.【原註】

87 摹(모) : 어루만지다.【原註】

88 靈泉(영천) : 샘물의 미칭.【原註】

89 碾(연) : 갈다. 쪼아 다듬다.【原註】

90 瑕玷(하점) : 옥에 있는 반점이나 갈라 터진 흔적.【原註】

91 皵(작) : 굵게 갈라 터지다.【原註】

92 酥(소) : 연유(煉乳, condensed milk, 농축 우유) 종류로 소와 양의 젖으로 만든 식품.【原註】

93 飡(손) : 밥. 밥을 먹다.【原註】

94 飯湯色(반탕색) : 밥을 끓인 색. 죽의 색. 약간 누르스름한 색.【역주】

95 焦黃(초황) : 옅은 갈색. 누르스름하다.【역주】

96 藍黑(남흑) : 검은 빛을 띠는 남색.【역주】

97 墨星(묵성) : 별처럼 둥근 검은색의 반점.【역주】

98 西蜀(서촉) : 지금의 사천성 일대.【역주】

甘青玉. 其色淡青而帶黃.

菜玉. 非青非綠, 色如菜葉,[99] 玉之最低者.

번역 고옥古玉

고대 옥으로 만든 기물 가운데, 백옥에 피와 같은 홍색이 있는 것을 '혈고血古'[100]라 하고, 또 '시고尸古'라 하는데 가장 아름답다. 청옥에는 흑칠고黑漆古[101]가 있거나 거고渠古[102]가 있거나 견고甄古[103]가 있는 것은 가치가 낮다. 일찍이 채옥연환菜玉聯環[104]에 황토가 선명하게 한 겹 있는 것을 보았는데, 씻어도 결코 제거되지 않았으며, 이것은 토고土古이다.

원문 古玉

古玉器物, 白玉上有紅如血, 謂之血古, 又謂之尸古, 最佳. 青玉上有黑漆古有渠古有甄古者, 價低. 嘗見菜玉聯環上儼然黃土一重, 并洗不去, 此土古也.

99 菜葉(채엽) : 남새의 잎.【역주】

100 혈고(血古) : 고대에는 본래 백옥인 기물에 붉은 색이 스며들어가 있는 것을 '혈옥(血玉)'이라 하였으며, 이러한 현상을 '혈침(血侵)'이라 하여 시체에서 나온 핏물이 배어 들어간 것으로 여겼다. 사실은 철분이 배어 들어가 산화된 것이다. '혈옥'이라는 것을 위조하기 위하여 화공약품으로 처리하거나, '양옥(羊玉)'이라 하여 살아있는 양의 다리를 째고 그 속에 옥기를 집어넣고 봉합하여 일정기간 실제 핏물이 배어 들어 붉은 색이 나타나도록 위조하기도 한다.【역주】

101 흑칠고(黑漆古) : 고대 동경의 표면이 흑색으로 반짝거리는 상태를 보이는 현상. 일반적으로 당나라 이전의 기물에 나타난다. 여기서는 표면에 흑색이 나타나는 고옥을 가리키는 것으로 해석하였다.【역주】

102 거고(渠古) : 정확히 알 수 없으며, 물에서 나온 고옥으로 추정된다.【역주】

103 견고(甄古) : 정확히 알 수 없으며, 출토된 고옥에 나타나는 색깔 변화의 한 가지를 가리키는 것으로 추정된다. 출토된 2,000년이 넘은 고옥의 일부에는 '계골백(鷄骨白)'이라 하는, 옥 본래의 색이 회백색으로 변화되고 재질이 약화되는 현상이 나타나기도 한다.【역주】

104 채옥연환(菜玉聯環) : 둥근 고리가 사슬처럼 서로 연결된 채옥으로 만든 장식품.【역주】

상(商), 〈조형옥패(鳥形玉佩)〉, 북경 고궁 소장, 기물 전체에 홍색이 스며든 상태

상(商), 〈부호묘옥봉(婦好墓玉鳳)〉, 국가박물관 소장, 본래 청옥으로 부분적으로 산화되어 변색된 상태

번역 **사자옥沙子玉**

이 옥은 구하기 어려우며, 백옥과 비교하여 이 옥은 분홍색을 띠고 윤택하여, 칼의 손잡이와 고리 종류를 많이 만들며, 커다란 옥은 적다.

원문 **沙子玉**

此玉罕得, 比之白玉, 此玉粉紅潤澤, 多作刀靶[105]環子[106]之類, 少有大者.

---

105 刀靶(도파) : '도파(刀把)'라고도 하며, 칼의 손잡이.【역주】
106 環子(환자) : 고리.【역주】

번역 관자옥罐子玉

눈 같이 하얀 관자옥은 북방에서 항아리 안에 넣어 약품으로 태워 만든 것이다. 기포가 없으면 진짜 옥과 비슷하지만, 진짜 옥과 비교하면 은은하게 파리의 다리와 같이 작은 무늬가 있으며, 오래 되면 윤택하지 않게 되고, 또 매우 쉽게 부서진다.

원문 罐子玉

雪白罐子玉, 系北方用藥於罐子內燒成者. 若無氣眼[107]者, 與眞玉相似, 但比眞玉則微有蠅脚, 久遠不潤, 且脆甚.

번역 옥과 비슷한 돌

모산석茅山石[108]이 있으며 백색이면서 광택이 있다. 수석水石[109]이 있는데 푸른빛이 도는 백색으로, 수로水路[110]가 있거나 밥알과 같은 색의 결이 있다. 좋은 것은 진짜 옥과 비슷하고 칼로 깎더라도 깎이지 않는다. 결국 돌의 성질을 가지고 있어 따스하고 윤택하지 않으므로, 세밀하게 검증해야 한다.

---

107 氣眼(기안) : 기포. 주조한 기물의 내부에 존재하는 빈 구멍. 주조과정에서 만들어진 기체나 말려들어간 공기로 조성된 것이다.【역주】

108 모산석(茅山石) : 모산은 산의 이름으로, 강소성 구용(句容)의 동남에 있다. 모산석은 모산에서 산출되는 돌.【原註】

109 수석(水石) : 흐르는 물과 물속의 돌을 가리킨다.【原註】

* 수석(水石) : 화전옥이 산출되는 신강성의 강물 속에서 산출되는 화전옥과 매우 유사한 옥의 일종으로, 여러 가지 색이 있으며, 전문가가 아니면 화전옥과 구별하기가 어렵다.【역주】

110 수로(水路) : 물길처럼 보이는 기다란 선.【역주】

원문 石類玉

有茅山石, 白而有光. 有水石, 冷白色,[111] 或有水路, 或有飯糝[112]色者. 好者與眞玉相似, 雖刀刮不動. 終有石性, 不溫潤, 宜細驗之.

번역 마노瑪瑙로 만든 기물

마노는 북방에서 많이 산출되며, 남번南蕃[113]과 서번西蕃[114]에도 존재한다. 돌도 아니고 옥도 아니지만, 단단하면서 또 무르고, 날카로운 칼로 깎아도 깎이지 않는다. 대개 완과 잔 등의 그릇을 관찰하여 양식이 우수하고 얇게 만들었으며 잡석이 섞이지 않아야 좋다. 그중에 인물과 조수鳥獸의 형태가 있는 것이 가장 좋다. 아름다운 홍색의 꽃송이가 있는 것은 '금홍마노錦紅瑪瑙'라 하고, 칠흑색 가운에 하나의 흰 줄이 있는 것은 '합자마노合子瑪瑙'라 하며, 흑색과 백색이 서로 섞여 있는 것은 '절자마노截子瑪瑙'라 하고, 홍색과 백색 및 잡색이 실처럼 서로 섞여 있는 것은 '전사마노纏絲瑪瑙'[115]라 하며, 이 몇 종류는 모두 진귀하다. 옅은 수홍水紅[116]이 있

---

111 冷白色(냉백색) : cool white. 푸른빛이 도는 차가운 느낌의 백색.【역주】

112 飯糝(반삼) : 밥알.【原註】

* 飯糝(반삼) : 옥의 내부에 불규칙하게 익힌 밥알과 같은 백색의 결이 존재하여 '반삼'이라 하며, 거의 모든 옥에 나타나고 화전옥에 특히 선명하다.【역주】

113 남번(南蕃) : 남강[南疆, 신강성 천산(天山) 이남의 지역 즉 신강성 남부]과 같다. 번(蕃)은 국경 밖이나 이민족을 가리킨다.【原註】

114 서번(西蕃) : 중국 고대 서역 일대와 서부 변경지구의 총칭.【原註】

115 전사마노(纏絲瑪瑙) : 원나라 공제(孔齊)의 『지정직기 · 전사마노(至正直記 · 纏絲瑪瑙)』에서 "마노는 엉킨 실과 같은 무늬가 있는 것이 귀하며, 또 홍색 실 무늬 사이에 여러 색이 있는 것이 가치가 높다. (…중략…) 오직 홍색 실 무늬와 황색이나 백색이나 청색의 실 무늬가 서로 뒤섞이고 뒷면까지 곧바로 한 가지 색으로 투과한 것을 선택하면 좋다(瑪瑙有纏絲者爲貴, 又求其紅絲間五色者爲高. (…중략…) 惟取紅絲與黃白青絲相間, 直透過底面一色者佳)"라고 하였다.【原註】

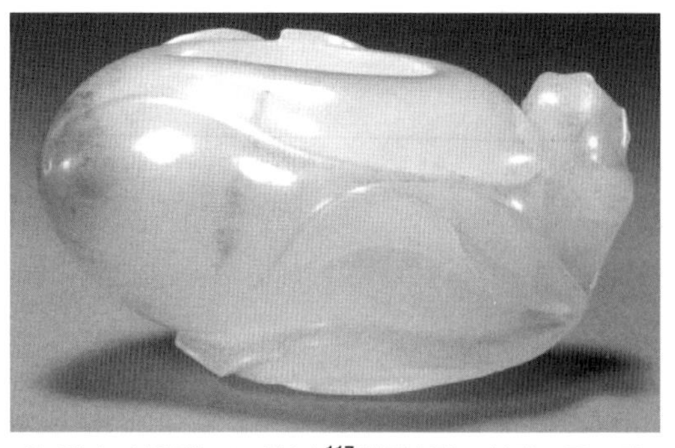

청, 백마노(白瑪瑙), 〈도형수승[117](桃形水丞)〉, 북경 고궁 소장

명, 화마노(花瑪瑙),[118] 〈단리이배(單螭耳杯)〉,[119] 북경 고궁 소장

는 것은 '장수마노漿水瑪瑙'라 하고, 자홍색의 꽃송이가 있는 것은 '장반마노醬斑瑪瑙'라 하며, 누르스름한 색이 있는 것과 '귀면화鬼面花'[120]가 있는 것은 모두 가치가 낮다. 대개 기물 가운데 칼 손잡이와 같은 기물의 종류는 풍경이 아름답고 제작 조예와 홍색이 많은 것이 상품이다. 옛말에 "마노에 홍색이 없으면 한 세상 궁색하다瑪瑙無紅一世窮"[121]라고 하였다.

원문 瑪瑙器

瑪瑙多出北方, 南蕃西蕃亦有. 非石非玉, 堅而且脆, 快刀刮不動. 凡看碗盞[122]器皿, 要樣範[123]好, 碾得薄, 不夾石者爲佳. 其中有人物鳥獸形者, 最佳.

---

* 지정직기(至正直記) : 원말 명초의 학자 공제(孔齊, ?~?)가 원나라 제도와 여러 사건을 기록한 필기(筆記, 수필).【역주】

116 수홍(水紅) : 분홍색과 비교하여 약간 짙으면서 비교적 선명하고 아름다운 색.【原註】

117 수승(水丞) : 연적(硯滴)이나 필세(筆洗, 붓 씻는 그릇)로 사용하는 문방구.【역주】

118 화마노(花瑪瑙) : 각종 무늬가 있는 마노. 무늬가 있는 대부분의 품종이 여기에 포함된다.【역주】

119 단리이배(單螭耳杯) : 한 마리 이무기 형태의 귀(손잡이)가 달린 잔.【역주】

120 귀면화(鬼面花) : 이리저리 엉키고 뒤틀려 귀신의 얼굴처럼 보이는 무늬.【역주】

121 瑪瑙無紅一世窮(마노무홍일세궁) : 출처는 공제(孔齊)의 『지정직기』 3이다.【역주】

有錦紅花者, 謂之錦紅瑪瑙, 有漆黑中一線白者, 謂之合子瑪瑙, 有黑白相間者, 謂之截子瑪瑙, 有紅白雜色如絲相間者, 謂之纏絲瑪瑙, 此幾種皆貴. 有淡水紅者, 謂之漿水瑪瑙, 有紫紅花者, 謂之醬斑瑪瑙, 有海蟄色[124]者鬼面花者, 皆價低. 凡器物, 刀靶事件[125]之類, 看景好, 碾琢工夫[126]及紅多者爲上. 古云, 瑪瑙無紅一世窮.

번역 백지마노柏枝瑪瑙

장수마노의 색 내부에 측백나무의 가지와 같은 무늬가 있으므로 '백지마노'라 하며, 역시 사랑스럽다.

원문 柏枝瑪瑙

漿水瑪瑙色內有花紋如柏枝, 故謂之柏枝瑪瑙, 亦可愛.

번역 수정水晶

옛말에 "천년 묵은 얼음이 변하여 수정이 된다千年氷化爲水晶"라고 하였다. 수정의 성질은 단단하면서 쉽게 부서지고, 칼로 깎아도 깎이지 않으며, 색은 얼음처럼 희고 맑고 밝으면서 반짝이며, 가느다란 털과 같은 하자나 부딪친 흔적이 없는 것이 아름답다. 대개 기물로 만들어진 완이나

122 碗盞(완잔) : 대개 음식그릇을 가리킨다.【原註】
123 樣範(양범) : 양식. 모양.【原註】
124 海蟄色(해칩색) : 해파리의 색, 즉 누르스름한 색.【역주】
125 事件(사건) : 기물을 가리킨다.【原註】
126 工夫(공부) : 조예.【역주】

잔은 무늬가 없는 것이 좋지만, 무늬를 새긴 것은 반드시 상처가 존재한다. 산출되는 장소가 많으며, 왜국의 수정이 제일이고, 남방의 수정은 흰색이며, 북방의 수정은 흑색이고, 신주信州[127]의 수정은 혼탁하다.

원문 水晶

古云, 千年氷化爲水晶. 其性堅而脆, 刀刮不動, 色白如氷, 淸明[128]而瑩,[129] 無纖毫[130]瑕玷擊痕者爲佳. 凡器皿碗盞, 素者爲好, 但碾花者必有節[131]病. 出處多. 倭水晶第一, 南水晶白, 北水晶黑, 信州水晶濁.

번역 가짜 수정

가짜 수정은 약품으로 태워 만든 것으로, 색은 어두운 청색이며 기포가 있다. 혹은 황청색黃靑色의 것이 있으며 백색의 것도 있지만, 깨끗하거나 밝지 않다.

원문 硝子[132]

假水晶, 用藥燒成者, 色暗靑, 有氣眼. 或有黃靑色者, 亦有白者, 但不潔白明瑩.

---

127 신주(信州) : 지금의 강서성 상요(上饒) 신주.【原註】
128 淸明(청명) : 맑고 밝다.【原註】
129 瑩(형) : 깨끗하고 투명하다.【原註】
130 纖毫(섬호) : 가느다란 털.【역주】
131 節(절) : 마디. 목재의 흉터. 여기서는 수정에 나타나는 상처를 가리킨다.【原註】
132 硝子(초자) : 광석을 태워 만든 가짜 수정.【原註】
　* 초자(硝子) : 인조 수정.【역주】

청 강희, 〈백파리수승(白玻璃水丞)〉, 북경 고궁 소장

청 건륭,
〈백투홍[133]운룡문파리병(白套紅雲龍紋玻璃瓶)〉, 북경 고궁 소장

번역 파리玻璃[134]

신강성 남부에서 산출되며, 주색酒色, 옅은 황색 · 자주색 · 백색의 것이 있고, 수정과 비슷하다. 기물은 많은 빗방울 무늬를 조각한 것이 모두 진품이다. 약품으로 구워 만든 것은 손에 들면 가볍고 기포가 있으며, 유리琉璃[135]와 비슷하다.

---

133 백투홍(白套紅) : '백색의 바탕을 홍색의 무늬로 감싼다'는 의미.【역주】

134 파리(玻璃) : Glass. 유리.【역주】

135 유리(琉璃) : 고대에는 왕왕 파리(玻璃) · 요기(料器) · 법랑(琺瑯) · 일부 옥 장식품 · 연유도기(鉛釉陶器) 제품의 총칭이며, 본서에서 사용한 유리는 불투명하거나 색이 암담하고 반투명의 색유리를 가리킨다.【原註】

* 요기(料器) : glassware. 색유리로 만든 기물.

* 법랑(琺瑯) : Enamel. 본래 프랑스에서 발명된 유리질의 법랑안료가 중국에 들어와 명나라 경태연간(景泰年間, 1450~1456)에 유행하였으므로, 법랑 안료로 장식을 한 기물을 '경태람(景泰藍)'이라고도 한다. 명대에는 금속제품에 사용되었으며, 청 강희 말기

원문 玻璃

出南蕃, 有酒色紫色白色者, 與水晶相似. 器皿皆多碾雨點花兒者是眞. 其用藥燒者入手輕, 有氣眼, 與琉璃相似.

번역 서각犀角

신강성 남부와 서번西蕃에서 산출되며, 운남雲南에도 존재한다. 뿔의 형태가 비대하고 무늬가 좋으며 정투正透[136]인 것이 가치가 높고, 뿔의 형태가 수척하고 작으며, 무게가 가볍고 무늬가 좋지 않은 것은 약용에만 들어갈 수 있다.

무늬가 물고기의 알과 비슷한 것을 '속문粟紋'이라 한다. 속문마다 중앙에 눈이 있으며, '속명粟明'이라 한다. 이러한 것은 산에 사는 코뿔소의 뿔을 말한다. 서각으로 만든 기물은 촉촉하고 속문이 활짝 벌어지고 무늬가 좋아야 하며, 색이 검은 것은 옻칠과 같고 노란 것은 밤과 같으면서 아래위로 투과되며, 운두雲頭[137]와 우각雨脚[138]이 분명한 것이 우수하다.

통천화문서通天花紋犀[139]가 있으며, 여러 사물의 형태를 갖추고 있는 것이 가장 귀중하다. 중투重透가 있으며(흑색 가운데 황색의 무늬가 있고, 황색 가

에 도자기에 사용되어 문양을 법랑으로 그린 법랑채자기(琺瑯彩瓷器)가 제작되었다.

* 연유도기(鉛釉陶器) : 납을 용매(溶媒)로 한 유약인 연유를 칠한 도기제품으로, 건축물에 많이 사용되었으며, 북경 자금성(紫禁城)의 기와가 대표적인 연유도기이며, '유리유(琉璃釉)'라고도 한다.【역주】

136 正透(정투) : 흑색이면서 황색이 투과되는 코뿔소 뿔의 색을 가리킨다.【原註】

137 雲頭(운두) : 구름. 둥그스름하면서 풍성한 구름의 윗부분. 코뿔소의 뿔에는 뿌리 부분에 반구형의 돌기가 빙 둘러 돌아가며 꼭대기를 향해 서너 층 올라가며 돋아나 있다.【역주】

138 雨脚(우각) : 밀집하여 떨어지는 빗방울. 여기서는 속문(粟紋)의 선이 뿔의 뿌리부터 꼭대기까지 빗줄기처럼 서로 통하는 것을 가리키는 것으로 해석하였다.【역주】

139 통천화문서(通天花紋犀) : 통천서(通天犀), 상하로 속문(粟紋)이 관통된 코뿔소 뿔.【原註】

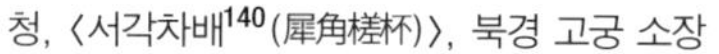

청, 〈서각차배[140](犀角槎杯)〉, 북경 고궁 소장

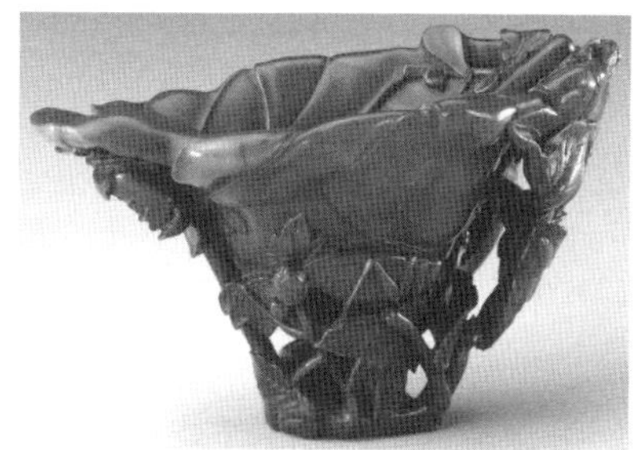

명, 〈서각배(犀角杯)〉, 북경 고궁 소장

운데 흑색의 무늬가 있다), 정투正透가 있는데(흑색 가운데 황색의 무늬가 있어, 옛 말에 '통서通犀'라 하였다), 이 두 등급도 귀중하다. 도투倒透가 있으며(황색의 무늬에 흑색이 있다), 이러한 등급은 그 다음이다. 무늬가 초두반椒豆斑[141]과 같은 것이 있으며 색이 진한데, 또 그 다음 등급이다.

흑서黑犀[142]가 있어 무늬가 없이 완전히 흑색이지만, 장기알과 바둑알 등의 물건을 만들 수가 있으며, 그리 가치가 나가지 않는다.

대개 서대犀帶[143]는 대부분 뿔로 된 바탕 위에 코뿔소 뿔로 납작한 면을 붙이고 끼워 넣어서 한 조각으로 만든 것으로, 뒷면 무늬의 크기와 거리를 관찰하며, 특히 측면에서 합쳐 봉합한 곳을 찾으면 진위를 알 수 있다.

---

140 차배(槎杯) : 원대에 창조된 뗏목 모양의 잔으로, 한나라 무제의 명을 받아 실크로드를 개척한 장건(張騫, ?~B.C.114)이 뗏목을 타고 은하수를 건넜다는 전설을 형상화한 작품. 도판의 작품은 청 강희연간(康熙年間, 1662~1722)에 서각배의 조각으로 유명했던 장인 우통(尤通, ?~?)이 제작하였다.【역주】

141 초두반(椒豆斑) : 초(椒)는 산초나 후추 등이며, 초두반은 초의 모양과 비슷한 둥근 얼룩.【역주】

142 흑서(黑犀) : 학명은 Diceros bicornis. 실제로는 몸통이 회백색이며, 백서(白犀, 학명 Ceratotherium simum)와 구분하기 위한 것이다.【역주】

143 犀帶(서대) : 서각대(犀角帶). 코뿔소 뿔을 장식한 요대로 품계가 있는 관리가 아니면 사용할 수 없다.【原註】

또 원래 투과되는 무늬가 가지런하지 않으며, 약품으로 염색하여 검게 만든 것이 있는데, 운두雲頭와 우각雨脚이 없고, 황색과 흑색이 이어진 부분이 완전한 흑색이면서 명확하지 않다. 다만 속문粟紋이 둥글지 않은 것이 있는데, 틀림없이 원래 투과되는 무늬가 중앙에 위치하지 않으며, 물에 넣고 삶아 부드럽게 하여 두드려 단정하게 만든 것으로, 생서生犀[144]가 아니므로, 하나하나 검사해야 한다. 대개 코뿔소 뿔로 만든 기물은 조각한 조예와 양식이 좋아야 한다. 자주 관찰하여 햇볕에 노출시키지 않아야 하는데, 윤택하지 않게 될까 두렵기 때문이다.

원문 犀角

出南蕃西蕃, 雲南亦有. 成株[145]肥大花兒好及正透者, 價高, 成株瘦小, 分兩[146]輕, 花兒不好者, 但可入藥用.

其紋如魚子相似, 謂之粟紋. 每粟紋中有眼, 謂之粟明. 此謂之山犀.[147] 器物要滋潤,[148] 粟紋綻, 花兒好, 其色黑如漆黃如栗, 上下相透, 雲頭雨脚分明者爲佳.

有通天花紋犀, 備百物之形者, 最貴. 有重透者[黑中有黃花, 黃中有黑花], 有正透者[黑中黃花, 古云通犀], 此二等亦貴. 有倒透者[黃花有黑], 此等次之. 有花如椒豆斑者, 色深, 又次之.

---

144 생서(生犀) : 산 코뿔소를 죽여서 취득한 코뿔소 뿔을 가리킨다.【原註】
145 成株(성주) : 그루터기처럼 되다. 원추형으로 자란 코뿔소 뿔의 형태를 가리킨다.【역주】
146 分兩(분량) : 무게.【역주】
147 山犀(산서) : 코뿔소의 일종으로 산림에 산다.【原註】
148 滋潤(자윤) : 촉촉하다.【역주】

有黑犀, 無花純黑者, 但可車[149]象棋等物, 不甚直錢.[150]

凡犀帶, 多有角地上貼好犀作面夾成一片者, 可驗底面花兒大小遠近, 更於側向尋合縫處, 可見眞僞.

又有原透花兒不齊整, 用藥染成黑者, 則無雲頭雨脚, 黃黑連處, 純黑而不明. 但有粟紋不圓者, 必是原透花兒不居中, 用湯煮軟, 攢打端正者, 不是生犀, 宜一一驗之. 凡器皿, 須要雕琢工夫及樣範好. 宜頻頻看之, 不可見日, 恐燥不潤故也.

번역 **모서毛犀**

색과 무늬가 모두 산에 사는 코뿔소의 뿔과 비슷하지만 속문粟紋이 없으며, 그 무늬와 결이 대나무와 유사하므로 이서氂犀[151]라 한다. 이것은 코뿔소가 아니며, 신기하지 않다.

원문 **毛犀**

其色與花斑皆類山犀, 而無粟紋, 其紋理似竹, 故謂之氂犀. 此非犀也, 不爲奇.

---

149 車(거) : 물건을 절삭하여 가공하다.【原註】

150 直錢(직전) : 치전(値錢), 가치가 있다.【역주】

151 氂犀(이서) : 모서(牦犀). 모우(牦牛). 학명은 Bos mutus이며, 야크(wild yak). 중국의 청장고원(青藏高原)에 많이 분포한다.【역주】

청, 〈홍산호사자(紅珊瑚獅子)〉, 북경 고궁 소장

청, 〈산호죽절식비연호(珊瑚竹節式鼻煙壺)〉[152]

번역 골독서骨篤犀[153]

서번西蕃에서 산출되고, 색은 옅은 벽옥과 같으면서 약간 황색이 있으며, 무늬는 소뿔과 유사하다. 두드리면 소리가 옥처럼 맑고, 문지르거나 깎아서 냄새를 맡으면 향기가 있으나, 태우면 냄새가 나지 않고, 종기의 독을 해소할 수 있으며, 독약을 감별할 수 있다. 또 '벽서碧犀'라 한다. 이 등급이 가장 귀중하다.

원문 骨篤犀

出西蕃, 其色如淡碧玉, 稍有黃, 其紋理似角. 扣之, 聲淸如玉, 摩刮齅之, 有香, 燒之不臭, 能消瘇[154]毒及能辨毒藥. 又謂之碧犀. 此等最貴.

---

152 산호죽절식비연호(珊瑚竹節式鼻煙壺) : 대북 고궁박물원 소장. 산호를 가지고 대나무 모양으로 깎은 비연호(코 담배병, Snuff bottle).【역주】

153 골독서(骨篤犀) : '골돌서(骨咄犀)'라고도 하며, 사각(蛇角, 뱀의 뿔)으로 기물을 만들 수 있고, 약용으로 사용할 수도 있다.【原註】

* 골독서(骨篤犀) : 큰 뱀의 뿔이라고 하지만, 현재 정확하게 어느 동물의 뿔인지 알 수가 없다.【역주】

번역 산호수珊瑚樹

큰 바다 속에 있는 산의 남쪽 물 바닥에서 자라며, 바닷가의 어부들이 쇠 그물로 채취한다. 그 색은 은주銀朱[155]처럼 선홍색으로, 나무의 몸통이 크고 굵으며, 가지가 많은 것이 훌륭하지만, 수인髓眼[156]이 있는 것과 옅은 홍색의 것은 가치가 가볍다. 이 물건의 귀천은 진주를 따라간다. 가지에 썩어 끊어진 부분이 있는 것은 못을 박아 고정시키고, 붉은 밀랍을 녹여 접합하므로, 자세히 보아야 한다. 자잘하게 부서진 산호 재료가 있으면, 무게 한 냥마다 가격이 만 전 정도의 가치이다.

원문 珊瑚樹

生大海山陽處水底, 海人[157]以鐵網取之. 其色如銀朱鮮紅, 樹身高大, 枝柯[158]多者爲勝, 但有髓眼及淡紅色者, 價輕. 此物貴賤幷隨眞珠.[159] 枝柯有朽斷者, 用釘梢[160]定, 鎔紅蠟粘接, 宜仔細看. 如有零碎材料, 每兩直價萬餘.

번역 호박琥珀

남번南蕃과 서번西蕃에서 산출되며, 바로 단풍나무의 정화가 여러 해에

154 瘇(종) : 발의 종기. 대체로 피부에 부어오른 종기를 가리킨다.【原註】
155 은주(銀朱) : 즉 유화수은(HgS, 황과 수은의 화합물). 선홍색의 분말로 독이 있다. 안료와 약품으로 사용한다.【原註】
156 수안(髓眼) : 산호의 표면에 나타나는 원형의 흠으로 표면이 매끄럽지 못하게 되어 미관을 해친다.【역주】
157 海人(해인) : 바닷가 어부.【原註】
158 枝柯(지가) : 가지.【原註】
159 眞珠(진주) : 진주(珍珠, pearl).【原註】
160 梢(초) : '쇄(鎖)'와 통한다. 못으로 박아 고정하다.【原註】

명, 〈어옹희하호박배(漁翁嬉荷琥珀杯)〉, 남경박물원 소장

청,
〈호박후도문패(琥珀猴桃紋佩)〉,
북경 고궁 소장

걸쳐 변해 호박이 되고, 그 색은 황색으로 밝고 윤택하며, 그 성질은 송진과 같다. 색이 홍색이면서 또 누런 것은 '명박明珀'이라 하고, 향기가 있는 것은 '향박香珀'[161]이라 하며, 아황색鵝黃色[162]의 것은 '납박蠟珀'이라 하는데, 이러한 등급은 가치가 낮다. 짙은 홍색의 것은 '혈박血珀'[163]이라 하며 이것은 고려와 왜국에서 산출된다. 그중 벌이나 개미나 소나무가지가 들어 있는 것이 매우 사랑스럽다. 이 물건을 피부 위에 문질러 열을 내어 종이를 한 치 정도약 3cm 약간 떨어트려 갖다 대면 저절로 날아간다. 가짜는 양의 뿔을 염색하여 만든다.

161 향박(香珀) : fragrant amber. 방향족물질(芳香族物質, 분자 속에 벤젠 고리를 가진 유기화합물)을 함유하여 마찰하면 향기가 나는 호박.【역주】
162 鵝黃色(아황색) : 새끼 거위의 털색과 같이 옅은 황색.【역주】
163 혈박(血珀) : 색이 홍색이나 짙은 홍색의 호박으로 산지는 미얀마·멕시코·도니미카·발틱해 등이며, 고려 즉 한반도에서는 호박 자체가 산출되지 않는다. 본문의 '혈박이 고려에서 산출된다'는 오류이다.【역주】

원문 琥珀

出南蕃西蕃, 乃楓木之精液[164]多年化爲琥珀, 其色黃而明瑩潤澤, 其性若松香.[165] 色紅而且黃者, 謂之明珀, 有香者, 謂之香珀, 鵝黃色者, 謂之蠟珀, 此等價輕. 深紅色者, 謂之血珀, 此出高麗[166]倭國. 其中有蜂蟻松枝者, 甚可愛. 此物於皮膚上揩熱, 用紙片些少離寸許, 則自然飛起. 假者以羊角染色爲之.

번역 묘안석猫眼石, Cat's eye

남번南蕃에서 산출되며 성질이 단단하고 술의 색과 같은 황색이다. 눈이 살아있는 것은 중간에 한 줄의 흰 선이 나타나며, 가로 세로로 돌리고 기울이면 분명하게 나타나 고양이의 눈동자와 같은 것이 좋다. 만약 눈동자가 흩어지고 죽어서 살아 움직이지 않거나, 청흑색의 것은 모두 기이하지 않다. 크기가 손가락 폭과 같은 것이 특히 아름다우며, 작은 것은 가치가 낮다. 상감으로 사용하기에 적당하다.

원문 猫睛[167]

出南蕃, 性堅, 黃如酒色. 睛活者中間一道白, 橫搭轉側分明, 與猫兒眼睛一般者爲好. 若睛散及死而不活者, 或靑黑色者, 皆不爲奇. 大如指面者, 尤

---

164 精液(정액) : 정화.【原註】

165 松香(송향) : 소나무 종류의 나무줄기가 분비하는 수지로, 공기 중에서 끈적이는 액체나 덩어리 형상의 고체로 나타나며, 송향과 송향유(松香油, 테레빈유)를 함유하고 있다.【原註】
* 松香(송향) : 송진. Rosin.【역주】

166 고려(高麗) : 한반도 역사상의 왕조(918~1392).【原註】

167 猫睛(묘정) : 묘안석(猫眼石). '묘아안(猫兒眼)'·'묘정(猫精)'·'동방묘안(東方猫眼)'이라고도 한다. 스리랑카와 브라질 등에서 산출되며, 고양이의 눈과 같은 광채가 나타나 '묘안석'이라 한다. 황색이 주종이며 여러 단계의 색이 있다.【역주】

佳, 小者價輕. 宜相嵌用.

번역 **석류자石榴子**[168]

남번南蕃에서 나오며, 마노와 유사하고 색이 붉으면서 밝게 반짝거려 석류의 살과 비슷하므로 '석류자'라 한다. 상감으로 사용하기에 적당하다.

원문 **石榴子**

出南蕃, 類瑪瑙, 顏色紅而明瑩, 如石榴肉相似, 故謂之石榴子. 宜相嵌用.

번역 **남주南珠**[169]

남해의 조개 속에서 산출되며, 남번南蕃의 것이 좋고, 광서廣西의 것은 쉽게 누렇게 된다. 모양이 둥글고 색이 희면서 광채가 나는 것이 가치가 높으며, 크기와 알의 개수로 무게를 따져 값을 정한다. 옛말에 "첫째는 둥글어야 하고, 둘째는 흰 것"이라 하였으며, 또 "한 알이 둥글면 열 알의 값"이라 하였다.

원문 **南珠**

出南海蚌中, 南蕃者好, 廣西者易黃. 要身分[170]圓及色白而精光[171]者, 價

168 석류자(石榴子) : 석류석(石榴石). Garnet. 홍색이 가장 많으며, 여러 가지 색이 있고, 화학성분에 따라 홍석류석(Pyrope) · 철반석류석(Almandine) · 망간석류석(Spessartite) · 회철석류석(Andradite) · 녹석류석(Grossular) · 회크롬석류석(Uvarovite)으로 구분된다.【역주】

169 남주(南珠) : South Pearl. 중국의 남방 바다에서 산출되는 진주. 현대에 와서는 광서장족자치구(廣西壯族自治區) 북해시(北海市) 특산의 합포진주(合浦南珠)를 가리킨다.【역주】

高, 以大小粒數等分兩定價. 古云, 一圓二白, 又云一顆圓, 十顆錢.

번역 북주北珠[172]

발해渤海에서 산출되며, 역시 크기와 무게를 따져 가치를 정한다. 관찰하여 모양이 둥글고 몸통은 청색이며, 펼쳐지다가 끝부분에서 둥글게 모아진 것이 가치가 높다. 뼈와 같은 흰색이나 분백색이거나 기름과 같은 황색이거나 혼탁한 색의 것은 가치가 낮다.

원문 北珠

出北海,[173] 亦論大小分兩定價. 看身分圓轉, 身青色, 披肩[174]結頂[175]者, 價高. 如骨色粉白油黃渾色[176]者, 價低.

번역 거거硨磲[177]

거거의 형태가 조개와 비슷한데 극히 두껍고 크며, 색은 백색으로 무늬가 있고, 그리 가치가 나가지 않는다.

---

170 身分(신분) : 모양. 자태. 자세.【原註】

171 精光(정광) : 광휘(光輝).【原註】

172 북주(北珠) : 담수에서 산출되는 진주로, 중국의 북방인 흑룡강성 · 길림성 · 요녕성 · 진황도(秦皇島) 등지에서 생산된다. '동주(東珠)'라고도 한다.【역주】

173 北海(북해) : 발해(渤海).【原註】

174 披肩(피견) : 여인이 어깨에 걸치는 어깨걸이.【역주】

175 結頂(결정) : 꼭대기에서 매듭을 짓다.【역주】

176 渾色(혼색) : 혼탁한 색.【역주】

청, 〈금용형모정(金龍形帽頂)〉, 6.5×3.4cm, 북경 고궁 소장(북주 3알이 장식된 모자 꼭대기 장식)

현대 거거 조각품

177 거거(硨磲) : 연체동물로 열대 바다에 서식한다. 고기는 식용을 할 수 있다. 껍질이 크고 두꺼우며, 대약 삼각형으로 길이가 1m에 이르고, 기물과 장식품을 만들 수 있다.【原註】

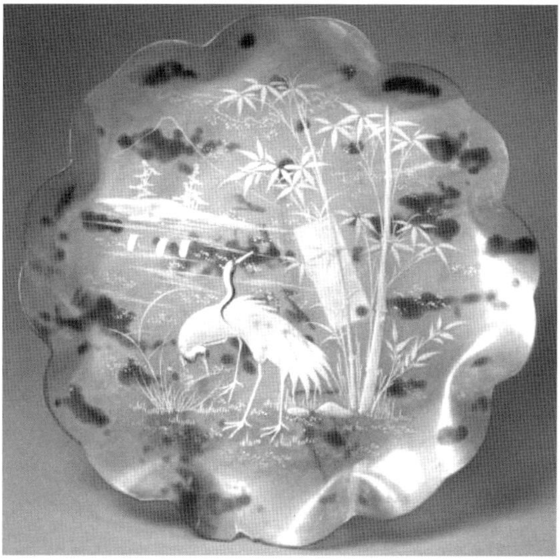

청, 〈대모묘금죽학규화식반(玳瑁描金竹鶴葵花式盤)〉, 북경 고궁 소장

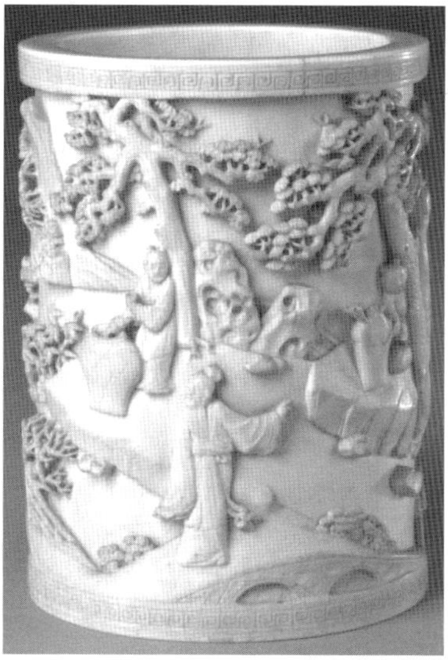

청초, 〈상아조고사도필통(象牙雕高士圖筆筒)〉, 북경 고궁 소장

원문 硨磲

硨磲形似蚌, 極厚大, 色白, 有紋理, 不甚直錢.

번역 대모玳瑁[178]

남번南蕃의 큰 바다 속에서 산출되며, 백색이 많고 흑색이 적어야 가치가 높다. 흑색 반점이 많은 것은 기이하지 않다. 자주색을 띠는 황색의 것은 귀통龜筒[179]에 대모의 흑색 반점을 끼워 만든 것으로, 자세하게 점검

* 거거(硨磲) : '거거(琿璖)'라고도 한다. 학명은 Tridacnidae spp. 해양에서 가장 큰 조개류로 '조개의 왕'이라 불리며, 최대 1m 이상에 300kg까지 자란다. 껍질이 두껍고 내부의 색이 흰색으로 광택이 있어, 연마하면 백옥과 같으므로, 장식품의 제조에 사용한다.【역주】

178 대모(玳瑁) : 매부리바다거북(hawkbill turtle). 학명은 Eretmochelys imbricata. 바다거북이과에 속하는 해양동물로 1.6m까지 자란다. 등껍질에 갈색과 옅은 황색이 뒤섞인 무늬가 있어 장식품에 사용된다.【역주】

179 귀통(龜筒) : 휴귀(蠵龜, 붉은 바다거북). 학명은 Caretta caretta. 길이 1~2m, 무게 약

해야 한다.

원문 玳瑁

出南蕃大海中, 白多黑少價高, 黑斑多者不爲奇. 有黃紫者, 用龜筒夾玳瑁黑點兒, 宜細驗之.

번역 귀통龜筒

남번南蕃의 바다 속에서 산출되며, 색은 대모와 비슷하지만 반점이 없다.

원문 龜筒

出南蕃海中, 其色似玳瑁而無斑.

번역 상아象牙

남번南蕃에서 산출되며, 서번西蕃과 광서廣西 및 교지交趾[180]에 모두 존재한다. 남번의 것이 길고 크며, 광서와 교지의 것은 짧고 작다. 새로 톱으로 자를 경우에 분홍색의 것이 좋다.

100kg까지 자라며, 등껍질은 고동색으로 불규칙한 황토색이나 흑색의 얼룩무늬가 있다.【역주】

180 교지(交趾) : '교지(交阯)'라고도 한다. 원래는 고대 지역의 명칭으로, 대개 오령(五嶺) 이남을 가리킨다. 한나라 무제시기(재위 B.C.141~B.C.87)에 13개 자사부(刺史部)의 하나로 설치되었으며, 관할 지역은 지금의 광동성과 광서성의 대부분 및 월남의 북부와 중부에 해당하였다. 동한 말기에 교주(交州)로 변경되었다. 월남이 10세기 30년대에 독립하여 나라를 세운 뒤, 송나라에서도 '교지'라고 불렀다.【原州】

* 오령(五嶺) : 울성령(越城嶺)·도방령(都龐嶺)·명저령(萌渚嶺)·기전령(騎田嶺)·대유령(大庾嶺)으로 호남성과 강서성 남부 그리고 광서성과 광동성 북부의 경계.【역주】

원문 象牙

出南蕃, 西蕃及廣西交趾皆有. 南蕃者長大, 廣西交趾者短小. 新鋸開, 粉紅色者爲佳.

번역 용연龍涎[181]

아라비아 제국에서 산출된다. 향기가 없으며 결이 있다. 색이 흰 것은 백약전百藥煎[182]과 같아서 결이 세밀하고 윤택하며, 흑색의 것이 이에 버금가서 오령지五靈脂[183]와 같으면서 광택이 있다. 많은 향기를 발산할 수 있으므로, 가져다가 향을 제조한다.

원문 龍涎

出大食[184]國. 無香, 有脈. 色白者如百藥煎而膩理,[185] 黑者亞之, 如五靈脂而光澤. 能發衆香, 故用以合[186]香.

---

181 용연(龍涎) : 글자의 의미는 용의 침. 향유고래의 장에서 생성되는 물질로, 정확한 생성 원인은 아직 알 수 없으며, 신선한 상태에서는 냄새가 별로 좋지 않지만, 대기 중에 노출되어 딱딱하게 굳어지면 좋은 향기가 난다. 약재로 사용한다.【역주】

182 백약전(百藥煎) : 한약의 일종. 오배자(五倍子)와 찻잎 등으로 발효시켜 만든 덩어리 형태의 물질. 회갈색의 작은 사각형 덩어리로, 표면에 황백색의 반점이 있으며 미미하게 향기가 있다.【原註】

* 오배자 : chinese galls knopper. 옻나무과에 속하는 낙엽 식물인 붉나무의 어린 싹 또는 잎자루가 진딧물에 손상을 받은 자극으로 생긴 혹 모양의 벌레 혹을 가리킨다.【역주】

183 오령지(五靈脂) : 한약의 일종. 포유강(哺乳綱) 오서과(鼯鼠科) 동물인 복치오서(複齒鼯鼠, 복치날다람쥐)와 날다람쥐 혹은 기타 동물의 똥. 종갈색(棕褐色) · 흑갈색 · 흑종색(黑棕色) · 황갈색 혹은 회갈색 등의 색이 있으며, 표면이 거칠고 일부는 기름기를 띤 광택이 있다.【原註】

184 大食(대식) : 페르시아어 'Tay'의 음역으로 아라비아제국을 가리킨다.【原註】

185 膩理(니리) : 피부의 결이 세밀하고 윤택하다.【原註】

186 合(합) : 조제하다.【原註】

번역 금강찬金剛鑽[187]

서번西蕃의 깊은 산 높은 꼭대기에서 산출되어 사람이 올라갈 수가 없으므로, 바로 매와 독수리가 그 위에서 먹이를 찾다가 고기와 함께 뱃속으로 먹어서, 도리어 들판 매의 똥 속에서 획득한다. 크기를 보고 가치를 결정한다. 진위를 변별하려면 숯불에서 붉게 태워 진한 초에 담그는데, 가짜는 성글어서 쉽게 부서지고, 진짜는 바로 단단하여 사용할 수 있다. 잃어버리면, 재와 흙을 도자기 절구의 안에 쓸어 모아서 갈아대어, 소리가 나는 것이 금강찬이다.

원문 金剛鑽

出西蕃深山之高頂, 人不可到, 乃鷹隼[188]打食[189]在上, 同肉吃於腹中, 却於野地鷹糞中獲得. 看大小定價. 如辨眞僞, 於炭火中燒紅, 入釅醋[190]中浸之, 假者疏而易碎, 眞者乃硬而可用. 如失去, 和灰土掃在乳鉢[191]內擂[192]之, 響者是也.

---

187 금강찬(金剛鑽) : 다이아몬드 원석.【역주】
188 鷹隼(응준) : 매와 독수리. 대개 맹금을 가리킨다.【原註】
189 打食(타식) : 새가 둥지 밖에서 먹을 것을 찾다.【原註】
190 釅醋(엄초) : 진한 초.【原註】
191 乳鉢(유발) : 약물을 가루로 만드는 기구로, 형태가 절구와 같으면서 작다.【原註】
  * 乳鉢(유발) : 사발 모양의 도자기로 만든 절구.【역주】
192 擂(뢰) : 갈다.【原註】

서진, 〈앵무배(鸚鵡杯)〉, 중국사회과학원고고연구소 소장

17세기, 〈Nautilus cup〉, 영국박물관 소장

번역 앵무배鸚鵡杯[193]

소라이며, 광남廣南[194]에서 산출된다. 현지 사람들이 조각하고 연마하여 앵무새와 비슷하게 만들거나, 은으로 다리를 만들어 술잔으로 만들어 '앵무배'라 한다. 노자작鸕鶿勺[195]도 소라이다. 모두 그리 가치가 나가지 않는다.

원문 鸚鵡杯

卽海螺,[196] 出廣南. 土人雕磨, 類鸚鵡, 或用銀相足, 作酒杯, 故謂之鸚鵡

---

193 앵무배(鸚鵡杯) : 앵무조개를 다듬어 만든 술잔. 2015년, 강소성 비주시(邳州市)에서 서진(西晋, 266~316)의 제후국인 하비국(下邳國)의 귀족무덤에서 앵무배 한쌍이 발견되었다. 서양에서는 16세기부터 'Nautilus cup'이라 하여 앵무조개를 금이나 은으로 감싸 장식한 기물이 많이 제작되어 전해오고 있다.【역주】

194 광남(廣南) : 명나라 광남부(廣南府). 송대에 '특마도(特磨道)'라 불렀으며, 송나라 초기에 옹주(邕州)에 속했고, 원 지원(至元) 13년(1276)에 지금의 운남성 광남과 부녕(富寧)·광서의 서륭(西隆)과 서림(西林) 일대에 광남서도선무사(廣南西道宣撫司)를 설치하였으며, 명 홍무 15년(1382) 11월에 선무사를 광남부로 고쳤다.【原註】

195 노자작(鸕鶿勺) : 가마우지 형태를 새긴 술을 뜨는 국자.【原註】

杯. 鸕鶿勺亦海螺. 俱不甚直錢.

번역 귀공석鬼功石[197]

일찍이 반지가 있었는데, 마노 한 조각을 상감하였으며, 마노의 표면에 조각한 12지상은 문양이 머리칼처럼 가늘어, 인력으로 한 것이 아닌 듯 하였으므로 '귀공석'이라 하고, 또 '귀국석鬼國石'이라고 한다.

원문 鬼功石

嘗有戒指, 嵌瑪瑙一塊, 面上碾成十二支生肖, 其紋細如髮, 似非人功,[198] 故謂之鬼功石, 又曰鬼國石.

번역 귀공구鬼功毬[199]

일찍이 상아로 만들어진 둥근 공 하나가 있었는데, 중앙이 하나의 구멍으로 곧바로 통하고, 그 속을 몇 겹으로 깎았는데, 모두 회전할 수 있으므로 '귀공구'라 하였다. 혹은 송나라 내원內院[200]에서 제작한 것이라 한다.

---

196 海螺(해라) : 소라.【역주】

197 귀공석(鬼功石) : '귀공석(鬼工石)'이라고도 한다. 사물이 정묘하고 지극하게 뛰어나 인력으로 할 수 있는 것이 아닌 것을 말한다.【原註】

198 人功(인공) : 인력(人力).【原註】

199 귀공구(鬼功毬) : 의미는 귀신의 솜씨로 만든 공. '아조투구(牙雕套球)'나 '동심구(同心球)'라고도 하며 대만 고궁박물원에 소장되어 있는 19세기에 광동성에서 제작된 누조상아운룡문투구(鏤雕象牙雲龍紋套球)는 직경 12cm의 작은 공이 모두 24층으로 구성되어 있다.【역주】

200 내원(內院) : 황궁 내 비빈이 거주하는 궁전.【原註】

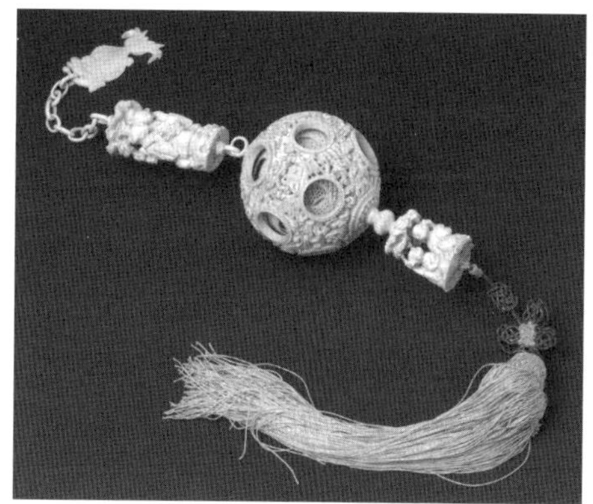
청말, 〈귀공구(16층)〉, 북경 고궁 소장

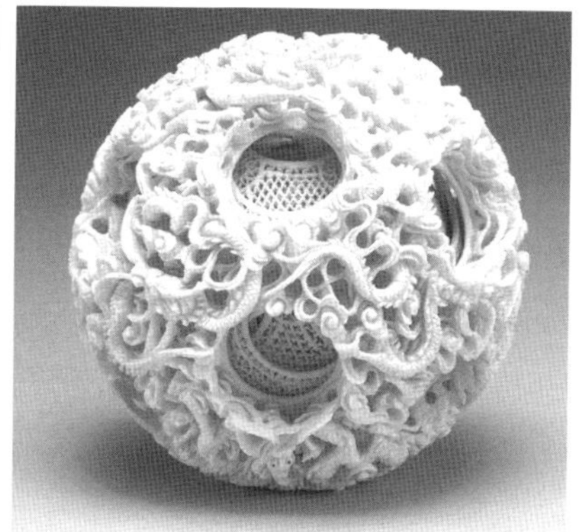
19세기, 〈귀공구(24층)〉, 대북 고궁박물원 소장

원문 鬼功毬[201]

嘗有象牙圓毬兒一个, 中直通一竅, 內車[202]數重, 皆可轉動, 故謂之鬼功毬. 或云, 宋內院中作者.

---

201 毬(구) : 고대에는 대개 놀이용 공 종류를 가리켰다. 최초에는 털을 뭉쳐서 만들었으며, 후대에는 가죽으로 만들어 속에 털로 채우거나 공기를 불어넣었다. 이후에는 대개 공 모양의 사물을 가리킨다.【原註】

202 車(거) : 물건을 절삭하여 가공하다.【原註】

4. 황금과 철에 관한 논의金鐵論

번역 금金

남번南蕃·서번西蕃·운남雲南·고려 등지의 모래 속에서 산출된다. 남번의 과자금瓜子金[203]과 부피금麩皮金[204]은 모두 생금生金[205]이다. 운남의 엽자금葉子金[206]과 서번의 회회전回回錢[207]은 숙금熟金[208]이다. 그 성질은 무르고 무거우며, 색은 적색이다. 순도가 충분한 금은 표면에 산초나무의 꽃과 같은 무늬와 수려하고 가는 무늬 및 자주색이 어른거리는 현상이 있다. 은銀과 혼합한 금은 성질이 무르고, 시금석試金石으로 검사하면 색이 푸르며, 불에 태워도 검게 되지 않는다. '화기자和氣子'라는 것은(즉 홍동紅銅, 순동으로 '장공張公'이라고도 하고 '신자身子'라고도 한다) 시금석으로 검사하면 소리가 나면서 부스러기가 떨어지고, 색은 적색이며 성질이 단단하고, 불에 태우면 흑색이 된다. 옛말에 "금은 돌을 두려워하고 은은 불을 두려워한다. 金怕石頭銀怕火"고 하였다. 색은 순도가 70%이면 청색, 순도가 80%이면 황색, 순도가 90%이면 자주색, 순도가 100%이면 적색으로, 적색을 순도가 충분한 금으로 간주한다.

---

203 과자금(瓜子金) : 모양이 해바라기 씨와 비슷한 금 알갱이.【原註】

204 부피금(麩皮金) : 부금(麩金). 밀기울처럼 부서지고 얇은 금 조각으로, 충적층 속에 있는 금 조각.【原註】

205 생금(生金) : '원금(原金)'이나 '천연금'이나 '황금(荒金)'이라고도 하며, 광산이나 하상(河床)에서 채굴하거나 걸러서 나와, 정련하여 순도를 높이는 가공을 하지 않은 자연금.【原註】

206 엽자금(葉子金) : 엽금(葉金). 황금을 두드려서 만든 얇은 판.【原註】

207 회회전(回回錢) : 회회(回回)는 원대 역사서에서 이슬람교를 신봉하는 위구르족 및 서아시아와 중아시아의 여러 이슬람교도에 대한 통칭.【原註】

208 숙금(熟金) : 제련하여 순도를 높이는 과정을 거친 뒤의 황금.【原註】

청, 〈황금정(黃金錠)〉, 5×2×1cm, 북경 고궁 소장

청, 〈금룡(金龍)〉, 북경 고궁 소장

원문 金鐵論

金

出南蕃西蕃雲南高麗等處沙中. 南蕃瓜子金麩皮金, 皆生金也. 雲南葉子金西蕃回回錢, 此熟金也. 其性柔而重, 色赤. 足色[209]者, 面有椒[210]花鳳尾[211]及紫霞. 如和銀者, 性柔, 石試[212]色青, 火燒不黑. 和氣子者[卽紅銅, 又名張公, 又名身子], 石試有聲而落屑, 色赤而性硬, 火燒黑色, 古云金怕石頭銀怕火. 其色七靑八黃九紫十赤, 以赤色爲足色金也.

번역 자금紫金[213]

옛말에 "반량전半兩錢[214]이 자금이다"라 하였으며, 지금 사람은 적동赤

209 足色(족색) : 금과 은의 빛깔이 충분하다.【原註】

210 椒(초) : 나무 이름. 화초(花椒, 산초나무).【原註】

211 봉미(鳳尾) : 봉황의 꼬리털, 확대하여 수려하고 가는 무늬.【原註】

212 石試(석시) : 시금석으로 시험하다. 시금석(touchstone)의 광물학 명칭은 벽현암(碧玄巖, 흑색의 단단한 암석)으로 현무질(玄武質) 분출암에 속하며, 재질이 세밀하여, 재질이 연한 황금으로 표면에 긁어 쉽게 선을 그을 수 있으며, 선의 반사율과 빛깔에 근거하여 황금의 순도를 감정할 수 있다. 본서 하권 『이석론·시금석(異石論·試金石)』에 자세히 나온다.【原註】

213 자금(紫金) : 현대의 자금은 로듐(rhodium) 즉 원소 기호 Rh이고 원자 번호 45인 백금족의 귀금속을 가리키며 은백색으로, 합금으로 사용된다. 중국 고대의 자금이 로듐을 가리키는 지는 불확실하다.【역주】

銅[215]과 황금으로 자금을 만든다. 그러나 세상에 일찍이 진짜 자금은 나타나지 않았다.

원문 紫金

古云, 半兩錢卽紫金, 今人用赤銅和黃金爲之. 然世未嘗見眞紫金也.

번역 금사약金詐藥[216]

염초焰硝[217] · 녹반綠礬[218] · 소금을 도자기 속에 놓고, 맑은 물을 넣어 잘 섞어서, 불로 끓이다가 색이 변하면 중지한다. 그런 다음, 금으로 만든 기물의 위에 칠해 불로 구워 건조시키다가, 불 속에서 약간 그을린 색으로 타면, 급히 맑은 물에 넣어 세척한다. 황금색이 되지 않으면 다시 칠한다. 그러나 외부에만 금이 존재한다.

---

214 반량전(半兩錢) : 진시황(秦始皇, 재위 B.C.247~B.C.210)이 중국을 통일한 뒤에 반량전을 전국의 통일된 주조 화폐로 삼았다. 하나의 중량이 당시의 반량, 즉 12수(銖)이다.【原註】
* 반냥전 : 전국시대 진나라에서 한나라 초기까지 사용된 주조 동전. 크기와 무게가 다른 여러 종류가 있다. 진시황의 반냥전은 원형으로 중간에 사각형의 구멍이 있으며, 전서체 양각문자로 오른쪽에 '半(반)'자를 왼쪽에 '兩(양)자'가 있으며 뒷면에는 무늬가 없다.
* 수(銖) : 무게 단위. 진나라 표준 한 냥(약 16g)의 1/24로, 1수의 무게는 약 0.67g이다.【역주】

215 적동(赤銅) : 순동을 가리킨다. '홍동(紅銅)'이나 '자동(紫銅)'이라고도 한다.【原註】

216 금사약(金詐藥) : 아말감 도금법(鍍金法)에 사용하기 위하여 제조한 금을 함유한 용액인 금 아말감(gold amalgam). 본문의 내용이 아말감 도금법이다.【역주】

217 염초(焰硝) : 광물 명칭으로 초석(硝石). 백색의 결정체로, 화약과 작약(炸藥, 폭발을 시키도록 작용하는 화약) 및 비료를 만들 수 있다. '화초(火硝)'라고도 한다.【原註】

218 녹반(綠礬) : 무기화합물로 7개의 분자결정수를 함유한 유산철(硫酸鐵, 황산의 수소 원자가 철 원자로 치환된 화합물의 총칭)이다. 남녹색을 나타낸다. 염료와 먹물 및 농약 등의 제조에 사용할 수 있다.【原註】

원문 金詐藥

用焰硝綠礬鹽留窯器[219]內, 入淨水調和, 火上煎, 色變則止. 然後刷上金器物, 烘乾, 留火內略燒焦色, 急入淨水刷洗. 如不黃, 再上. 然只在外也.

번역 은銀

신주信州[220]와 처주處州[221] 등 주州의 산중에서 산출되는데, 순도가 충분한 것은 은정銀錠[222]으로 만들며 표면에 금색의 무늬가 나타나고, 그 다음 등급은 녹색의 무늬가 나타나며, 또 그 다음은 흑색의 무늬가 나타나므로, '화은花銀'[223]이라 한다. 은정에 나타난 벌집 모양의 구멍 속에는 거꾸로 떨어진 물방울 모양이 있으며, 광택이 나고 불로 태워도 색이 변하지 않는다. 또 다음 등급의 것은 송문松紋[224]으로, 가짜 금색의 무늬는 밀타승密陀僧[225]으로 만들며, 만약 표면에 흑색의 반점이 있으면서 광택이 나지 않는 것은 틀림없이 흑연黑鉛이 내부에 있다. 순도 90%의 은은 불에 태운

219 窯器(요기) : 도자기.【原註】

220 신주(信州) : 지금의 강서성 상요(上饒) 신주.【原註】

221 처주(處州) : 지금의 절강성 여수(麗水)의 옛날 이름.【原註】

222 은정(銀錠) : 주조하여 덩어리로 만든 은. 출토된 최초의 은정은 한나라 경제(景帝) 2년(B.C.148)에 주조한 것이며, 역대로 계속 제작하였다. 수당시기 이전에는 '은병(銀餠)'이나 '은정(銀錠)'이라 하였으며, 송대 이후 은정으로 고쳤다. 명청시기에는 '원보(元寶)'라는 용어를 사용하였다.【역주】

223 화은(花銀) : 통상 순도가 비교적 순수한 은을 가리킨다.【原註】

224 송문(松紋) : 즉 송문과(松紋錁), 문은(紋銀). 일반적으로 말해서 순도가 높은 은정의 표면에 대부분 물결 모양의 자잘한 실 무늬가 있다.【原註】

* 문은(紋銀) : 고대 중국의 표준 은으로 순도는 약 93.5%이다.【역주】

225 밀타승(密陀僧) : 광물의 명칭. 성분은 산화납으로 황색이나 홍갈색의 분말이다. 약에 넣을 수 있으며, 축전지와 안료 등의 제조에도 사용한다.【原註】

* 밀타승(密陀僧) : 일산화납(lead monoxide). 납을 공기 속에서 가열하여 만든 가루로 유리의 제조에 많이 사용된다.【역주】

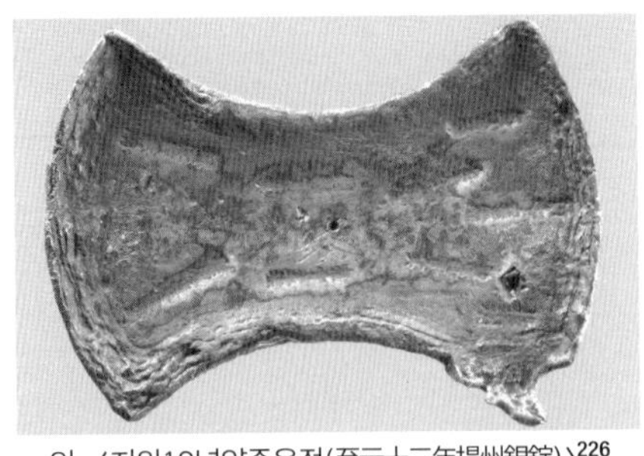

원, 〈지원13년양주은정(至元十三年揚州銀錠)〉[226]

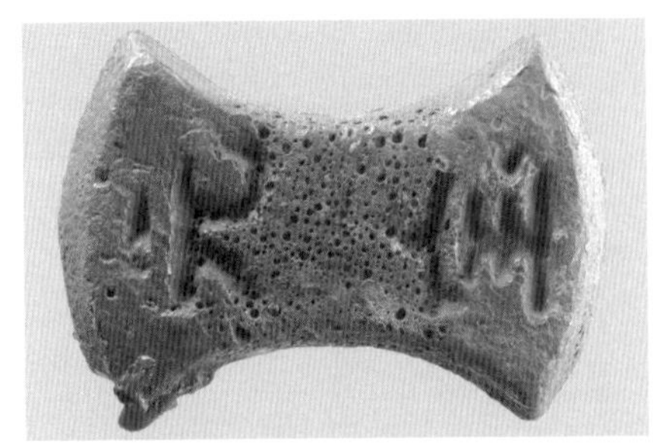

50냥, 상해박물관 소장(최초 '元宝(원보)' 문자 실물)

뒤에 새하얗게 되며, 가장자리는 회색을 띤다.

원문 銀

出信處等州山中, 足色者成錠, 面有金花,[227] 次者綠花, 又次者黑花, 故謂之花銀. 蜂窠[228]內有倒滴而光澤, 火燒色不改. 又次者松紋, 假金花以密陀僧爲之, 若面有黑斑而不光澤者, 必有黑鉛在內. 九成者火燒後死白,[229] 邊帶灰色.

---

226 지원13년양주은정(至元十三年揚州銀錠) : 1276년, 양주(揚州)에서 승상 백안(伯顔, 1236~1295)이 주조한 최초의 원보(元宝) 문자가 새겨진 은정. 이후 은정을 '원보'라 부르게 되었다.【역주】

227 金花(금화) : 금색의 무늬.【역주】

228 蜂窠(봉와) : 벌집.【原註】

* 여기서는 주조한 은정에 주조불량으로 나타나는 벌집처럼 다닥다닥 붙어 나타나는 자잘한 구멍.【역주】

229 死白(사백) : 새 하얗다.【역주】

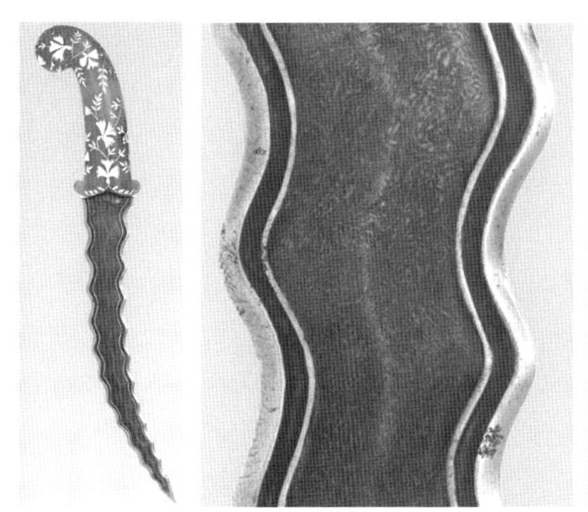
인도 단검(17~18세기) 우츠강, 메트로폴리탄 박물관 소장

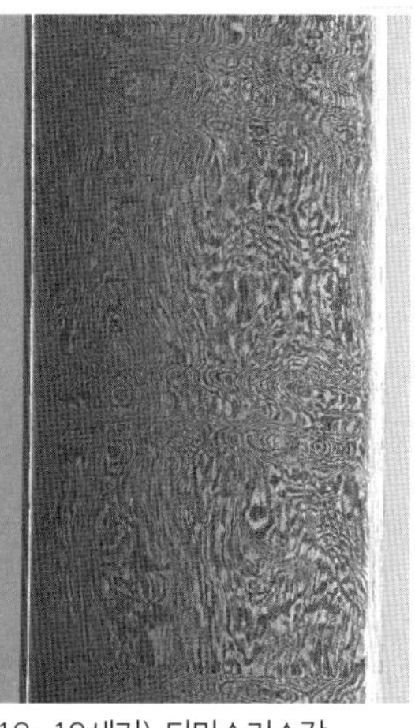
아라비아 saber(18~19세기) 다마스커스강, 메트로폴리탄 박물관 소장

번역 빈철鑌鐵[230]

서번西蕃에서 산출되며, 표면에 저절로 나선의 무늬가 있는 것이 있고, 자잘한 눈꽃 무늬가 있는 것이 있다. 대개 도검으로 만들어진 기물은 반짝이고 말끔하게 연마하여 금사반金絲礬[231]으로 부식시키면 무늬가 드러나고, 가치가 곧 바로 은보다 높다. 옛말에 "철의 강도를 아는 것은 황금

230 빈철(鑌鐵) : 표면에 마광처리를 하고 다시 부식시켜 문양이 드러나게 한 고대 강철의 일종. 원산지는 지금의 이란·캐시미르·인도 등지이며, 남북조시기에 중국에 전래되었다. 물결무늬가 있는 현대의 다마스커스강(Damascus Steel, 고대의 제조법이 실전되어 현대에 다시 재현하여 제조)과는 다른 계열로, 인도의 우츠강(Wootz steel, 17세기 말에 채굴이 완료되어 제조법이 실전)과 유사한 것이며, 도가니에서 제련하여 만든 강철 계열로서, 수나라시대에 인도 등지의 불경을 번역한 책에 처음 나타난다. 간단하게 말하면 접쇠법(두들겨 펴고 다시 접어 두들겨 펴는 방식을 반복하여 강도를 높이는 기법)으로 만든 강철의 한 종류로 추정된다.【역주】

231 금사반(金絲礬) : 황반(黃礬)으로 유산철이며, 결정체가 바늘 형상이므로 '금사'라는 명칭이 있게 되었다.

* 반(礬) : 유산염(硫酸鹽, 즉 황산염. sulfate)에 의한 부식. 실제로는 산화나 환원 반응이다.【原註】

을 아는 것과 같다識鐵强如識金"라고 하였다. 위조한 것은 흑색의 무늬가 나타나며, 자세히 보고 점검해야 한다. 칼에는 세 가지 뛰어난 것이 있다. 대금수총관도大金水總管刀[232]가 첫 번째이다. 서번의 계칙목鸂鶒木[233]으로 만든 손잡이가 두 번째이다. 달단韃靼[234]의 자작나무 껍질로 만든 칼집이 세 번째이다. 일찍이 빈철 가위 한 자루가 있었는데, 제작이 극히 정교하고 외면에 무늬가 도드라져 있으며, 도금한 내부에 은으로 아라비아문자를 상감하였다.

---

232 대금수총관도(大金水總管刀) : 남송 주밀(周密, 1232~1298. 문학가)의 『운연과안록(雲烟過眼錄)』에서 "비도(篦刀) 하나, 그것을 만든 철은 모두 가는 무늬가 있으며, 이것은 바로 은 조각을 가늘게 자르고 또 철 조각을 머리칼처럼 가늘게 자른 뒤에 모아 놓고 만 번을 두드려 저절로 이루어진 문양이다. 손잡이는 여러 색을 합친 오목(烏木)과 같으며, 바로 서역의 계설향목(鷄舌香木, 정향나무)이다. 이것이 바로 금나라 수총관(水總管)이 만든 칼이다. 표면에 금을 상감하여 5자를 만들었다. 빈철은 저절로 눈꽃과 같은 가는 무늬가 있으며, 은과 철을 모아 두드린 것은 아마도 아닐 것이다(篦刀一, 其鐵皆細花文. 云此乃用銀片細剪, 又以鐵片細剪如絲髮, 然後團打萬槌, 乃成自然之花. 其靶如合色烏木, 乃西域鷄舌香木也. 此乃金水總管所造刀也. 上用滲金鐫錯造五字. 鑌鐵自有細文如雪花, 以銀和鐵團打, 恐非也)"라고 하였다. 이것은 무늬가 있는 빈철(鑌鐵)도에 관한 최초의 상세한 기록이다. '총관(總管)'이라는 명칭은 오대 후주(後周, 951~960)에서 시작되었으며, 이전의 도독(都督)으로, 주요직책은 군대를 통솔하고 군사업무를 지휘하는 것이다. 금수(金水) : 지칭하는 것을 알 수 없다.【原註】

* 운연과안록(雲烟過眼錄) : 2권. 중국 최초로 개인 소장 그림을 주요 내용으로 하고 겸하여 남송 황실의 일부 소장품을 기록한 저서. 1296년 완성. 43개 가문의 소장품을 자세히 기록하고 약간의 감정 기법도 덧붙였다.【역주】

233 계칙목(鸂鶒木) : 가구용 목재. 광동 경주도(瓊州島)와 운남 서쌍판납(西雙版納) 등지에서 산출되며, 줄기에 혹이 많고 흰 바탕에 흑색의 무늬가 닭의 날개와 같아 '계시목(鷄翅木, Wenge)'이라고도 한다.【역주】

234 달단(韃靼) : 본래 말갈(靺鞨)의 한 갈래로 돌궐족의 통치 아래에 있었던 하나의 부락이며, 돌궐이 쇠퇴하여 망한 뒤에, 달단이 점차 강대한 부락이 되었다. 몽고가 흥기하자 달단은 몽고에게 멸망당하였지만, 여전히 대체로 몽고를 '달단'이라 한다. 넓은 의미에서 달단은 중국 북방의 여러 소수민족에 대한 통칭이다.【原註】

아라비아 saber 칼날 표면에 금으로 상감한 아라비아 문자와 도안

원문 鑌鐵

出西蕃, 面上自有旋螺花者, 有芝麻[235]雪花者. 凡刀劍器打磨光淨, 用金絲礬礬之, 其花則見, 價直過於銀. 古云, 識鐵强如識金. 假造者是黑花, 宜仔細看驗. 刀子有三絶. 大金水總管刀, 一也, 西蕃瀏鵝木靶二也. 韃靼樺皮鞘三也. 嘗有鑌鐵剪刀一把, 製作極巧, 外面起花,[236] 鍍金裏面嵌銀回回字[237]者.

235 芝麻(지마) : 자잘한 사물을 가리킨다.【原註】
236 起花(기화) : 제화(提花, 요철이 있는 무늬). 짜서 돌출되어 있는 무늬.【原註】
237 回回字(회회자) : 아라비아문자나 페르시아문자.【原註】

하권下卷

1. 고대 도자기에 관한 논의古窯器論

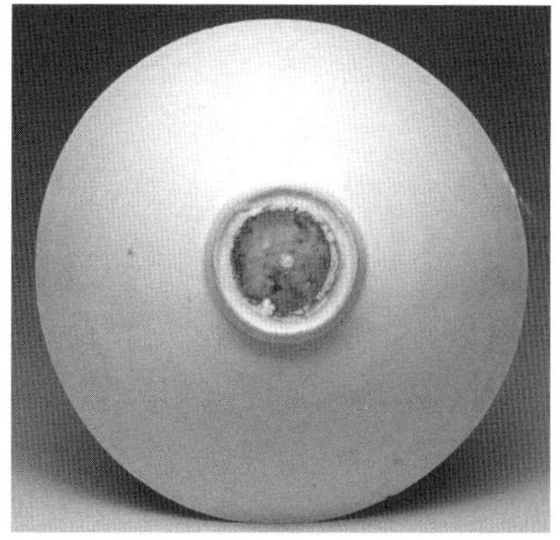

남송, 〈경덕진요 획화동자희련문 완(景德鎭窯刬花童子戱蓮碗)〉, 메트로폴리탄박물관 소장

번역 시요柴窯[1]

북방[2] 지역에서 산출되며, 시세종柴世宗[3] 시기에 불에 구워 만든 것이라 세상에 전하므로 '시요柴窯'라 한다. 천청색天青色[4]이며, 표면이 윤택하고

---

1 시요(柴窯) : 후주(後周) 시세종(柴世宗, 재위 954~959) 시기에 만들어졌다고 하지만, 가마터가 발견되지 않고 정확하게 밝혀진 실물이 전해오지 않아, 중설이 분분한 전설의 도자기이다. 조소(曹昭)의 『격고요론』에서 최초로 언급했으며, 명나라 화가 장응문(張應文, 1524?~1585)이 골동품에 관해 전문적으로 기록한 『청비장(淸祕藏)』에서 "색은 하늘처럼 푸르고, 표면은 거울처럼 밝으며, 두께는 종이처럼 얇고, 두드리면 경쇠와 같은 소리가 난다(青如天, 明如鏡, 薄如紙, 聲如磬)"라고 더욱 신비스럽게 묘사하여, 시요의 특징으로 회자되고 있으나, 이러한 기물은 송원시기 경덕진(景德鎭) 호전촌(湖田村)의 호전요(湖田窯)에서 제작된 청백자(青白瓷, 푸른빛이 돌며 기벽이 매우 얇은 백자)의 특징에 부합하므로, 청백자를 '시요'라고 주장하는 학자도 있다. 도판의 기물이 청백자이다.【역주】

2 북방 : 1388년에 완성된 조소의 『격고요론』을 증보하여 왕좌(王佐)가 1456년에 완성한 『신증격고요론(新增格古要論)』에서 "북방 지역 하남 정주(鄭州)에서 산출된다(出北地河南鄭州)"라 하였다.【역주】

3 시세종(柴世宗) : 시영(柴榮, 921~959)으로 재위는 954~960년이며, 오대 최후의 정권인 후주(後周, 951~960)의 두 번째 군주이다.【原註】

4 천청색(天青色) : 비가 개인 뒤의 하늘색. 명나라 시인 사조제(謝肇淛, 1567~1624)의 필기(筆記, 일종의 수필) 『오잡조(五雜俎)』 권12에 "세상에 전하기를 시세종시기에 구워 만들었으며, 담당관리가 도자기의 색을 요청하자, 비답(批答)을 내려 '비가 지나가 구름

매끄러운데, 자잘한 무늬[5]가 있다. 대부분은 굽이 거칠고 황토색이다. 근래에는 적게 보인다.

원문 古窯器[6]論

柴窯

出北地, 世傳柴世宗時燒者, 故謂之柴窯. 天青色, 滋潤[7]細媚,[8] 有細紋. 多足[9]麄黃土.[10] 近世少見.

이 사라진 푸른 하늘, 이러한 색을 만들어 오라!(雨過天青雲破處, 這般顏色做將來)'라고 하였다(世傳柴世宗時燒造, 所司請其色, 御批云, 雨過天青雲破處, 這般顏色做將來)"라 기록되어 있다.【역주】

5 자잘한 무늬 : 태토(胎土)와 유약(釉藥)의 팽창계수(膨脹係數)가 일치하지 않아 유면(釉面, 도자기 표면)에 나타나는 자잘한 균열. 오랜 시간이 지나면 노화(老化)가 진행되어 처음에는 없던 유면에도 균열이 발생한다.【역주】

6 窯器(요기) : 가마에서 구운 기물, 즉 도자기.【역주】

7 滋潤(자윤) : 윤택하다. 촉촉하다. 도자기의 표면에 윤기가 도는 상태를 가리킨다.【역주】

8 細媚(세미) : 『신증격고요론(新增格古要論)』에는 "세니(細膩)"로 되어 있다. 보드랍고 매끄럽다. 세밀하다.【역주】

9 足(족) : 굽. 도자기의 하부에서 지면과 접촉하는 부위.【역주】

10 多足麄黃土(다족추황토) : 자기의 굽이 보기에 거친 황토와 같다. "足麄黃土(족추황토)"는 기물 굽의 특징을 가리키며, 시요의 도짐이(가마에서 도자기를 구울 때 도기를 괴는 받침)를 받쳐 소성하는 방법을 반영하고 있다. 틀림없이 완전히 고운 모래를 뿌리고 그 위에 놓고 소성하는 방법을 채용하여, 굽을 유약으로 다 칠한 뒤에 수많은 입자가 작은 고운 모래가 달라붙어 있어 '거친 황토'처럼 보이지만, 결코 황토는 아니며, 제거할 수 있는 고운 모래이다. 이러한 도짐이 받침 소성 공예는 기타 요지(窯址)의 '지마정지소(芝麻釘支燒, 뾰족한 침이 있는 받침대를 받쳐 소성하는 기법으로 여요자기가 대표적이다)' 등과 다르게 독특한 특징을 형성한다.【原註】

* 多足麄黃土(다족추황토) : 도자기를 제작한 태토에 철분이 많아 소성한 뒤에 철분이 배어나와 유약(釉藥)이 칠해지지 않은 부위가 황토색을 띠는 것을 가리키는 것으로 '화석홍(火石紅)'이라 하며, 청대 이전까지는 황실용의 백자에서도 대부분 나타나는 현상이다. 청대에 들어와 태토에서 철분을 제거하는 기술이 발달하여 이러한 현상이 사라졌다. 【原註】에서 "모래를 뿌린 위에 기물을 놓고 소성했다"고 풀이하였으나, 대부분 접지면의 유약을 제거하고 도짐이를 받쳐 소성하므로, 거친 황토가 굽에 달라붙을 가능성은 거의 없다.【역주】

북송, 〈여요청자무문수선분(汝窯青瓷無紋水仙盆)〉, 대만 고궁박물원 소장(천청색으로 수선화를 심어 키우는 수선분, 무늬가 없다.)

북송, 〈여요청자병채접(汝窑青瓷丙蔡碟)〉,[11] (기벽이 매우 얇으며 굽 면에 건륭황제의 어제시가 새겨져 있다. 자잘한 무늬(균열)가 표면에 가득하다.)

번역 여요汝窯[12]

북방 지역에서 산출되며, 송대에 소성된 것이다. 옅은 청색靑色으로 해조문蟹爪紋[13]이 있는 것이 진품이고, 무늬가 없는 것이 더욱 좋다. 태토가

---

11 여요청자병채접(汝窑青瓷丙蔡碟) : 뒷면의 중앙에 '蔡(채)'자가 새겨져 있으며(시기 불명), 그 우측에 건륭 21년(1756) 황제가 왕유새(王裕璽)에게 명하여 장인 이세금(李世金)이 '丙(병)'자를 새긴 여요 청자 접시.【역주】

12 여요(汝窯) : 송대에 정주(定州, 지금의 하북성 정주시)의 백자는 입술부위에 유약을 칠하지 않아 까끌까끌하므로, 여주(汝州)에 청자 가마를 건설하도록 명하였으며, 마노를 가루로 만들어 유약으로 삼아 자기의 색은 옅은 청색이며, 단백색(蛋白色, 젖처럼 불투명한 흰색)으로도 만들었는데, 유약은 지방이 엉긴 듯이 윤이 나고 두터우며, 유약 표면에는 종안(棕眼, 땀구멍처럼 자기의 유약 표면에 오목하게 들어간 점)이 있고, 유약 속에는 해조문(蟹爪紋)이 보일 듯 말 듯 하며, 굽의 표면에는 참깨 크기의 작은 받친 점이 있는데, 감정하고 소장하는 사람은 해조문이 있는 것을 진품으로 여긴다.【原註】

* 여요(汝窯) : 본문의 여요는 북송의 황실에서 사용한 여관요(汝官窯) 자기를 가리키며, 여관요(汝官窯)는 북송 철종(哲宗, 재위 1085~1110) 말기부터 휘종(徽宗, 재위 1111~1135) 초기의 북송 말기 약 20년 동안 지금의 하남성 여주시(汝州市) 일대에서 제작된 청자로서, 하남성 보풍현(寶豐縣) 청량사촌(清凉寺村)에서 요지가 발견되었다. 해조문처럼 유약 층에 나타나는 겹겹의 균열과 굽의 표면에 보이는 참깨처럼 작은 받침 자국인 지마정(芝麻釘)이 선명한 특징으로, 현재 전 세계에 약 70여 점 정도만 존재하는 것으로 알려져 있다. 청나라 건륭제(乾隆帝, 재위 1736~1795)는 황실에 보관된 여요자기를 보고 시를 지어 굽의 표면에 새기기도 하였다. 황실자기가 아닌 민간용의 여요자기는 명대까지 제작되었으며, 청자 이외에 백자와 흑자도 제작되었다.【역주】

윤택하고 고우며, 기물의 두께가 매우 얇은데, 역시 구하기 어렵다.

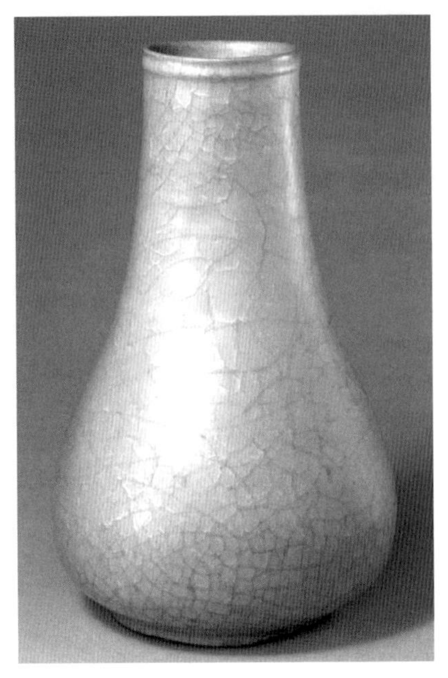

남송, 〈관요대병(官窯大瓶)〉, 북경 고궁 소장, 구연부 자구(紫口)

원문 **汝窯**

出北地, 宋時燒者, 淡青色, 有蟹爪紋者眞, 無紋者尤好. 土脉[14]滋媚, 薄甚, 亦難得.

번역 **관요官窯[15]**

송나라 수내사修內司[16]에서 소성한 것은 태토가 세밀하고 윤택하며, 색은 청색으로 분홍색을 띠는

13 해조문(蟹爪紋) : 여요자기의 유약층(釉藥層)에 게의 발가락과 유사한 형태로 자잘하게 나타나는 균열.【역주】

14 土脉(토맥) : 대체로 토양(土壤)을 가리킨다.【原註】
*土脉(토맥) : 도자기를 만드는 태토(胎土, 점토나 고령토 등의 흙)를 가리킨다.【역주】

15 관요(官窯) : 남송시기에 제작된 황실용의 자기로 '남송관요(南宋官窯)'라 통칭한다. 항주시(杭州市) 서호(西湖) 가의 봉황산(鳳凰山) 노호동(老虎洞)에서 남송시기의 관요 요지가 발견되어 '노호동요(老虎洞窯)'라 하며, '수내사요(修內司窯)'라고도 한다. 이후 옥황산(玉皇山) 남부의 오귀산(烏龜山) 서쪽 기슭의 교단하(郊壇下)에서도 관요자기를 제작하였으며, 이를 '교단하요(郊壇下窯)'라고 한다. 명대 홍무시기(洪武時期, 1368~1398)에 경덕진(景德鎭)에 황실용의 도자기 제작 공장인 어요창(御窯廠)이 설립된 이후에는, 어요창에서 제작된 기물을 '관요(官窯)'라고 통칭한다. 명나라 문학가 고렴(高濂, ?~?)이 1591년에 간행한 양생서(養生書)인 『준생팔전(遵生八牋)』에서 "'관요'라는 것은 송나라 수내사(修內司)에서 구워 만들었으며, 황실을 위해 제조한 것이다. 항주의 봉황산(鳳凰山) 아래에 있으며, 태토가 자주색이므로 굽의 색이 철과 같다. 지금은 '자구철족(紫口鐵足)'이라 한다(所謂官者, 燒於宋修內司中, 爲官家造也. 在杭之鳳凰山下, 其土紫, 故足色若鐵. 時云紫口鐵足)"라고 하였다.【역주】

16 수내사(修內司) : 궁전과 종묘의 수선(修繕)을 담당하는 관청.【역주】

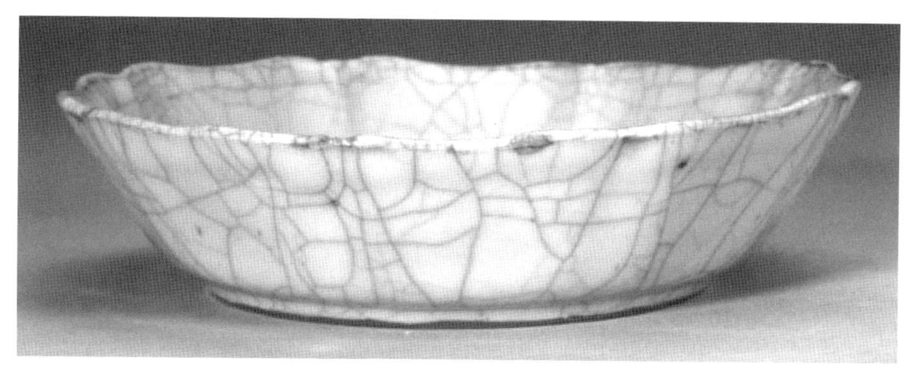

남송, 〈관요규판세(官窑葵瓣洗)〉, 북경 고궁 소장, 접지면의 철족(鐵足)

데 농담이 일정하지 않고, 해조문이 있으며, 자구철족紫口鐵足[17]이다. 색이 좋은 기물은 여요와 서로 비슷하다. 태토가 검은 것이 있어 '오니요烏泥窯'[18]라 한다. 위조한 것은 모두 용천요龍泉窯[19]에서 소성한 것으로 균열 무늬가 없다.

원문 官窯

宋修內司燒者, 土脉細潤, 色青, 帶粉紅, 濃淡不一, 有蟹爪紋, 紫口鐵足. 色好者與汝窯相類. 有黑土者, 謂之烏泥窯. 僞者皆龍泉燒者, 無紋路.[20]

---

17 자구철족(紫口鐵足) : 자기의 윗부분 주둥이 가장자리의 유약이 얇은 부위가 자색을 띠는 회흑색(灰黑色)이고, 굽 부분 유약이 없는 곳은 철갈색(鐵褐色, 녹슨 철의 색과 유사한 갈색)을 띠는 현상. 관요·가요(哥窯)·용천요(龍泉窯)의 특징 가운데 하나이다.【原註】

18 오니요(烏泥窯) : 남송 관요의 일종으로 흑색 태토로 만든 기물. 남송 관요의 태토는 일반적으로 회색빛을 띤 흑색이므로, 자구철족의 특징이 나타난다. 검은색의 태토를 사용한 기물은 명대 초기 용천요(龍泉窯)에서도 제작되었다.【역주】

19 용천요(龍泉窯) : 아래의 「고대 용천요(古龍泉窯)」조를 보라.【原註】

* 용천요 : 오대 말기에 시작되어 현재까지 지속되고 있는 지금의 절강성 용천시(龍泉市) 일대에 있었던 대표적인 청자 요지. 고려청자에 많은 영향을 주었으며, 전라남도 신안 앞바다에서 발견된 청자가 바로 원대의 용천요에서 제작한 청자이다. 유면의 균열은 용천요에서도 나타나지만 촘촘한 해조문과는 다르게 매우 성기게 나타난다.【역주】

20 紋路(문로) : 유면에 나타나는 균열 무늬.【역주】

송, 〈가요청유어이로(哥釉青釉魚耳爐)〉, 북경 고궁 소장

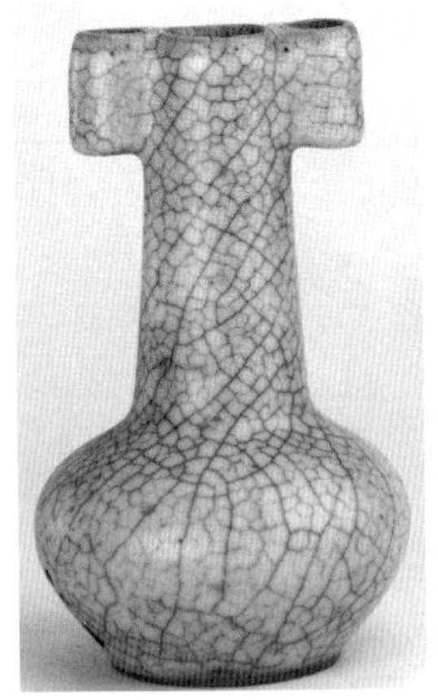

송,
〈가유청유관이병(哥窯青釉貫耳瓶)〉,
북경 고궁 소장

번역 가요哥窯[21]

옛날 가요의 색은 청색으로 농담이 일정하지 않으며, 역시 자구철족이 있다. 색이 좋은 것은 동요董窯[22]와 비슷하다. 지금은 역시 드물다. 한 벌

---

21 가요(哥窯) : 송원시기에 청자를 제작한 가마이며, 아직 가마터가 발견되지 않아 중설이 분분하다. 회색빛이 도는 표면에 '금사철선(金絲鐵線)'이라는 흑색의 굵은 선(철선)과 황색의 가는 선(금사)이 나타나는 점이 특징이다. 전해오는 기물의 수량이 극히 적어, 명청시기에 모방품이 제작되었으며, 이를 '방가요(仿哥窯)'라 한다. 청나라 시인 주염(朱琰, 건륭시기 활동)이 1774년에 완성한 도자기 전문 저서인 『도설(陶說)』에서 "송나라 가요는 본래 용천현의 유전요(琉田窯)이며, 처주[處州, 지금의 절강성 여수시(麗水市)] 사람 장생일(章生一)과 장생이(章生二) 형제가 용천현의 가마를 각각 하나씩 맡아서 하였다. 장생일이 형이므로, 그가 만든 도자기를 '가요'라 한다(宋哥窯本龍泉琉田窯, 處州人章生一生二兄弟, 於龍泉之窯, 各主其一. 生一以兄故, 其所陶者曰哥窯)"라고 하였으며, 가장 대표적인 주장이다.【역주】

22 동요(董窯) : 명나라 학자 주리정(周履靖, 1549~1640)의 산문집인 『이문광독(夷門廣牘)』본의 『격고요론』에서 "동요. 옅은 청색으로 자잘한 균열 무늬가 많으며, 역시 자구철족 현상이 있지만, 관요와 비교하여 홍색이 없으며, 품질이 떨어져서 세밀하고 윤택하지 않아 관요에 미치지 못하는 것이 많다. 지금 역시 수량이 적다(董窯, 淡青色, 細紋多, 亦有紫口鐵足, 比官窯無紅色, 質麤而不細潤, 不逮官窯多矣. 今亦少)"라고 하였다. 동요(董窯)

이 되는 것이 있으며 원나라 말기에 새로 소성한 것으로, 태토가 거칠고 건조하며, 색도 좋지 않다.

원문 哥窯

舊哥窯色靑, 濃淡不一, 亦有鐵足紫口. 色好者類董窯. 今亦少. 有成群隊[23]者, 元末新燒者, 土脉麄燥, 色亦不好.

번역 고대 정요定窯[24]

고대 정요 기물은 태토가 세밀하며, 유색이 희면서 윤택한 것이 귀하고, 유약의 재질이 거칠고 색이 황색인 것은 가치가 낮다. 기물의 외면에 누흔淚痕[25]이 있는 것이 진품이다. 획화劃花[26]로 문양을 장식한 것이 가장 아름다우며, 무늬가 없는 것도 좋고, 수화繡花[27]로 장식한 것은 그 다음이

는 북송시기 변경(汴京, 지금의 하남성 개봉시) 동쪽의 진류현(陳留縣)에 있었던 저명한 민간 요지로, '동요(東窯)'라고도 하며 청자를 주로 제작하였다고 한다. 아직 요지가 발견되지 않았으며, 정확하게 밝혀진 실물도 아직 없다.【역주】

23 成群隊(성군대) : 한 조(組)를 이루다. 한 벌이 되다.【역주】

24 정요(定窯) : 고대에 정주(定州)에 속했던 지금의 하북성 보정시(保定市) 곡양현(曲陽縣) 간자촌(澗磁村) 일대에서 제작되었으며, 당나라에서 시작되어 북송과 금대에 번성하였다가 원대에 폐지되었다. 백자가 유명하며, 흑정(黑定, 흑색)·자정(紫定, 자주색)·녹정(綠定, 녹색)도 제작하였다. 북송 중후기에 공품이 되었으나, 거꾸로 엎어서 소성하는 복소법(覆燒法)을 사용하여 완의 구연 부위에 유약이 없어 까끌까끌하므로 공납이 중지되고, 대신하여 여요자기가 제작되었다.【역주】

25 누흔(淚痕) : 고온의 소성과정에서 유약이 녹아 흘러내려 눈물방울처럼 기물의 중간이나 하단에 뭉쳐있는 현상으로, 정요자기 진위 감정의 한 기준이 된다.【역주】

26 획화(劃花) : 소성하기 전의 기물 표면에 날카로운 도구로 긁어서 문양을 표현하는 기법. 칼을 이용하여 문양을 새기는 기법은 '각화(刻花)'라 하며, 도장이나 틀을 이용하여 찍는 기법은 '인화(印花)'라 한다.【역주】

27 수화(繡花) : 수놓은 무늬. 여기서는 각종 장식기법(획화, 각화, 인화)으로 무늬를 장식한 것을 가리킨다. 정요자기의 장식문양은 화훼문이 가장 많으며 용·원앙·사슴 등의

송, 〈정요장유개완(定窯醬釉蓋碗)〉, 북경 고궁 소장, 자정(紫定)

송, 〈정요백유해아침(定窯白釉孩兒枕)〉, 북경 고궁 소장

다. 선화宣和, 1119~1125[28]와 정화政和, 1111~1118[29] 연간의 가마에서 구운 것이 가장 좋지만, 한 벌이 되는 것을 구하기가 어렵다. 자정紫定이 있는데 색은 자주색이고, 묵정墨定이 있어 색은 옻칠처럼 검으며, 태토는 모두 백색으로 그 가치가 백색 태토의 정요처럼 높다. 모두 정주定州[30]에서 산출된다. 소식蘇軾[31]의 시에서 "정주의 꽃무늬 도자기는 홍옥을 쪼아서 만들었다네定州花瓷琢紅玉"[32]라고 하였다. 대개 도자기는 손상이 있거나 등급이

동물문과 봉황·공작·원앙·오리 등의 조류문 등이 있다.【역주】

28 선화(宣和) : 북송 휘종(徽宗)의 6번째 연호로 1119~1125년.【역주】

29 정화(政和) : 북송 휘종의 5번째 연호로 1111~1118년.【역주】

30 정주(定州) : 지금의 하북성 정주시(定州市).【역주】

31 소식(蘇軾, 1037~1101) : 북송의 문학가이자 화가이며 서예가. 당송팔대가(唐宋八大家)의 한 사람. 자(字)는 자첨(子瞻), 호는 동파거사(東坡居士)와 철관도인(鐵冠道人)으로, 세상에서 "소동파(蘇東坡)"라 한다.【역주】

* 당송팔대가 : 당나라와 송나라에서 뛰어난 8명의 문인. 당나라의 한유(韓愈, 768~824)와 유종원(柳宗元, 773~819) 및 송나라의 구양수(歐陽脩, 1007~1072)·소순(蘇洵, 1009~1066)·소식·소철(蘇轍, 1039~1112)·왕안석(王安石, 1021~1086)·증공(曾鞏, 1019~1083)의 8인을 가리킨다.【역주】

32 定州花瓷琢紅玉(정주화자탁홍옥) : 소식의 시 「과거 시험장에서 차를 끓이며(試院煎茶)」에서 나왔다.【原註】

* '홍정(紅定)'으로 불리는 홍색의 정요자기는 없으므로, 소식이 '홍옥(紅玉)'이라 읊은 것은 붉은 빛이 도는 자정(紫定)이나 흑정(黑定)을 가리키는 것으로 보아야 한다. 불과

낮거나 태토가 드러난 것은 가치가 낮다. 손상된 것을 '모茅'라 하고, 등급이 낮은 것을 '멸篾'이라 하며, 유약이 없는 것은 '뼈가 나왔다'라고 하는데, 이것은 골동을 매매하는 직업에서 사용하는 은어이다.

원문 古定器

古定器土脉細, 色白而滋潤者貴, 質麄而色黃者價低. 外有涙痕者是眞. 劃花者最佳, 素者亦好, 繡花者次之. 宣和政和間窯最好, 但艱得成群隊者. 有紫定, 色紫, 有墨定, 色黑如漆, 土俱白, 其價高如白定. 俱出定州. 東坡詩云, 定州花瓷琢紅玉. 凡窯器茅篾骨出者價輕. 損曰茅, 路[33]曰篾, 無油水曰骨出,[34] 此賣骨董[35]市語[36]也.

번역 고려요高麗窯[37]

고대 고려요의 기물은 색이 분청粉青[38]으로 용천요와 서로 유사하지만, 표면에 백색의 꽃송이[39]가 있는 것은 그리 가치가 나가지 않는다.[40]

유약 속에 섞인 불순물의 영향으로 소성과정에서 변화가 발생하여, 순수한 의미의 자정이나 흑정과 달리 붉은 빛이 더 강렬한 기물이 제작될 수 있다.【역주】

33 路(로) : 품질(직업적인 은어), 즉 '품질의 차등이나 등급'의 의미.【原註】

34 骨出(골출) : 유약이 칠해지지 않아 태토가 드러난 곳.【原註】

35 骨董(골동) : 진귀하고 드물게 보이는 오래된 기물. 고완(古玩).【原註】

36 市語(시어) : 직업적인 은어.【原註】

37 고려요(高麗窯) : 고려에서 제작한 도자기. 여기서는 청자와 상감청자를 설명하였다. 고려청자는 흑토와 백토를 상감하여 문양을 표현한 상감청자가 유명하며, 12세기에 제작된 국보 제68호인 청자상감운학문매병(青磁象嵌雲鶴紋梅瓶)이 대표적이다.【역주】

38 분청(粉青) : 청자 빛깔의 일종으로 유색(釉色)이 청록색 가운데 분(粉)과 같은 백색이 은은하여 청옥(青玉)과 유사한 느낌이 든다. 남송 용천요에서 많이 제작되었다.【역주】

39 백색의 꽃송이 : 고려청자에서 백토를 상감하거나 퇴화기법[堆花技法, 흰색의 화장토(化粧土)로 문양을 그리는 기법]으로 표현한 꽃무늬.【역주】

원문 高麗窯

古高麗窯器皿色粉青, 與龍泉窯相類, 上有白花朶兒者不甚直錢.[41]

번역 고대 자주요磁州窯[42] 자기

좋은 것은 정요와 서로 비슷하지만 누흔이 없으며, 획화劃花와 수화繡花로 장식한 것도 있는데, 문양이 없는 것은 가치가 정요보다 낮고, 신제품은 말할 거리가 못 된다.

원문 古磁器

好者與定相類, 但無淚痕, 亦有劃花繡花, 素者價低於定器, 新者不足論.

---

40 고려청자는 상감청자가 대표적이다. 저자가 이렇게 표현한 것은 북송 선화(宣和) 6년(1124)에 고려에 사신으로 왔던 서긍(徐兢, 1091~1153)이 고려의 실정을 기록한 『선화봉사고려도경(宣和奉使高麗圖經)』에서 "도자기 색 가운데 청색의 것은 고려 사람들이 '비색(翡色)'이라 한다. 근래 이래로 제작이 정교하고 빛깔은 더욱 아름답다(陶器色之青者, 麗人謂之翡色也. 近年以來制作工巧, 色澤尤佳)"라고 기술한 영향으로 추정된다.【역주】

41 直錢(직전) : 치전(值錢). 가치가 있다.【역주】

42 자주요(磁州窯) : 하북성 한단시(邯鄲市) 팽성진(彭城鎭)과 자현(磁縣) 관대진(觀臺鎭) 일대에 요지가 분포하며, 북송 중기에 시작되어 현재까지 지속되고 있다. 점토에 백색의 화장토를 칠하고 각종 기법으로 문양을 표현하는 기법이 대표적이며, 거의 중국 전역에서 모방 제작이 이루어져 자주요계(磁州窯係)를 형성하였다. 조선시대 분청사기의 철화와 박지기법(剝地技法, 여백을 긁어내어 문양을 남기는 장식기법) 등은 자주요와 직접적인 관계가 있어 보인다.【역주】

고려, 〈청자상감운학문매병〉, 국보 68호

고려, 〈청자철화백퇴화 연당초문 매병〉

원, 〈백지흑화운봉문사계병(白地黑花雲鳳紋四係瓶)〉,
북경 고궁 소장

금, 〈흑유획화모란문매병(黑釉劃花牡丹紋梅瓶)〉,
대만 고궁박물원 소장

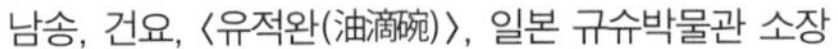

남송, 건요, 〈유적완(油滴碗)〉, 일본 규슈박물관 소장

남송, 건요, 〈토호잔(兎毫盞)〉, 동경박물관 소장

번역 고대 건요建窯[43] 자기

건요의 완과 잔은 대부분 별구撇口[44]이며, 색은 흑색이면서 윤택하고, 황색의 토호반兎毫斑[45]이 있는 것과 기름방울[46]이 큰 것이 진품이다. 그러나 기벽이 매우 두터워 저속하며, 기벽이 얇은 것은 매우 적다.

원문 古建器

建碗盞多是撇口,[47] 色黑而滋潤, 有黃兎毫斑滴珠大者眞. 但體極厚俗, 甚

---

43 건요(建窯) : 복건성 건양시(建陽市) 수길진(水吉鎭)이 대표적인 요지로서, 당대에 시작되어 남송시기에 전성기를 구가하다가 청대에 폐쇄되었다. '천목(天目)'이라 불리는 흑유 찻잔으로 유명하다. 송대에 차의 우열을 겨루는 투차(鬪茶) 문화가 성행하였으며, 흑색의 건요 찻잔이 여기에 적합하여 황실에서도 건요 찻잔을 사용하였다. 일본에 전해오는 3점의 요변천목잔(窯變天目盞)은 흑색바탕에 남색의 원형 반점이 어우러져 환상적인 아름다움을 간직한 작품으로 유명하다.【역주】

44 별구(撇口) : 기물의 주둥이가 밖으로 살짝 벌어진 형태. 반대로 안으로 살짝 오므린 것은 '염구(斂口)'라 한다.【역주】

45 토호반(兎毫斑) : 건요자기의 안팎 표면의 구연부에서 바닥으로 유약이 흘러내려 방사상으로 나타나는 토끼털처럼 가는 세로무늬. 색에 따라 금색의 것을 '금토호'라 하고 은색의 것은 '은토호'라 한다. 토호반이 있는 건요잔을 '토호잔(兎毫盞)'이라 한다.【역주】

46 기름방울 : 건요자기 가운데 기름방울과 같은 무늬가 기물의 안팎 유면에 촘촘하게 나타나는 기물이 있으며, 이러한 완을 '유적완(釉滴碗)'이라 하고, 수량이 매우 적어 진귀하다.【역주】

남송~원, 용천요, 〈청자쌍어세(靑瓷雙魚洗)〉,[48]
대북 고궁박물원 소장

원, 용천요,
〈청자여인상촉대(靑磁女人像燭臺)〉,
국립중앙박물관 소장(신안 유물)

少見薄者.

번역 **고대 용천요龍泉窯**

고대 청자는 태토가 곱고 또 기벽이 얇다. 취청색翠靑色[49]의 기물이 귀하고, 분청색粉靑色의 것은 저급이다. 한 종류의 분盆[50]이 있어 내부의 바닥에

---

47 鼈口(별구) : 별구(撇口). 주둥이의 형태가 밖으로 살짝 벌어진 것.【역주】

48 청자쌍어세(靑瓷雙魚洗) : 좌위의 구멍에 동으로 만든 고리를 끼워 손잡이로 사용하면 본문에서 설명한 기물에 정확하게 부합한다. 이 기물은 세(洗, 물을 담아 씻는 용도)로 크기는 구경이 21cm이고 높이가 5.7cm이다.【역주】

49 취청색(翠靑色) : 남색 계열이 아니라 녹색 계열의 색으로, 취청색은 어린 매실의 색과 유사한 색조.【역주】

50 분(盆) : 물건을 담거나 물건을 씻는 용도의 그릇으로, 구연부가 크고 굽이 작으며, 대부

두 마리 물고기가 있고, 분의 구연부에 구리로 만든 둥근 고리가 있었다. 기벽이 두터운 것은 그리 아름답지 않다.

원문 古龍泉窯

古青器土脉細且薄. 翠青色者貴, 粉青色者低. 有一等[51]盆, 底雙魚, 盆口有銅掇環.[52] 體厚者, 不甚佳.

번역 고대 요주饒州[53]에서 소성한 기물

황실용 흙으로 만든 도자기는 몸체가 얇고 윤택하여 가장 우수하다. 문양이 없고 허리 부위가 꺾였으며 구연부에 유약이 없는 것은 몸체가 비록 두껍지만, 색이 희고 또 윤택하여 더욱 아름답다.[54] 그 가치는 정요자기보다 낮다. 원대에 소성한 굽이 작고 인화印花로 장식한 것으로 내면에 '추부樞府'[55]라는 글자가 있는 것이 고급이며, 새로 소성한 것으로 굽이

분 원형이다.【역주】

51 一等(일등) : 한 등급. 한 종류. 제1등.【역주】

52 掇環(철환) : 옛날 대문의 문고리와 유사한 원형의 고리.【역주】

53 요주(饒州) : 수나라가 진(陳)나라를 평정한 뒤에 설치하였으며, 주의 관청 소재지는 파양현(鄱陽縣)으로, 지역적으로 강서성 동북부에 위치한다. 후에 도자기의 수도(瓷都)가 된 경덕진(景德鎭)은 원래 명대에 요주의 부량현(浮梁縣)이 관할하던 진(鎭)이었다.【原註】
* 원대 이후 경덕진은 중국 도자기의 제작 중심지가 되어 현재까지 지속되고 있으며, '경덕진요(景德鎭窯)'라고 한다.【역주】

54 구연부에 유약이 없고 색이 희고 윤택한 기물은 경덕진시 동남의 호전촌(湖田村)에서 제작한 청백자(青白瓷, 푸른 빛깔이 은은한 백자)로 '호전요(湖田窯)'라 하며, 명대까지 제작되었다. 신안 유물에도 〈청백자유리홍쌍엽문시명반(青白瓷釉裏紅雙葉紋詩銘盤)〉을 포함하여 다수의 청백자 기물이 포함되어 있다. 유리홍(釉裏紅)은 '동화(銅花)'라고 하며, 산화동(Cuo)을 원료로 한 안료이며, 붉은 색으로 발색되고, '동화(銅華)'나 '진사(辰砂)'라 한다.【역주】

55 추부(樞府) : 추밀원(樞密院)으로, 군사 기밀과 변방 및 군마(軍馬) 등의 사무를 관장한

원, 〈난백유인화번련문완(卵白釉印花番蓮紋碗)〉,[56]
대만 고궁박물원 소장

명, 가정(嘉靖), 〈오채어조문관(五彩魚藻紋罐)〉,[57]
상해박물관 소장

크고 문양이 없는 것은 윤기가 없다. 청화青花[58]와 오색의 무늬가 있는 것[59]은 또 매우 저속하다.

다.【原註】

56 난백유인화번련문완(卵白釉印花番蓮紋碗) : 번련 문양을 틀에 대고 찍는 인화기법으로 제작하였으며, 문양사이에 '추부(樞府)'라는 글자가 들어간 난백유(卵白釉, 오리껍질의 색처럼 은은하게 청색을 띠는 백색) 백자로, 특별히 '추부요(樞府窯)'라 한다.【역주】

57 오채어조문관(五彩魚藻紋罐) : 남색의 수초문은 청화이며, 천연색의 오채로 물고기 문양을 그린 청화오채자기이다. 기물의 형태를 만든 다음, 청화로 일부 문양을 그리고 투명한 유약을 칠해 가마에서 굽는다. 이 위에 다시 각종 천연색의 오채 안료를 가지고 나머지 문양을 그려 다시 600~900℃의 저온에서 구워 완성한다. 안료에 따라 굽는 온도가 상이하여, 최대 5번까지 굽기도 한다. 조선에서는 이러한 오채자기를 제작하지 않았다.【역주】

58 청화(青花) : 코발트를 원료로 하여 무늬가 남색으로 나타나는 청화자기를 가리킨다. 당나라에서 기원하여 원대 말기에 본격적으로 자기의 제작이 이루어졌으며, 명대 초기에는 발전의 초기단계이므로 아직 성숙하지 못하여, 본서에서 "매우 속되다(俗甚)"라고 하였으나, 청화자기는 중국도자기에서 가장 많이 제작된 기물로, 명청시기에는 황실 제품으로도 많이 제작되었으며, 지금까지 가장 유행하고 있다.【역주】

59 오색의 무늬가 있는 것 : 오채자기(五彩瓷器)를 가리키며, 조소가 살았던 명대 초기에는 발전의 초기단계이다. 기본적인 제작법은 다음과 같다. 기물을 성형하여 투명유를 칠해 구워 순백자를 만든다. 이 백자 위에 천연색 안료로 각종 문양을 그려 600~900도의 저온에서 문양의 녹는 온도에 따라 분류하여 단계별로 여러 차례 소성하여 완성하므로, 제작의 난이도가 매우 높은 제품이다. 명청시기에는 황실용으로도 많이 제작되었다.【역주】

원문 古饒器

御土[60]窯者體薄而潤, 最好. 有素折腰様[61]毛口[62]者, 體雖厚, 色白且潤, 尤佳. 其價低於定. 元朝燒小足印花者, 內有樞府字者高, 新燒者足大素者欠潤. 有靑花及五色花者, 且俗甚矣.

번역 곽요霍窯[63] 자기

곽주霍州[64]에서 산출된다. 원나라 창금장戧金匠[65] 팽군보彭君寶[66]가 고대 정요에서 제작한 허리가 꺾인 양식을 모방한 것은 매우 깔끔하므로 '팽요彭窯'라 한다. 태토가 세밀하고 흰 것은 정요와 유사하다. 모두 주둥이가 매끄럽지만 윤택함이 결여되고, 극히 잘 부스러져서 그리 가치가 높지 않다. 골동을 판매하는 자들이 새로 만든 정요로 선전하여, 호사가들이 높은 가격으로 구입하는데, 더욱 가소롭다.

---

60 御土(어토) : 원대에 요주(饒州)에서 전문적으로 공품(貢品)을 소성하기 위하여 채굴한 자토(瓷土, 도자기를 만드는 흙).【原註】

61 折腰様(절요양) : 도자기 완(碗, 주발)의 외부 윤곽이 원호(圓弧) 형상을 나타내지 않고 뚜렷하게 꺾인 흔적이 있는 것을 가리킨다.【原註】

62 毛口(모구) : 복소법(覆燒法, 사발과 같은 기물을 엎어서 소성하는 방법)을 채용하여 구연부에 유약을 칠하지 않은 것.【原註】

63 곽요(霍窯) : 산서성 곽주시(霍州市) 곽현(霍縣) 진촌(陳村)에서 요지가 발견되었으며, 금대에 시작되어 원대에 번성하였다. 백자를 주로 생산하였으며, 기형으로 정요자기를 모방한 절요반(折腰盤, 허리가 꺾인 쟁반)과 잔탁(盞托, 잔과 받침대) 및 뚜껑 달린 단지 등이 있다. 소성온도가 높지 않아 강도가 약해 부서지기 쉽다.【역주】

64 곽주(霍州) : 지금의 산서성 중남부에 위치한 곽주시.【역주】

65 창금장(戧金匠) : 창금(戧金)은 '침금(沈金)'이나 '창금(槍金)'이라고도 한다. 옻칠을 한 다음 이 옻칠에 무늬를 새기고 그 문양을 금으로 장식하는 기법.【역주】

66 팽군보(彭君寶) : '팽균보(彭均寶)'라고도 하며, 원대의 저명한 창금장(戧金匠)으로, 도자기도 잘 만들었다.【原註】

원, 〈백자인화절요반(白瓷印花折腰盤)〉, 대북 고궁박물원 소장

원, 〈백자고족완(白瓷高足碗)〉, 대북 고궁박물원 소장

원문 霍器

出霍州. 元朝戧金匠彭君寶效古定制折腰樣者, 甚整齊, 故曰彭窯. 土脉細白者與定相似. 皆滑口, 欠滋潤, 極脆, 不甚直錢. 賣骨董者稱爲新定器, 好事者以重價收之, 尤爲可笑.

번역 대식요大食窯[67]

동銅으로 몸체를 만들어 유약으로 오색의 무늬를 구워 만든 것으로, 불랑감拂郞嵌[68]과 유사하다. 일찍이 향로·화병·합·잔 종류를 보았지만, 부

---

67 대식요(大食窯) : 중동지구에 설립된 사라센제국(632~1258)을 중국 당나라 때부터 '대식국(大食國)'이라 하였으며, 대식요는 이 지역에서 제작된 기물을 가리킨다. 본문에서 기술한 기물은 동으로 만든 제품으로서, 중국에서는 '동태법랑(銅胎琺瑯)'이라 하며, 도자기에 법랑안료로 문양을 그려 만든 자태법랑(瓷胎琺瑯)과 구별한다. 중국에서 동태법랑은 원대 말기에 제작기법이 전래되어 명나라 경태연간(景泰年間, 1450~1457)에 크게 발전하여 '경태람(景泰藍)'이라고도 한다.【역주】

68 불랑감(拂郞嵌) : 원명시기에 동로마제국에서 유래한 참태법랑(塹胎琺瑯)을 가리키며, 동으로 만든 몸체 표면에 직접 문양을 새기고, 여기에 법랑 안료를 메워 다시 굽고 도금하여 완성한 장식공예품의 일종이다. 중국에 전래된 시기는 대식요보다 빠를 것이다. 불랑(拂郞)은 불림(拂菻)으로 중국 역사서에서 동로마제국(비잔틴)에 대한 칭호이다.【原註】

* 중국의 동태법랑은 참태법랑보다 겹사법랑(掐絲琺瑯)이 더 많이 제작되어 널리 유행하였다. 겹사법랑은 기물의 형태를 동으로 제작하여, 문양의 형태를 가는 구리선으로 표면에 만들어 붙이고, 그 문양의 내부를 법랑안료로 메워 칠한 다음, 저온에서 불에 구워

청 건륭,
〈참태법랑 방고희준(鏨胎琺瑯仿古犧尊)〉,
북경 고궁 소장

청, 〈겹사법랑 방승식합(掐絲琺瑯方勝式盒)〉, 대북 고궁박물원 소장

인의 규방에서 사용할 수 있으며, 사대부의 문방 청완淸玩[69]은 아니다. 또 '귀국요鬼國[70]窯'라고 한다.

원문 大食窯

以銅作身, 用藥燒成五色花者, 與拂郞嵌相似. 嘗見香爐花瓶合兒盞子之類, 但可婦人閨閣中用, 非士夫文房淸玩也. 又謂之鬼國窯.

번역 고대에 없었던 그릇

옛날 사람들이 차를 마실 때 모두 별瞥[71]을 사용하였는데, 쉽게 건조되어 물기가 남지 않는 것을 선택하였다. 술을 마시는 데 잔盞[72]을 사용하였고, 일찍이 술잔을 들고 술을 따르지 않았으므로 권반勸盤[73]이 없었다. 현

안료를 고착시키고 표면을 매끄럽게 다듬어 완성한다.【역주】

69 청완(淸玩) : 청아한 완상물.【原註】

70 귀국(鬼國) : 귀방(鬼方). 상고시대의 종족명으로, 은주시기 서북 변방의 강성한 적국이다. 후대에는 먼 변방 지경의 소수민족을 널리 가리켰다. 여기서는 '귀부신공(鬼斧神工, 귀신이 만든 것처럼 뛰어난 솜씨)'의 의미도 있다.【原註】

71 瞥(별) : 고대 술과 차를 담는 그릇.【原註】

72 잔(盞) : 깊이가 얕고 크기가 작은 컵.【原註】

재 보이는 정요 권반은 바로 옛날의 세洗[74]이다. 옛 사람들은 탕병湯甁[75]과 술 주전자를 사용하였으며, 호병胡甁[76] · 유취절우有嘴折盂[77] · 차종茶鍾[78] · 대반臺盤[79]을 사용하지 않았으니, 이것들은 모두 외국에서 사용하는 것으로,

---

73 권반(勸盤) : 술을 권할 때 술잔을 놓는 쟁반.【原註】

74 세(洗) : 고대에 세수할 때 물을 받는 금속 그릇으로, 모양이 얕은 분(盆)과 비슷하다.【原註】

75 탕병(湯甁) : 찻물을 끓이는 일종의 병으로, 철과 도자기나 금과 은으로 제작한다.【原註】
*탕병(湯甁) : 끓는 물을 담은 그릇을 '탕병'이라 하며, '다취(茶吹)'나 '요자(銚子)'나 '요자(鐐子)'라고도 한다. 들기 편하게 손잡이가 위에 붙어 있고, 물을 따를 수 있도록 원형 몸통의 한 쪽에 부리가 길게 수평으로 나와 있는 주전자와 비슷한 형태의 기물이다. 본래는 이슬람에서 물을 담아 몸을 씻는 데 사용하는 기물로, '군지(軍持)'나 '군지(君池)'나 '대식병(大食甁)'이나 '집호(執壺)'라고도 하며 '물병'이라는 의미이다.【역주】

76 호병(胡甁) : 페르시아와 중동지역에서 유행하던 일종의 그릇으로, 재질은 금은이나 도자기이며, 주둥이가 벌어지고 구유 모양의 부리가 있으며, 목은 가늘고 어깨는 둥그스름하게 흘러내리며, 복부는 북처럼 둥글어 최대 호도(弧度)가 복부의 아래에 있으며, 나팔 형태의 굽에, 주둥이와 어깨에 손잡이가 붙어있다.【原註】
* 호도(弧度) : 원둘레 위에서 반지름과 같은 길이를 갖는 호에 대응하는 중심각의 크기의 단위를 나타내는 용어. radian. 여기서는 병 복부의 둥근 부분이 중심선을 기준하여 하부로 치우쳐 있는 모양을 가리킨다.【역주】

77 유취절우(有嘴折盂) : 학자들은 '이(匜)'일 것이라 간주하는데, 한쪽에 물을 따르는 주둥이가 있는 기구의 일종으로 원청화 · 명청화 · 용천요 · 청백자(青白瓷) · 백자 · 유리홍(釉裏紅) 등의 품종에 많이 보이며, 대개 명 홍무와 영락시기에만 존재하였다. 호병(胡甁) 및 대잔(臺盤)과 한 종류의 술그릇 세트가 된다.【原註】
* 유취절우(有嘴折盂) : 글자 그대로 해석하면 주둥이가 있는 꺾인 부분이 있는 사발로 이(匜)의 형태에 부합한다.
* 이(匜) : 서주시기에 최초로 출현하였으며, 본래 세수할 때 물을 따르는 예기(禮器)의 일종으로 손잡이가 붙어 있었다. 송원시기에 도자기로도 제작되었으며, 깊이가 약간 있는 원형 그릇의 한쪽에 물을 따를 수 있는 부리가 붙어 있고 손잡이가 없는 형태이다.【역주】

78 차종(茶鍾) : 일반 찻잔보다 깊이가 더 깊은 종모양의 찻잔.【역주】

79 대반(臺盤) : 술잔을 받치는 쟁반. 잔탁(盞托, 잔 받침).【原註】
* 잔탁(盞托) : 잔과 잔 받침이 한 조를 구성하는 기물. 잔과 잔 받침이 붙어있는 형태와 원형 잔 받침의 중앙에 구멍을 뚫거나 오목하게 하여 잔을 걸쳐 놓도록 한 양식 및 중앙을 평평하게 하고 그 위에 잔을 놓는 양식으로 나누어진다. 동진시기(東晋時期, 317~420)에 남방지역의 청자에서 처음 나타나, 남북조시기에 유행하기 시작하였으며, 당대 이후에 차의 유행과 더불어 성행하였다. 고려청자에도 제작되었다.【역주】

당, 〈청유봉수용병호(靑釉鳳首龍柄壺)〉,[80] 북경 고궁 소장

송, 〈정요백유잔탁(定窯白釉盞托)〉, 북경 고궁 소장

중국에서는 원나라에서 시작되었다. 여요와 정요 및 관요에는 모두 이러한 기물이 없다.[81]

원문 古無器皿

古人吃茶湯[82]俱用甇, 取其易乾, 不留津.[83] 飮酒用盞, 未嘗把盞,[84] 故無勸盤. 今所見定勸盤, 乃古之洗. 古人用湯甁酒注,[85] 不用胡甁及有觜折盂茶鍾臺盤, 此皆外國所用者, 中國始於元朝. 汝定官窯俱無此器.

---

80 청유봉수용병호(靑釉鳳首龍柄壺) : 뚜껑과 주둥이는 봉황의 모습이고, 손잡이는 용의 형상을 한 청자 주전자. 이 기물은 페르시아 사산왕조(226~642) 금은기물 조형의 특징과 중국의 용봉문화가 결합된 청자이다. 당나라시기에 중국과 서아시아의 문화 교류가 빈번하여, 페르시아의 조수병(鳥首甁, 주둥이가 새의 형상을 한 병)이 전래되어 청자와 백자 및 삼채도기(三彩陶器)에 봉수호(鳳首壺)가 출현하였다.【역주】

81 유취절우(有嘴折盂) · 차종(茶鍾) · 대반(臺盤, 잔탁) 등은 청자와 백자 및 청화자기 등의 양식으로 조소(曹昭)가 생활했던 명대 초기 이전에도 중국 각지에서 제작되었다. 특히 잔탁은 정요에서 유행하던 양식이다. 도판 참고.【역주】

82 茶湯(차탕) : 찻물과 같다.【原註】

83 津(진) : 물.【原註】

84 把盞(파잔) : 술잔을 들고 술을 따라 손님을 접대하다.【原註】

85 酒注(주주) : 술을 담아 따르는 술 주전자. 【역주】

2. 고대 칠기에 관한 논의古漆器論

번역 고대 서비犀毗[86]

고대에 척서剔犀[87] 기물은 매끄러운 표면의 자색 척서 기물을 귀하게 여기며, 깎여진 문양의 바닥 부분은 엎어 놓은 기와처럼 얕고, 기물은 광택이 있으면서 단단하고 얇으며, 그 색이 대추색과 같은데, 속세에서 '조아서棗兒犀'라 한다. 또한 깊고 비탈지게 깎은 것이 있으며, 그 다음 등급이다. 복주福州에서 옛날에 만든 황색이고 바탕이 매끄러우며 둥근 무늬가 많은 것은 '복서福犀'라고 하며, 단단하면서 얇아 역시 구하기 어렵다. 가흥嘉興 서당西塘 양회楊匯[88]에서 새로 만든 것은 비록 무게가 몇 냥이지만,

---

86 서비(犀毗) : 서피(犀皮). 칠기 공예의 일종.【原註】

* 서비(犀毗) : '파라칠(菠蘿漆)'이나 '호피칠(虎皮漆)'이나 '화목칠(樺木漆)'이라고도 한다. 먼저 기물의 표면에 두껍게 바탕칠을 하여 반 정도 건조되었을 때 칠이 된 표면을 울퉁불퉁하게 만들어 완전히 건조시킨 뒤, 이 위에 여러 번 다른 색의 칠을 겹쳐 칠해서 건조시킨 다음, 표면을 평평하게 다듬어 여러 문양이 나타나도록 하는 기법. 주로 흑색과 홍색과 황색을 많이 사용한다. 1984년에 삼국시대 오나라 장군 주연(朱然, 182~249)의 무덤에서 〈피태서피칠유금동고이배(皮胎犀皮漆鎏金銅扣耳杯)〉(가죽으로 형태를 만들어 서피칠을 하고 도금한 동테를 두른 두 귀가 달린 잔) 1쌍이 출토되었으며, 현재까지 발견된 최초의 서비 실물이다.【역주】

87 척서(剔犀) : 당대에 출현하여 원대에 발전하고 명대에 유행하던 칠기공예의 하나. 형태를 완성한 기물의 표면에 먼저 한 가지 색을 일정한 두께로 칠하고, 그 위에 다른 색을 일정한 두께로 칠하며, 이러한 방법을 반복하여 칠이 적당한 두께가 되도록 한 다음, 이 칠을 직접 조각하여 회문(回紋)·구름무늬·검환(劍環, 둥근 무늬)·권초문(卷草紋, 둥글게 말린 화초무늬) 등의 무늬를 새겨 완성하는 기법. 조각된 부위의 색이 다른 칠의 층이 서각(犀角) 횡단면의 무늬와 비슷하여 '척서'라 한다. 한 가지 색만을 두텁게 칠해 조각하는 척홍(剔紅)과 약간 상이하다. 본문의 제목은 '고대 서비(古犀毗)'이지만, 본문의 내용은 척서(剔犀)에 관한 설명으로 서비에 대한 설명이 없다.【역주】

88 가흥서당양회(嘉興西塘楊匯) : 지금의 절강성 가선(嘉善) 북쪽 20리에 있으며, 옛 명칭은 사당(斜塘) 평천(平川)으로, 원명 교체기에 칠공예가 발달한 지역이며, 칠기의 명인 팽군보(彭君寶)·장성(張成)·양무(楊茂)·장덕(張德) 등이 모두 서당(西塘) 사람이다.【原註】

청, 〈서피흑칠방합(犀皮黑漆方盒)〉, 대만 고궁박물원 소장

청 건륭, 〈척서여의운문방합(犀犀如意雲紋方盒)〉, 북경 고궁 소장

조각이 깊고 비탈져서 뼈대가 단단한 것이 적으며, 황색 바탕의 기물은 칠한 것이 들고 일어나 떨어지기 가장 쉽다.

원문 古漆器論

古犀毗

古剔犀器以滑地紫犀爲貴, 底如仰瓦,[89] 光澤而堅薄, 其色如棗色, 俗謂之棗兒犀. 亦有剔深峻[90]者, 次之. 福州舊做色黃滑地, 圓花兒者多, 謂之福犀, 堅且薄, 亦難得. 嘉興西塘楊匯新作者, 雖重數兩, 剔得深峻, 其骨子[91]少有堅者, 但黃地者, 最易浮脫.

89 仰瓦(앙와) : 서각에 얇고 둥글게 깎인 부분을 가리켜 말하였다.【原註】
90 深峻(심준) : 서각에 깊고 비탈지게 깎인 부분을 가리켜 말하였다.【原註】
91 骨子(골자) : 물체의 내부에서 지탱 작용을 하는 지지대이며, 여기서는 칠기의 바탕을 구성하는 물질을 가리킨다.【原註】

명 영락, 〈척홍운봉문잔탁(剔紅雲鳳紋盞托)〉,
북경 고궁 소장

청 중기, 〈척채여지문칠합(剔彩荔枝紋漆盒)〉,[92]
미국 메트로폴리탄박물관 소장

번역 척홍剔紅[93]

척홍 기물에는 새것이나 옛것의 구분이 없지만, 주칠이 두텁고 색이 선홍이면서 단단하고 무거운 것이 좋으며, 검환劍環[94]이나 향초香草를 새긴 것이 더욱 아름답다. 황색 바탕에 산수인물과 화목 및 동물을 새긴 것은 비록 솜씨가 세밀하고 정교하더라도 쉽게 들고 일어나 떨어진다. 주칠이 얇으면서 홍색이 적은 것은 가치가 낮다. 송나라 내부에 있는 기물은 대부분 금이나 은으로 뼈대를 만든 것이다. 원나라 말기에 서당西塘 양회楊匯에 장성張成과 양무楊茂[95]가 척홍으로 가장 명성을 얻었지만, 주칠이

---

92 척채여지문칠합(剔彩荔枝紋漆盒) : 크기 12.7×10.2×5.1cm. 홍색(바탕)·녹색(잎)·자주색과 황색(열매)의 4가지 색으로 여지 무늬를 조각한 합.【역주】

93 척홍(剔紅) : 조칠(雕漆, 칠 조각)의 일종으로 형태를 갖춘 틀(목재로 만든 기물이 다수)의 위에 여러 번에 걸쳐 홍색 칠을 하여 두텁게 하고, 이 칠을 직접 조각하여 각종 무늬를 표현하여 완성하는 기법. 조칠은 칠의 색에 따라 척홍(剔紅, 홍색 칠)·척흑(剔黑, 흑색 칠)·척채(剔彩, 여러 가지 색의 칠)·척녹(剔綠, 녹색 칠)·척서(剔犀, 코뿔소 뿔의 단면과 같은 효과) 등으로 나누어진다. 당나라에서 시작하여 송원시기를 거쳐 발전하여 명청시기에는 황실용의 아름다운 작품이 많이 제작되었다.【역주】

94 검환(劍環) : 본래는 검의 손잡이 끝에 장식한 원형의 고리이다. 여기서는 척홍기물의 표면에 조각하여 장식한 두 개의 원형이 연결되어 반복되는 무늬를 가리킨다.【역주】

95 장성(張成)과 양무(楊茂) : 생졸년은 알 수 없다. 대략 14세기에 활동하였으며, 원나라

명 중기, 〈척서검환문칠합(剔犀劍環紋漆盒)〉, 메트로폴리탄박물관

원, 〈척홍향초문합(剔紅香草紋盒)〉, 메트로폴리탄박물관

얇으면서단단하지 못한 것은 대부분 들고 일어난다. 일본과 유구국流球國[96]에서 이러한 기물을 지극히 애호한다.

원문 剔紅

剔紅器無新舊, 但看朱厚色鮮紅而堅重者爲好, 剔劍環香草者尤佳. 若黃地子剔山水人物及花木飛走者, 雖用工細巧, 容易脫起. 朱薄而少紅者, 價低. 宋朝內府中物, 多是金銀作素[97]者. 元末西塘楊匯有張成楊茂剔紅最得名, 但朱薄而不堅者, 多浮起. 日本琉球國極愛此物.

서당파(西塘派) 조칠공예(雕漆工藝, 칠 조각 공예)의 거장으로서, 척홍으로 가장 명성을 얻었으며, 또 창금(戧金)과 창은(戧銀) 기법에 뛰어났다.【原註】

96 유구국(流球國) : 처음에는 류큐제도(流球群島)에 세운 세 개의 국가를 가리켰으며, 후에는 통일된 유구국(1429~1879, 지금의 일본 오키나와)을 가리킨다.【原註】

97 素(소) : 소태(素胎). 칠기를 제작하는 데 사용하는 바탕 재료.【原註】

번역 퇴홍堆紅[98]

가짜 척홍으로, 석회를 칠해 두텁게 쌓아 올리고 그 외면에 붉은 칠을 하였으므로 '퇴홍'이라 하지만, 검환劍環[99]과 향초香草를 새긴 것은 대부분 그리 가치가 나가지 않으며, 또 '작홍罩紅, 덮어씌운 척홍'이라 한다.

원문 堆紅

假剔紅, 用灰團起, 外面用朱漆漆之, 故曰堆紅, 但作劍環香草者, 多不甚直錢, 又曰罩紅.

번역 창금戧金[100]

칠이 단단하고 금을 상감한 풍경이 뛰어나야 상등품이다. 원나라 초기에 가흥 서당에 팽군보彭君寶가 있어 매우 명성을 얻었는데, 산수·인물·정자와 누대·꽃과 나무·새와 동물을 상감한 것은 종류마다 오묘한 경지에 도달하였다.

---

98 퇴홍(堆紅) : 회로 두텁게 칠을 하여 문양을 조각한 다음, 기물 전체에 주칠을 하여 회로 칠한 표면을 덮어 주칠의 아래에 있도록 한다. 척홍은 주칠을 켜켜이 누적하여 상당한 두께에 도달한 뒤에 문양을 조각하여, 그 표면과 내부가 일치하지만, 퇴홍은 안과 밖에 사용한 재료가 같지 않으므로 척홍의 모방품이라 할 수 있다.【原註】

99 검환(劍環) : 검의 고리처럼 둥근 문양이 서로 연결된 무늬의 일종.【역주】

100 창금(戧金) : 기물의 도안에 금을 상감하다. 창(戧)은 기물의 도안에 금은 등을 박아 넣어 장식하다.【原註】

남송, 〈주칠창금연판식인물화훼문렴〉,[101]
상주박물관(常州博物館) 소장

청, 〈창금전채하화원합(戧金塡彩[102]荷花圓盒)〉,
대만 고궁박물원 소장

원문 戧金

要漆堅戧得景好爲上. 元朝初, 嘉興西塘有彭君寶, 甚得名, 戧山水人物亭觀花木鳥獸, 種種臻妙.

번역 찬서鑽犀

대부분 송나라에서 만든 옛날 기물이며, 인물과 경치에 금을 상감하고, 문양의 공백 부위에 끌을 사용하여 구멍을 만들었으므로, '찬서'라 한다.

101 주칠창금연판식인물화훼문렴(朱漆戧金蓮瓣式人物花卉紋奩) : 1978년 강소성 상주(常州) 무진구촌(武進區村) 남송 무덤 출토. 주칠을 하고 인물과 화훼문을 창금기법으로 장식한 연꽃잎 형태의 합. 높이 21.3cm, 직경 19.2cm. 내부에 붉은 글씨로 "온주(溫州) 신하(新河)의 금념오랑(金念五郎, 칠기 제작의 명인)이 희생물을 바칩니다(溫州新河金念五郎上牢)"라는 10자가 쓰여 있다.【역주】

102 塡彩(전채) : 무늬를 조각하고 그 내부를 채색 칠로 메워 칠하는 기법.【역주】

명 가정, 〈채칠창금화훼문반(彩漆戧金花卉紋圓盤)〉

여백의 찬서기법(鑽犀技法)

원문 鑽犀

多是宋朝舊做, 戧金人物景致, 用鑽鑽空間處, 故謂之鑽犀.

번역 나전螺鈿[103]

옛날에 제작한 것과 송나라 내부內府의 기물은 모두 칠이 단단하며, 혹은 구리선을 상감한 것이 있는데 매우 아름답다. 강서성 길주부吉州府에서 새로 만든 것은 대부분 제작하는 재료를 석회로 사용하는데, 돼지 피에 오동기름을 섞어 단단하지 않으며, 쉽게 만들지만 쉽게 부서진다.

103 나전(螺鈿) : 전감(鈿嵌) · 전감(甸嵌) · 함방(陷蚌) · 감라(坎螺)나 나전(螺塡)으로도 쓰며, 소라껍질이나 조개껍질을 칠기나 단단한 목가구나 조각한 기물의 표면에 상감하여, 천연색으로 광택이 나는 문양이나 도형을 만드는 것이다. 나전공예 가운데 '나(螺)'는 상감하는 물체의 재질을 가리키고, '전(鈿)'은 장식한다는 의미이다.【原註】

명, 〈흑칠감나전화접문가자상〉,[104] 북경 고궁 소장

청, 〈자단감나전매죽도필통(紫檀嵌螺鈿梅竹圖筆筒)〉, 북경 고궁 소장

원문 鈿螺

舊做及宋內府中物俱是堅漆, 或有嵌銅線者, 甚佳. 江西吉州府新做者, 多用作料[105]灰, 乃猪血和桐油, 不堅, 易做易壞.

---

104 흑칠감나전화접문가자상(黑漆嵌螺鈿花蝶紋架子床) : 검은 칠을 하고 나전을 상감하여 꽃과 나비무늬를 표현한 가자상(架子床, 벽과 기둥이 있도록 만든 한족이 사용하던 침상).【역주】

105 작료(作料) : 장인이 사용하는 재료.【原註】

3. 비단에 관한 논의錦綺論

명,
〈홍지직금저포라(紅地織錦樗蒲羅)〉[106]

한 대, 〈오성출동방리중국 호비직금〉[107]

번역 고대 비단

고대에 누각금樓閣錦[108] · 저포금樗蒲錦, 도파금(闍婆錦)이라고도 한다[109] · 자타니紫

---

106 홍지직금저포라(紅地織錦樗蒲羅) : 홍색 바탕에 금실로 봉황 무늬를 직조하였으며, 봉황 무늬의 윤곽이 저포형태인 비단. 출처는 「중국사주도안(中國絲綢圖案)」, 沈宗文 · 王家樹 編, 中國古典藝術出版社, 1957년.【역주】

107 오성출동방리중국 호비직금(五星出東方利中國護臂織錦) : '五星出東方利中國(오성출동방리중국)'이라는 글자와 백호(白虎) · 기린 · 난조(鸞鳥, 봉황과 비슷한 상상의 새) 등의 무늬를 색실로 짜서 만든 비단(織錦) 팔 보호대(護臂). 1995년 니야(尼雅) 유적지 정절국(精絕國) 무덤 출토. 신강위구르차지구박물관 소장. '오성출동방리중국(五星出東方利中國)'이라는 8자의 출처는 사마천(司馬遷, B.C.145?~B.C.85?, 한나라 사학자)이 편찬한 『사기 · 천관서(史記 · 天官書)』이며, "신성(辰星, 수성) · 태백성(太白星, 금성) · 형혹성(熒惑星, 화성) · 전성(塡星, 토성) · 세성(歲星, 목성)의 다섯 별이 하늘에 나누어 분포하는데, 동방에 모이면 중원지역의 나라에 이롭고, 서방에 모이면 외국에서 군사를 부리는 자에게 이롭다(五星分天之中, 積於東方, 中國利, 積於西方, 外國用兵者利)"라고 하였다. 오성출동방(五星出東方)은 오성이 해뜨기 전에 동쪽하늘에 수금화토목의 일렬로 나타나는 현상이며, '오성연주(五星聯珠)'라 한다. 중국에서는 기원전 205년에 나타났다는 『한서 · 고제기(漢書 · 高帝紀)』의 기록이 최초이다.

陀尼[110]·난작금鸞鵲錦[111]이 있었다. 이러한 비단으로 고대 서화를 표구하면 특히 아름답다.

원문 錦綺[112]論

古錦

古有樓閣錦樗蒲[113]錦又曰闍婆[114]錦紫陀尼鸞鵲錦. 此錦裝背古書畫, 尤佳.

---

* 정절국(精絶國) : 지금의 타클라마칸 사막 남부의 신강위구르자치구 화전지구(和田地區) 민풍현(民豊縣)에 있었던 고대 국가. 서한시기 서역 36국의 하나이며, 총 480호 가구에 병사 500명의 소국으로, 4세기 무렵에 사라졌다.【역주】

108 누각금(樓閣錦) : '청루대금(青樓臺錦)'이라고도 한다. 청색 바탕에 누각 도안이 있는 비단.【原註】

109 저포금(樗蒲錦) : '저포금(摴蒱錦)'이라고도 한다. 저포(樗蒲, 납작하게 누른 대추씨와 비슷한 형태의 윷)와 비슷한 무늬가 있는 송대 사천 지방의 대표적인 비단. 일부에서 이러한 직물이 도파국(지금의 인도네시아)에서 왔다고 여겼으므로, '도파금'이라고도 하였다.【原註】

110 자타니(紫陀尼) : 자타니(紫駝尼). 낙타털로 짠 모직물.【역주】

111 난작금(鸞鵲錦) : '자란작금(紫鸞鵲錦)'이라고도 하며, 자주색 바탕에 난새와 까치 도안이 있는 비단.【原註】

112 錦綺(금기) : 금(錦)은 3가지 색 이상의 위사(緯絲,, 씨실)로 짜서 만든 바탕 위에 화려한 채색 문양을 짜서 표현한 직물로, 촉금(蜀錦, 사천 비단)·송금(宋錦, 송나라 비단)·운금(雲錦, 남경 비단) 등 여러 종류가 있다. 기(綺)는 문양이나 도안이 있는 비단.【역주】

113 樗蒲(저포) : 고대 도박의 이름으로, 윷을 던져 승부를 결정하며, 승리하는 것에 노(盧)·치(雉)·독(犢)·백(白) 등의 명칭이 있으며, 던져서 나온 윷의 색을 보고 결정한다.【原註】

* 저포 : 5개의 앞면과 뒷면이 있으며 양 끝은 뾰족하여 납작하게 누른 대추씨와 비슷한 형태의 윷을 던져 승부를 겨루는 놀이. 한나라 말기에 성행했으며, 윷을 저목(樗木, 가죽나무)으로 만들어 '저포'라 하였다.【역주】

114 闍婆(도파) : 고대 나라 이름. 위치는 지금의 인도네시아 자바 섬이나 수마트라 섬이며, 혹은 이 두 섬을 겸하여 부르기도 한다.【原註】

* 도파국(闍婆國) : 5세기부터 14세기까지 약 1천여 년 동안 존재했던 나라로, 명 홍무시기에 공물을 바치기도 하였으며, 해상 실크로드의 주요 거점 가운데 하나였다.【역주】

명, 〈격사요지길경도축(緙絲瑤池吉慶圖軸)〉,
북경 고궁 소장(국부)

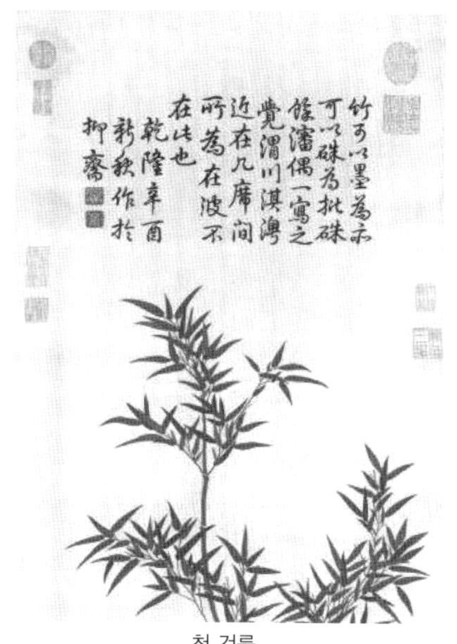

청 건륭,
〈격사건륭어필주죽도축(緙絲乾隆御筆朱竹圖軸)〉, 북경
고궁 소장(국부)

번역 각사작刻絲作[115]

송대의 옛날에 짠 것은 흰색 바탕이나 청색 바탕에 시와 문장이나 산수나 옛 이야기의 인물·꽃과 나무·새와 동물을 짜서 표현했으며, 색의 배합이 분을 바른 듯하여 또 '안색작顔色作'이라 한다. 이러한 직물은 매우 획득하기 어렵다. 일찍이 춤출 때 사용하는 담요가 있었는데, 폭은 한 길 남짓하였으며 또 균일하고 촘촘하며 두터웠다.

청 초, 〈황단직금행룡채운겁괘〉,[116]
북경 고궁 소장

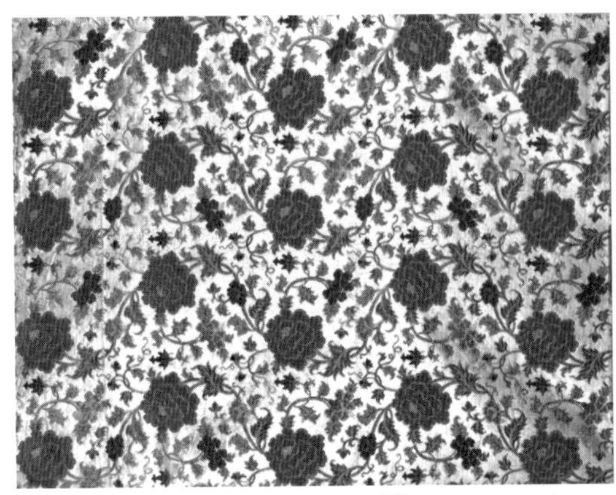

건륭, 〈녹지직오채전지모란장단〉,[117] 북경 고궁 소장

원문 刻絲作

宋時舊織者，白地或靑地，織詩辭[118]山水或故事人物花木鳥獸，其配色如

---

115 각사작(刻絲作) : 작(作)은 수공업 공장, 공방.【原註】

* 각사(刻絲) : Chinese silk tapestry. 격사(緙絲). 무늬를 넣어 짜는 기법의 일종. 최소 7세기 중엽에 시작되어 유행하다가 송대에 상당히 번영하였으며, 명청시기에 전문적으로 생산이 이루어졌다. 주산지는 소주(蘇州)이다. 생사(生絲)로 날실을 삼고 각종 색의 숙사(熟絲)를 씨실로 삼아, 일반 직조와는 다르게 여러 종류의 색 씨줄을 문양이 필요한 곳에서만 날줄과 교차시켜 직조하며, '통경단위(通經斷緯, 날실은 통하고 씨실은 무늬를 따라 군데군데 끊어진다)' 기법이라 한다. 문양과 밑바탕 그리고 색과 색 사이에 작은 틈과 끊어진 흔적이 존재한다. 문양의 색채는 앞뒤 양면이 각각 하나이다. 제후의 복장과 초상 및 명인의 서화작품을 그대로 모방하는 데에 많이 사용되었다.【역주】

116 황단직금행룡채운겁괘(黃緞織金行龍彩雲袷褂) : 금실로 채색 구름 사이로 날아가는 용무늬를 짠 황색의 단(緞)으로 만든 겹으로 된 예복 덧저고리.【역주】

117 녹지직오채전지모란창단(綠地織五彩纏枝牡丹漳緞): 녹색 바탕에 오색의 구부러진 모란무늬를 짠 장단(漳緞).

* 장단(漳緞) : 명대에 처음 제작되었으며, 복건성 장주(漳州)의 제품이 가장 유명하여 '장단'이라 한다. 이 기물은 강녕(江寧, 지금의 남경) 직조소(織造所)에서 제작하였으며, 주로 복식과 침구 등의 생활용품에 사용되었다.【역주】

118 詩辭(시사) : 시와 사부(辭賦). 사부(辭賦)는 초사(楚辭, 전국시대 초나라 지역에서 성행했던 운문)와 부(賦, 한나라에서 유행하던 문체의 일종)를 의미하지만, 여기서는 넓은 의미에서 문장으로 풀이하였다.【역주】

傅粉, 又謂之顔色作. 此物甚難得. 嘗有舞裍,[119] 闊一丈有餘者, 且勻緊厚.

번역 저사작紵絲[120]作

새로 제작한 것은 각사刻絲와 유사하지만, 반짝이고 말끔하며 촘촘하고 두터움이 결여되어, 이러한 점이 각사에 크게 미치지 못한다. 또 '착색작着色作'이라 한다.

---

119 舞裍(무인) : 춤추는 용도에 사용하는 양탄자. 인(裍)은 인(茵, 자리)과 통하며, 깔개와 양탄자 종류를 가리킨다.【原註】

120 저사(紵絲) : 단(緞) 종류 직물로, 송대에 기원하였다. 날실이나 씨실 가운데 한 종류만 직물의 표면에 드러나도록 하고, 서로 이웃한 두 줄의 날실이나 씨실 상에 짜인 점이 균일하게 분포하지만 서로 연결되지는 않으며, 각사(刻絲)와 외관상 비슷한 점이 있다.【原註】
* 저사(紵絲) : 지금의 강소성 소주시 오중구(吳中區)의 물산을 기록한 『오현지(吳縣志)』 권51에서 "저사(紵絲)는 속명이 단(緞)이므로, 단자(緞子, 즉 단)를 만든다(紵絲俗名緞, 因造緞子)"라고 하였다.
* 단(緞) : 씨실과 날실의 교차점을 일정한 간격으로 배치시켜, 씨실이나 날실 어느 한쪽이 많이 노출되도록 짜서 만든 직물. 두터우면서 한 면이 매우 매끄럽고 광택이 나는 최고급 천으로, 고대에 황실과 관리의 의복 등에 많이 사용하였다. 종류가 다양하며 날실과 씨실의 배치에 따라 경단(經緞, 날실이 길게 표면에 분포)과 위단(緯緞, 씨줄이 길게 표면에 분포)으로 구분하고, 표면에 드러나는 가닥의 숫자에 따라 5매단(五枚緞, 4가닥은 표면에 1가닥은 뒤)·7매단(6가닥은 표면에 1가닥은 뒤)·8매단(7가닥은 표면에 1가닥은 뒤)으로 구분하며, 무늬에 따라 소단(素緞, 무늬가 없는 단)과 화단(花緞, 무늬가 있는 단)으로 구분한다.
* 남송 학자 오자목(吳自牧, ?~?)이 남송의 수도 임안[臨安, 지금의 절강성 항주시(杭州市)]의 풍경을 기록한 『몽량록(夢粱錄)』 권18 「물산(物産)」에서 "저사는 물들인 실로 여러 색을 짠 것이며, 직금(織金, 금실을 넣어 직조)·섬갈(閃褐, 두 가지 색의 씨줄을 넣어 직조)·간도(間道, 서로 다른 색이 선형으로 배열된 직물) 등의 종류가 있다(紵絲,染絲所織諸顔色者, 有織金閃褐間道等類)"라고 하였다.
* 섬단 : 송대부터 생산된 섬색(閃色) 효과가 있는 비단.
* 섬색(閃色) : 대비가 강렬한 다른 색의 날줄과 씨줄에 의해 형성된 색으로 직조하는 구조의 변화에 따라서 색의 변화가 나타나며 섬홍(閃紅)·섬록(閃綠)·섬청(閃靑) 등의 품종이 있다.【역주】

원문 紵絲作

新制者類刻絲作, 而欠光淨緊厚, 不逮刻絲作多矣. 又名着色[121]作.

번역 고대 비단 장막

폭은 한 길 남짓으로 「주금당기晝錦堂記」[122]와 「등왕각기滕王閣記」[123]를 직조한 것이 많으며, 꽃이나 대나무나 새와 짐승을 직조한 것도 있다. 비록 부귀하여 사랑스럽지만 집을 장식하고 벽을 가릴 수는 있으나, 사대부가 우아하게 즐길 것은 아니다.

원문 古錦帳

闊一丈有餘, 織晝錦堂記滕王閣記者多, 亦有花竹翎毛[124]者. 雖富貴可愛,

121 着色(착색) : 색을 칠하다.【原註】

122 주금당기(晝錦堂記) : 주금당(晝錦堂)은 북송시기 삼대에 걸쳐서 재상을 지낸 한기(韓琦, 1008~1075)가 고향으로 돌아가 상주[相州, 지금의 하남성 북부 안양시(安陽市)와 하북성 임장현(臨漳縣)]의 지주(知州, 주의 장관)를 하고 있을 때, 상주의 관청 후원에 집을 짓고 항우(項羽, B.C.232~B.C.202)의 "부귀해지고도 고향으로 돌아가지 않는 것은 비단 옷을 입고 밤에 다니는 것과 같다(富貴不歸故鄕, 如衣錦夜行)"라는 구절에서 선택하여 그 의미를 뒤집어 사용해서 '주금당'이라 이름 지었다. 구양수(歐陽修, 1007~1072. 북송 문학가)가 요청에 응하여 「상주주금당기(相州晝錦堂記)」를 지었으며, 한기를 "옛 사람이 자랑하는 것을 영광으로 하지 않고 경계로 삼았다(不以昔人所夸者爲榮, 而以爲戒)"라고 하였다.【原註】

* "부귀불귀고향, 여의금야행(富貴不歸故鄕, 如衣錦夜行)"의 출처는 『한서·항적전(漢書·項籍傳)』. 항적(項籍)은 초패왕(楚霸王) 항우(項羽)의 본명.【역주】

123 등왕각기(滕王閣記) : 강서성 남창(南昌) 등왕각은 당나라 고조 이연(李淵, 566~635)의 아들 이원영(李元嬰, 629~684)이 홍주도독(洪州都督)을 할 때 창건하였다. 초당시기의 재사 왕발(王勃, 650?~676?, 문학가)이 일찍이 「등왕각서(滕王閣序)」를 지었으며, 중당시기 왕중서(王仲舒, 762~823, 문학가)에게 「등왕각기(滕王閣記)」가 있다. 여기서 말한 「등왕각기」는 「등왕각서(滕王閣序)」로 추정된다.【原註】

124 翎毛(영모) : 깃털로, 새와 짐승을 대신하여 가리킨다.【역주】

청, 〈격사인물도괘담(緙絲人物圖挂毯)〉,[125] 길이 3.66m, 폭 2.67m

但可裝堂遮壁, 非士夫清玩也

번역 화완포火浣布[126]

서역 남부의 화산火山에서 산출되며, 화서火鼠[127]의 털을 이용하여 짠 것

125 격사인물도괘담(緙絲人物圖挂毯): 사방의 가장자리에는 18C에 프랑스에서 유행하던 동으로 만들어 도금한 액자 양식의 장식을 하였으며, 뒷면에 갈고리가 있어 걸 수가 있다. 청나라 황궁에서 사용하던 물건으로, 겨울철 난방용으로 창호에 거는 용도로도 사용이 가능하다. 북경 고궁 소장으로 소주에서 직조하였다.【역주】

126 화완포(火浣布) : 서한의 문학가이자 골계가(滑稽家)인 동방삭(東方朔, B.C.161~B.C.93?)이 지었다고 전하는 신화와 기이한 이야기를 모은 소설집인 『신이경(神異經)』에서 "남방에 화산(火山)이 있어 길이는 40리이며, 끝없이 자라는 나무가 태어나 밤낮으로 불에 탄다. (…중략…) 불 속에 쥐가 있어 무게는 100근(약 26kg)이고 털의 길이가 2자(약 45cm) 정도인데, (…중략…) 그 털을 가져다가 짜서 천을 만들어 사용하다가 더러워지면, 불로 태우는 방법으로 바로 깨끗해진다. 이 쥐는 또 이름이 화광수(火光獸)이며, 그

이다. 만약 때로 오염되면 불에 넣으면 깨끗해진다. 일찍이 동전과 같은 크기의 것이 있었는데, 은으로 주위를 상감하였으며, 불 위에 놓고 그 위에서 향을 태웠다. 이러한 물건은 얻기 매우 어렵다.

원문 火浣布

出西域南炎山,[128] 用火鼠毛織者. 如染汚垢膩,[129] 入火燒則潔白. 嘗有如錢大者, 用銀相周圍, 留火上燒香. 此物甚難得.

털로 만든 천은 또 '화완포(火烷布)'라 한다(南方有火山, 長四十里, 生不盡之木, 晝夜火然. (…중략…) 火中有鼠, 重百斤, 毛長二尺餘, (…중략…) 取其毛, 織以作布, 用之如垢汚, 以火烧之道, 卽淸潔也. 此鼠又名火光獸, 其毛爲布, 又曰火烷布)"라고 하였다. 화완포(火浣布)는 현대에는 석면(石綿)으로 만든 석면포(石綿布)를 가리킨다.【역주】

127 화서(火鼠) : 전설의 기이한 쥐로, 그 털로 화완포를 짤 수 있다.【原註】

128 炎山(염산) : 전설의 화산(火山).【原註】

129 垢膩(구니) : 때.【역주】

4. 기이한 나무에 관한 논의異木論[잡물 부록(雜物附)]

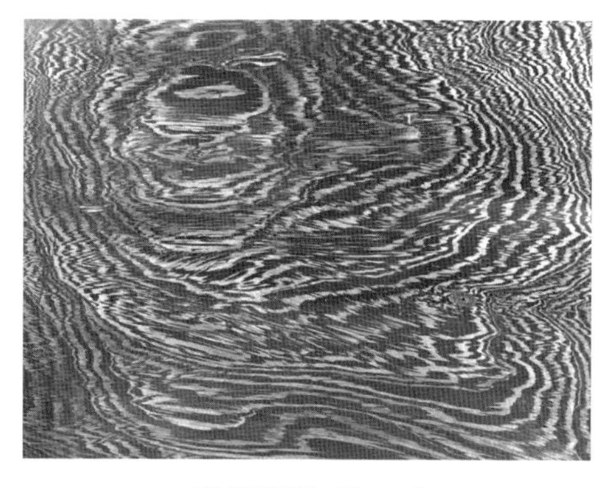

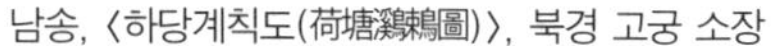

남송, 〈하당계칙도(荷塘鸂鶒圖)〉, 북경 고궁 소장

계시목(鷄翅木, Wenge)

번역 계칙목鸂鶒[130]木[131]

서번에서 산출되며, 그 나무는 반이 자갈색으로 내부에 해조문蟹爪紋[132]이 있고, 반은 순흑색으로 오목烏木과 같다. 며느리발톱과 같은 무늬가 있는 것이 가치가 높다. 서번에서는 낙타 코 속의 코뚜레를 만들며, 전혀 때를 타지 않는다. 칼자루에 있는 것을 보았을 뿐으로, 큰 것은 보지 못하였다.

---

130 鸂鶒(계칙) : 물새의 이름으로, 형태는 원앙보다 크고 대부분 자색이며, 짝을 지어 헤엄치기를 좋아한다. '자원앙(紫鴛鴦)'이라 속칭한다.【原註】

* 계칙(鸂鶒) : '계칙(鸂鶒)'이나 '계래(鸂鵣)'라고도 하며, 원앙보다 크고 몸에 자주색이 많아 '자원앙(紫鴛鴦)'이라고도 한다. 명청시기 7품문관의 관복에 수놓아진 무늬가 바로 계칙이다. 국내에서 뜸부기를 계칙이라 하기도 하지만, 완전히 다른 새이다.【역주】

131 계칙목(鸂鶒木) : 목재의 무늬가 계칙의 깃털과 유사하여 '계칙목'이라 한다. 현재 '계시목(鷄翅木, Wenge)'이라는 목재는 중국 남부와 아프리카 등지에서 산출되지만, 실제로는 약간 다른 나무이며, 고대의 계칙목은 현재 사라지고 없어 '노계시목(老鷄翅木)'이라고도 한다.【역주】

132 해조문(蟹爪紋) : 게의 발가락처럼 짧은 선으로 갈라 터진 듯이 나타나는 무늬.【역주】

명, 〈자단목복록수리매문육방위각배〉[133]

청, 〈자단백보감매죽쌍금도필통〉[134]

원문 異木論[雜物附]

鸂鶒木

出西蕃, 其木一半紫褐色, 內有蟹爪紋, 一半純黑色, 如烏木. 有距[135]者價高. 西蕃作駱駝鼻中絞,[136] 摠[137]不染膩.[138] 但見有刀靶[139]而已, 不見大者.

---

133 자단목복록수리매문육방위각배(紫檀木福祿壽螭梅紋六方委角杯) : 높이 8.2cm, 구경 7.8cm. 복록수를 은사(銀絲)로 상감하고 손잡이는 이룡(螭龍, 뿔이 없는 용)과 매화가지 모양의 자단목 육각 배. 북경 고궁 소장.【역주】

134 자단백보감매죽쌍금도필통(紫檀百寶嵌梅竹雙禽圖筆筒) : 높이 13.1cm, 구경 10.1cm. 백보(百寶, 여러 가지 보물 즉 나전 · 물들인 상아 · 공작석 등)로 상감하여 매화와 대나무 및 두 마리 새를 상감한 자단목 필통. 북경 고궁 소장.【역주】

135 距(거) : 수탉과 장끼 등의 다리 뒷부분에 튀어나와 있는 발가락과 같은 부분.【原註】
* 距(거) : 거상 돌기. 며느리발톱. spur.【역주】

136 絞(교) : 두 가닥 이상의 끈 형태 물질로 꼬아서 만든 줄.【原註】

137 摠(총) : 총(總, 모두)과 같다.【原註】

138 染膩(염니) : 묵은 때로 오염되다.【역주】

139 刀靶(도파) : 칼자루.【역주】

번역 자단목紫檀木[140]

해남성·광서성·호광湖廣[141]에서 산출된다. 성질이 단단하며, 새 것은 색이 붉고 오래된 것은 색이 자주이면서 해조문蟹爪紋이 있다. 새 것은 물로 씻으면, 그 물의 색으로 물건을 염색할 수 있다.

원문 紫檀木

出海南廣西湖廣. 性堅, 新者色紅, 舊者色紫, 有蟹爪紋. 新者以水揩之, 色能染物.

번역 오목烏木[142]

남번에서 산출되며, 성질이 가장 단단하고, 오래 된 것은 순흑색이면

---

140 자단(紫檀) : 자단(Dalbergia cohinchinensis)은 '적단(赤檀)'이나 '혈단(血檀)'이라고도 한다. 상록교목으로 목재가 단단하고 무거우며, 심재(心材)는 홍색으로 귀중한 가구용 목재이다. 콩과에 속한다. 고급목재인 홍목(紅木, 고급가구용 목재의 총칭)에 속하며, 자단속 자단목류에 단향자단(檀香紫檀, Pterocarpus santalinus L. F., 인도소엽자단)이 있고, 화리목류에 인도차이나자단(越柬紫檀, Pterocarpus cambodianus Pierre)·안다만자단(安達曼紫檀, Pterocarpus dalbergioides Benth., 인도와 안다만군도)·아프리카자단(刺猬紫檀, Pterocarpus erinaceus Poir. 열대 아프리카)·인도자단(印度紫檀, Pterocarpus indicus Willd.)·대과자단(大果紫檀, Pterocarpus macarocarpus Kurz, 인도차이나)·Maraba자단(囊狀紫檀, Pterocarpus marsupium Roxb, 인도)·오목자단(烏木紫檀, Pterocarpus pedatus Pierre, 동남아시아) 등이 있다.【역주】

141 호광(湖廣) : 본래는 명대 성(省)의 명칭으로. 지금의 호남성과 호북성을 가리킨다.【역주】

142 오목(烏木) : 오목(烏木, Diospyros ebenum)은 상록교목으로 과실이 공 모양이며, 목재는 흑색으로 단단하고 무거우면서 치밀하다. 유명한 미술제품용 목재로서, 시과(柿科, 감나무과)에 속한다.
『박물요람(博物要覽)』에서 "오목은 '오문목(烏文木)'이라 부르며, 나무의 높이가 7~8척으로, 물소의 뿔처럼 색이 순흑색이며 말채찍을 만들 수가 있는데, 일남(日南, 지금의 베트남 중부지구)에서 산출된다(烏木名烏文木, 樹高七八尺, 其色正黑如水牛角, 可作馬鞭, 日南産之)"라고 하였다.【역주】

청, 〈오목감나전쌍리문소합(烏木嵌螺鈿雙螭紋小盒)〉[143]

청 옹정, 〈화법랑황지화훼문오목파호〉[144]

서 부스러지기 쉽고, 사이사이 줄무늬가 있는 것은 연약하다.

원문 烏木

出南蕃, 性最堅, 老者純黑色且脆, 間道者嫩.

번역 영목癭木[145]

요동과 산서에서 산출된다. 나무의 혹에 자작나무 혹이 있으며, 무늬가 섬세하여 사랑스럽지만 큰 것이 드물고, 잣나무의 혹은 크면서 무늬가 거칠다.

---

143 오목감나전쌍리문소합(烏木嵌螺鈿雙螭紋小盒) : 직경 5.4cm, 높이 3.8cm. 청나라 황실 유물. 오목에 나전으로 두 마리 뿔없는 용을 상감한 작은 합.【역주】

144 화법랑황지화훼문오목파호(畫珐瑯黃地花卉紋烏木把壺) : 동으로 만들어 법랑 안료로 황색 바탕의 화훼문을 그려 불에 구워 완성해서 오목으로 만든 손잡이를 붙인 주전자. 청 황실 유물.【역주】

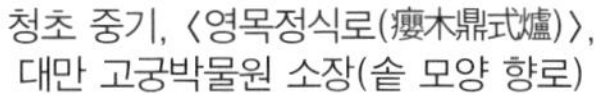

청초 중기, 〈영목정식로(癭木鼎式爐)〉,
대만 고궁박물원 소장(솥 모양 향로)

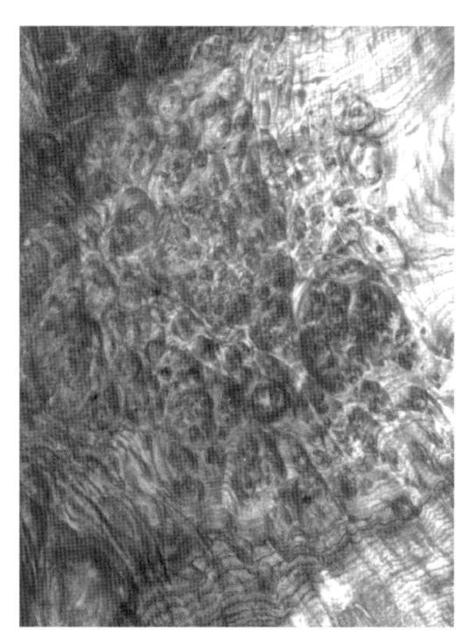

영목 무늬

원문 癭木

出遼東山西. 樹之癭有樺樹[146]癭, 花細可愛, 少有大者, 栢樹癭大而花麄.

번역 화리목花梨木[147]

남방 지역에서 산출되며, 자홍색으로 강진향降眞香[148]과 비슷하여 역시

---

145 영목(癭木) : 벌레 혹으로, 나무의 외부에 혹처럼 융기한 것.【原註】

* 영목(癭木) : '영목(影木)'이라고도 한다. 한 가지 종류의 나무가 아니라, 여러 종류 나무의 뿌리나 줄기에 맺힌 혹을 가리킨다. 남방에는 단풍나무 영목이 많고, 북방에는 느릅나무 영목이 다수이다. 수평으로 자른 단면에 아름다운 무늬가 나타나 판재로 켜서 가구 제작에 많이 사용한다.【역주】

146 樺樹(화수) : 자작나무.【역주】

147 화리목(花梨木) : 자단속(紫檀屬)으로 학명은 '0rmosia henryi Prain'이다. '화려(花櫚)'나 '화리(花狸)'라고도 한다. 중국의 홍목(紅木, 국가에서 지정한 기준에 부합하는 고급 목재)의 일종으로 가구와 문방용구 등을 제작한다. 현대의 화리목 종류는 7가지가 대표적이며, 월간자단(越柬紫檀, Vietnam padauk. 베트남과 캄보디아 및 태국 등 산출) · 안다만자단(Andaman padauk. 인도 안다만 제도 산출) · 자위자단(刺猬紫檀, Kosso. 열대

청, 〈화리목칠배의(花梨木漆背椅)〉,
북경 고궁 소장

청, 〈화리목궤(花梨木柜)〉,
북경 고궁 소장

향기가 있다. 그 무늬에 귀신의 얼굴과 같은 것이 있어 사랑스러우며, 무늬가 크면서 색이 옅은 것은 저급이다.

아프리카 산출)·인도자단(인도-말레이시아 지역 산출)·대과자단(大果紫檀, Burma padauk. 미얀마와 태국 및 라오스 등지 산출)·낭상자단(囊狀紫檀, bijasal padauk. 인도 산출)·조족자단(鳥足紫檀, maidu. 인도차이나반도 산출) 등이다. 화리는 중국의 해남도와 광동성 및 복건성 그리고 베트남 등지에서 산출되는 최고급 목재인 황화리(黃花梨, yellow pear)는 황단속(黃檀屬)으로 명칭은 유사하지만 다른 목재이다.

148 강진향(降眞香) : '명강진(名降眞)'·'강향(降香)'·'계골향(鷄骨香)'·'자등향(紫藤香)'이라고도 한다. 콩과(Leguminosae)에 속한 낙엽교목인 강향단(降香檀, Dalbergia odorifera)의 줄기와 뿌리의 심재(心材)를 가리킨다. 향료와 약용으로 사용한다. 인도와 태국 및 중국의 해남도·광동성·광서성 등지에서 재배한다. 강진향은 당나라 이래로 종교(특히 도교)와 향문화에서 널리 사용하였다.【역주】

금사남목(金絲楠木)

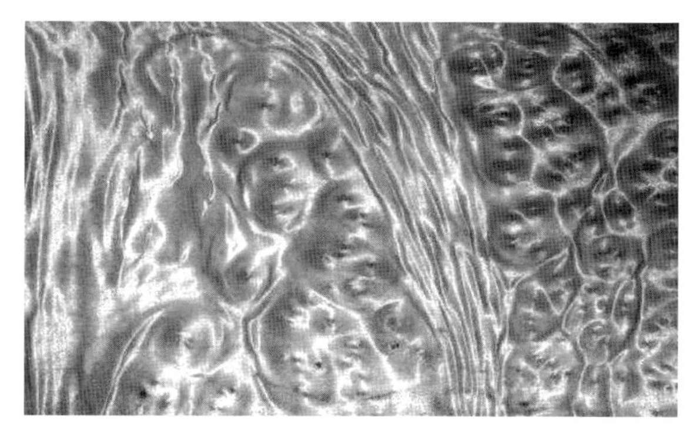

투백남 : 금사남목(金絲楠木)의 영목(瘿木)

원문 花梨木

出南蕃, 紫紅色, 與降眞香相似, 亦有香. 其花有鬼面者可愛, 花麄而色淡者低.

번역 투백남骰栢楠[149]

서부 지역과 마호馬湖[150]에서 산출되며, 무늬가 가로세로 곧지 않고 그 중에 산수와 인물 등의 문양이 있는 것이 가치가 높다. 사천성에서도 구하기 어렵다.또 '투자향남骰子香楠'이라 한다.

---

149 투백남(骰栢楠) : 남목(楠木)의 영목(瘿木). 남목(楠木)의 학명은 'Phoebe zhennan S. Lee'이며, 녹나무과 상록교목으로 30m까지 자란다. 주로 사천성과 운남성 및 귀주성 등지에 분포한다. 곧게 자라나 황실과 종교 건축물의 기둥 및 고급 가구 제작 등에 많이 사용한다. 특히 금색의 선 무늬가 있고 비단과 같은 광택이 나는 남목을 '금사남목(金絲楠木)'이라 한다.【역주】

150 마호(馬湖) : 병산(屛山) 금사강(金沙江) 유역의 이족(彝族)과 묘족(苗族) 및 한족(漢族) 등 다민족 집단 거주구역에 원세조(元世祖, 재위 1260~1294)시기에 마호로총관부(馬湖路總管府)를 설립하였으며, 명 홍무 4년(1371)에 마호부(馬湖府)로 고쳤다. 지금의 사천성 병산(屛山)·마변(馬邊)·목천(沐川)·뇌파(雷波)와 운남성 영선(永善)·뇌강(綏江)·수부(水富) 등의 현이 모두 마호부의 관할에 속하였다.【原註】

방죽　상죽　운죽　발아죽　종죽

원문 **骰栢楠**

出西蕃馬湖, 紋理縱橫不直, 其中有山水人物等花者, 價高. 四川亦難得. 又謂之骰子香楠

번역 **죽장竹杖**

방죽方竹.[151] 서촉에서 산출되며 항주 비래봉飛來峰[152]에도 있다. 마디마다 가시가 있어 사천 사람들이 '자죽刺竹'이라 한다.

상죽湘竹.[153] 광서성에서 산출되며 얼룩이 가늘면서 색이 옅고, 고리 무

---

151 방죽(方竹) : 대나무의 일종. 대 줄기는 청록색을 띠며, 작은 줄기는 원형이고, 다 자랐을 때 대 줄기가 사각형을 띠고, 대마디 위에 작은 가시가 있다.【原註】

152 비래봉(飛來峰) : '영취봉(靈鷲峰)'이라고도 한다. 항주 서호(西湖)의 서북에 있으며, 영은사(靈隱寺)와 계곡을 건너 마주하고 높이는 200여 미터이다.【原註】

153 상죽(湘竹) : 상비죽(湘妃竹)으로 '반죽(斑竹)'이라고도 한다. 줄기 위에 자갈색의 반점이 있는 대나무의 일종. 진(晋) 장화(張華)의 『박물지(博物志)』에서 "순임금이 죽어 두 왕비가 눈물을 흘려 대나무를 물들여 얼룩이 졌다. 두 왕비가 죽어 상수의 신령이 되었으

늬가 있으며 중간에 하나의 자주색 점이 있어 갈대 잎의 반점과 유사하고, 통소를 만들면 가장 좋다.

운죽雲竹.[154] 광서성에서 산출되며, 반점이 지극히 크고 색은 붉으면서 고리 무늬가 있다.

발아죽鈸兒竹. 서부 지역에서 산출되며, 몸체는 작고 마디가 커서 동발銅鈸[155]과 비슷하므로 '발아죽'이라 한다.

해아죽孩兒竹.[156] 서부 지역에서 산출되며 하부에 한 자 정도 크기로 돼지와 개의 내장과 같은 형상이 있다.

종죽椶竹.[157] 서부 지역과 광서에서 산출되며, 이파리가 종려나무와 같고 몸통은 대나무와 비슷한데, 단단하고 속이 차 있다. 또 '도죽桃竹'이라 한다.

모두 지팡이와 부챗살 및 작은 기물을 만들 수가 있으며, 참깨와 같은 무늬가 있는 것이 상등품이다.

므로 '상비죽'이라 한다(舜死, 二妃淚下, 染竹卽斑. 妃死爲湘水神, 故曰湘妃竹)"라고 하였다.【原註】

* 장화(張華, 232~300) : 자(字)는 무선(茂先)으로 서진시기의 정치자이자 문학가이며 장서가. 박물지는 고대 신화와 기이한 이야기를 모은 소설집으로 10권이다.【역주】

154 운죽(雲竹) : '운편죽(雲片竹)'이나 '송산초(松山草)'나 '문죽(文竹)'이라고도 한다. 백합과 천문동속으로 대나무가 아니지만, 이파리가 가볍고 상록이며 줄기에 대나무와 유사한 마디가 있고 자태가 문아하여 '문죽'이라고도 한다.【역주】

155 동발(銅鈸) : 바라. 타악기. 동으로 만들며 원형으로 중간 부위가 반구형으로 융기하였다. 두 개가 한 조이며, 서로 부딪쳐 소리를 낸다. 심벌즈와 유사하다.【原註】

156 해아죽(孩兒竹) : 정확하게 무엇인지 알 수 없다.【역주】

157 종죽(椶竹) : 상록총생관목(常綠叢生灌木)으로, 이파리의 형태가 종려나무와 비슷하지만 재질이 얇고 뾰족하고 가늘어 댓잎과 같다. 관상용으로 많이 재배한다. 줄기는 비록 가늘지만 단단하고 질기다.【原註】

* 종죽(椶竹) : 대나무(竹)는 벼과 식물이지만, 종죽은 종려과로 전혀 다른 식물이며, '관음죽(觀音竹)'이라고도 한다.【역주】

화등花藤.[158] 광서에서 산출되며, 몸통이 가늘고 반점이 검은 것은 지팡이를 만들 수가 있고, 굵은 것은 속되다.

원문 竹杖

方竹. 出西蜀, 杭州飛來峰亦有. 節節有刺, 蜀人謂之刺竹. ○ 湘竹. 出廣西, 斑細而色淡, 有暈,[159] 中一點紫, 與蘆葉上斑相似, 作簫管最佳. ○ 雲竹. 出廣西, 斑極大, 色紅而有暈. ○ 鈸兒竹. 出西蜀, 其身小節大, 似鈸, 故名鈸兒竹. ○ 孩兒竹. 出西蜀, 下有尺許, 如猪犬腸. ○ 椶竹. 出西蜀廣西, 葉如椶櫚, 其身似竹, 堅且實. 又名桃竹. 皆可作拄杖扇骨及小器物, 芝麻花者爲上. ○ 花藤. 出廣西, 身細而斑黑者堪作拄杖, 麄者俗.

---

158 화등(花藤) : 등나무.【역주】
159 暈(훈) : 고리 모양의 무늬나 물결.【原註】

5. 기이한 돌에 관한 논의異石論

번역 영벽석靈璧石[160]

영벽현靈璧縣[161]에서 산출되며, 깊은 산에서 땅을 파야 바로 나타난다. 그 색은 옻칠처럼 검고 사이사이에 옥과 같은 가는 흰색의 무늬가 있다. 와사臥砂[162]가 있고, 봉우리가 튀어나오지 않았으며 구멍도 없다. 아름다운 것은 그 형상이 누워있는 소나 피지 않은 연꽃봉오리나 이무기와 같고, 두드리면 소리가 옥처럼 맑으며, 날카로운 칼로 깎아도 깎이지 않는다. 이 돌은 향기를 흡수할 수가 있으므로, 서재에 놓으면 향 연기가 종일토록 흩어지지 않는다. 가짜는 대부분 태호석太湖石을 물들여서 만들며, 칼로 깎으면 가루가 되어 떨어진다.

---

160 영벽석(靈璧石) : 안휘성 영벽현의 특산품으로 경도는 2.64~2.84이며, 당송시기에는 공품(貢品)이 되어 황실에 바쳐졌다. 영석(英石)과 태호석(太湖石) 및 곤석(昆石)과 함께 '중국 4대 명석'의 하나로 불린다. 청 건륭황제는 '천하제일석(天下第一石)'이라 하여 특히 애호하였다. 형태와 재질과 색깔 및 무늬에 따라 청대영벽석(靑黛靈璧石, 청흑색 영벽석)·영벽문석(靈璧紋石, 청흑색에 표면에 직선이나 호선이나 원 및 금선과 나비와 구름 등의 무늬가 있는 영벽석)·영벽환라석(靈璧皖螺石, 표면에 나선성의 돌기가 있으며 홍색이나 황색이나 회색의 영벽석)·오채영벽석(五彩靈璧石, 하나의 돌덩이에 황색과 옅은 홍색과 홍색과 청색과 백색 등이 있는 영벽석)·백영백석(白靈璧石, 흰색이 많이 나타나는 영벽석)·영벽투화석(靈璧透花石, 흑색이나 회색으로 표면에 인물이나 식물이나 산천 등의 무늬가 있는 영벽석)·홍영벽석(紅靈璧石, 전체가 홍색인 영벽석) 등의 7종류로 구분한다.【역주】

161 영벽현(靈璧縣) : 안휘성 동북부에 위치한 숙주시(宿州市)에 속하며, 초패왕 항우와 한고조 유방의 해하(垓下) 전투가 발생한 지역이므로, '패왕성(霸王城)'이라고도 한다.【역주】

162 와사(卧砂) : '와사(臥沙)'라고도 한다. 영벽석의 표면에 자주 나타나는 일종의 무늬.【原註】

영벽연산(硏山),[163] 북경문박학원(北京文博學院) 소장

영벽오채석(靈璧五彩石)

원문 異石論

靈璧石

出靈璧縣, 在深山中掘之乃見. 其色黑如漆, 間有細白紋如玉. 有臥砂, 不起峰, 亦無岩岫.[164] 佳者如臥牛菡萏[165]蟠螭,[166] 扣之聲淸如玉, 快刀刮不動. 此石能收香, 齋間有之, 香烟終日不散. 假者多以太湖石染色爲之, 刀刮成屑.

---

163 연산(硏山) : 산과 같은 형태를 가진 돌의 중간을 파서 벼루로 만들어, 벼루가 산에 붙어 있으므로 '연산'이라 한다. 도판의 연산은 영벽석 연산으로, 현재 북경 고궁에 소장된 송 미불의 작품이라는 「연산명(硯山銘)」에는 '보진재연산도(寶晋齋硏山圖)'라는 제목으로 도판과 유사한 형태의 연산을 그린 내용이 있으며, 원말 명초의 문학가이자 역사학자 도종의(陶宗儀, 1321~1412?)가 원나라 역사에 관하여 기록한 찰기(札記, 독서하며 얻은 지식이나 생각과 견문 등을 수시로 기록한 글)인 『철경록(輟耕錄)』 권6의 '보진재연산도(寶晋齋硏山圖)' 조목에서 "오른쪽의 이 돌은 남당(南唐, 937~975)의 보배로운 돌로서, 오래도록 내 서재의 연산이었는데, 지금 설도조[薛道祖, 즉 설소팽(薛紹彭, 송대 서예가)]가 바꾸어 갔다(右此石是南唐寶石, 久爲吾齋硏山, 今被道祖易去)"라고 하였다. 도판의 기물이 「연산명(硯山銘)」에 나오는 작품이라고 주장하지만, 「연산명(硯山銘)」 자체도 진위가 현재 불확실하며, 다만 기이한 형태의 영벽석으로서 참고로 수록하였다.【역주】

164 岩岫(암수) : 돌에 있는 움푹 파인 구멍을 가리킨다.【原註】

165 菡萏(함담) : 피지 않은 연꽃.【原註】

166 蟠螭(반리) : 이리저리 몸통을 구부린 뿔이 없는 용.【原註】

번역 영석英石[167]

영주英州[168]에서 산출되며 구리 광석과 같은 소리가 난다. 바위 아래에 거꾸로 자라나 톱으로 채취하므로 바닥이 평평하다. 솟아난 봉우리가 2~3치로 역시 탁자 사이의 기이한 완상물이다. 색이 검고 윤기가 나는 것이 좋다.

원문 英石

出英州, 如銅礦聲. 倒生岩下, 以鋸取之, 故底平. 起峰二三寸, 亦几案間之奇玩. 色黑潤者佳.

항주 강남명석원(江南名石苑)
추운봉(縐雲峰)

167 영석(英石) : 산성 토양에 부식되고 풍화되어 기묘한 형태를 가진 석회암의 일종으로, 광동성 북강(北江) 중류의 영덕시(英德市) 망부진(望埠鎭) 영산(英山)에서 주로 산출된다. 본래 백색이지만 풍화와 함유된 여러 물질로 말미암아 흑색·청회색·회흑색·옅은 녹색 등이 있으며, 옻칠처럼 검은 것이 가장 아름다우며, 석질 사이에 백색의 방해석(方解石) 선 무늬가 있다. 산에서 산출되는 돌 가운데 추(皺, 주름)가 가장 두드러진 돌의 일종으로, 앞뒤면의 차이가 비교적 선명하여, 정면은 요철의 변화가 다양하지만 후면은 비교적 평탄하다. 노천에서 산출되는 양석(陽石)과 땅에서 채굴하는 음석(陰石)으로 구분된다. 양석은 장기간의 풍화로 재질이 단단하여 인공산과 분경(盆景)에 적합하고, 음석은 풍화가 덜 되어 재질이 성글며 조형이 기이하여 독립적인 작품으로 감상하기에 적합하다. 절강성 항주시 강남명석원(江南名石苑)의 추운봉(縐雲峰)은 영석으로 소주시 유원(留園, 명대에 만든 정원)의 태호석 관운봉(冠雲峰) 및 상해시 예원(豫園, 명말에 만든 정원)의 태호석 옥영롱(玉玲瓏)을 '강남 삼대 명석'이라 한다.【역주】

168 영주(英州) : 지금의 광동성 청원시(淸遠市)에서 관할하는 영덕시(英德市).【原註】

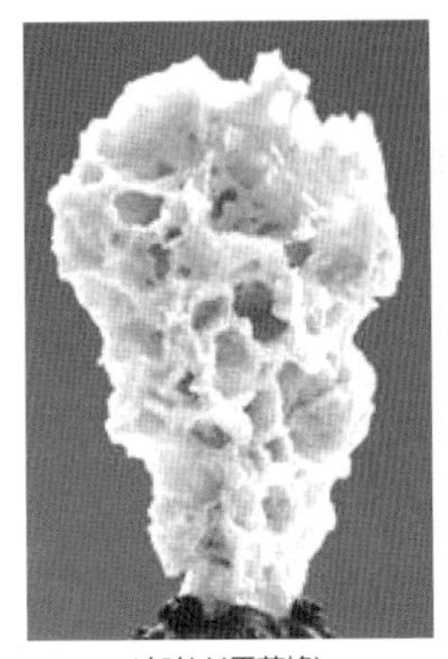
설화봉(雪花峰)

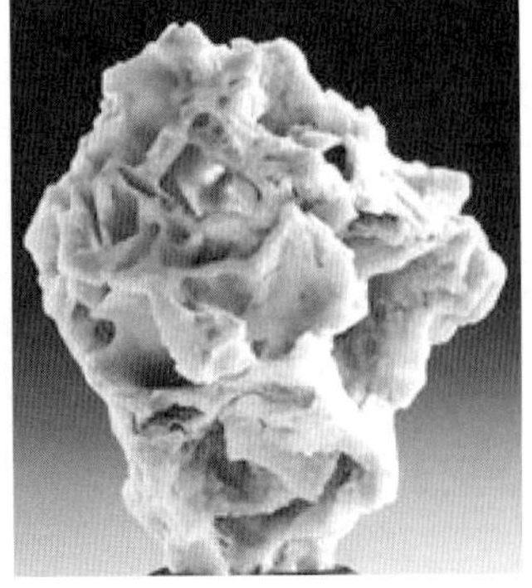
계골봉(鷄骨峰)

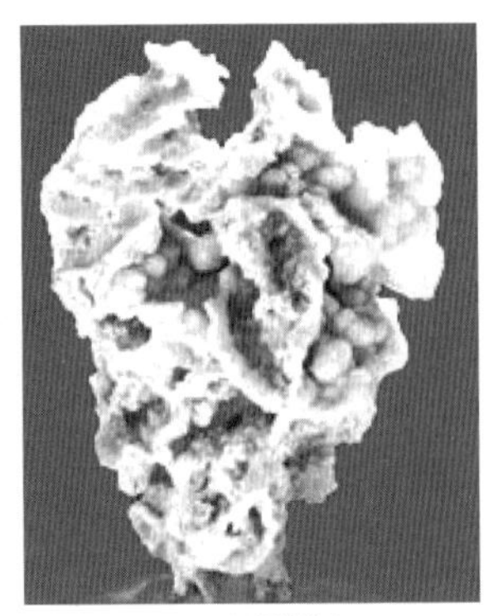
호도봉(胡桃峰)

번역 곤산석昆山石[169]

소주蘇州 곤산현昆山縣 마안산馬鞍山의 깊은 산중에서 산출되며, 땅을 파야 비로소 획득한다. 영롱하여 사랑스러우며, 깎아서 산비탈처럼 만들어 창포菖蒲[170]와 꽃나무 및 작은 소나무나 잣나무를 심는다.

---

169 곤산석(昆山石) : '곤석(昆石)'이나 '영롱석(玲瓏石)'이라고도 하며, 채굴했을 때 곤산석의 외부에는 붉은 색의 산 흙이 엉겨 붙어 있으므로, 일정 기간에 걸쳐 약품으로 제거하고 틈새에 낀 잡질을 세척해서 없애야 본 모습이 드러난다. 형태에 따라 이름을 붙여 종류가 다양하며, 계골봉(鷄骨峰, 닭의 뼈처럼 얇은 판 모양이 종횡으로 교차된 형태)·설화봉(雪花峰, 눈처럼 흰 품종)·해칩봉(海蟄峰, 형태와 색이 게와 비슷한 품종)·호도봉(胡桃峰, 호도처럼 둥근 알갱이가 있는 품종)·조시봉(鳥屎峰)·여자봉(荔子峰)·양매봉(楊梅峰, 판 위에 과일 양매처럼 둥근 입자가 있는 품종) 등이 대표적인 품종이다. 계골봉과 호도봉이 가장 진귀하다. 명대 말기 문진형(文震亨, 1585~1645, 문학가이자 화가)이 선비의 취미 생활에 관한 기물을 주로 기록한 『장물지(長物志)』에서 "곤산석은 곤산의 마안산 아래에서 산출되며, 산속에서 나오는데 땅을 파서 얻는다. 색이 흰 것이 귀중하며, 계골편(鷄骨片, 즉 계골봉)과 호도괴(胡桃塊, 즉 호도봉)의 두 종류가 있지만 역시 속되어, 여전히 우아한 기물은 아니다(昆山石出昆山馬鞍山下, 生於山中, 掘之乃得. 以色白者爲貴, 有鷄骨片胡桃塊二種, 然亦俗, 尙非雅物也)"라고 하였다.【역주】

170 창포(菖蒲) : 다년생 수생초본식물로 향기가 있다. 잎이 좁고 길어 검의 형태와 비슷하다.【原註】

원문 昆山石

出蘇州昆山縣馬靶山[171]深山中, 掘之乃得. 玲瓏可愛, 鑿成山坡, 種菖蒲花樹及穿松樹.[172]

번역 태호석太湖石[173]

소주의 태호太湖[174]에서 산출된다. 조각을 먼저 하여 급류 속에 놓고 물결에 부딪치게 하여 오래되면 저절로 이루어진 듯하다. 혹은 연기를 쏘여 색을 검어지게 한다.[175]

---

171 馬靶山(마파산) : 마안산(馬鞍山)의 오기. 수정하여 풀이하였다.【역주】

172 穿松樹(천송수) : 의미가 통하지 않는다. 왕좌(王佐)의 『신증격고요론』에서는 "천송수(穿松樹)"가 "소송백수(小松柏樹)"로 되어 있다. "천송수(穿松樹)"는 의미가 통하지 않으므로 『신증격고요론』에 따라 "작은 소나무나 잣나무"로 수정하였다.【역주】

173 태호석(太湖石) : 석회암으로, 대부분 회색이며, 흑색과 백색 및 황색은 드물다. '궁륭석(窟窿石)'이나 '가산석(假山石)'이라고도 하며, 석회암이 장기간의 침식을 받아 형성된 것으로, 강이나 호수에서 채굴하는 수석(水石)과 흙에서 채굴하는 건석(乾石)으로 구분한다. 산지에 따라 구분하며, 강소태호석(江蘇太湖石, 원래의 태호석) · 안휘태호석[안휘성 태호현(太湖縣)에서 산출] · 방산태호석(房山太湖石, 북경시 방산지역 산출) · 서동룡태호석[西同龍太湖石, 하북성 당현(唐縣) 서동룡에서 산출] · 절강태호석(절강성 지역의 태호에서 산출) · 형산태호석[荊山太湖石, 형산산맥(荊山山脈)에서 산출] · 오정태호석[五井太湖石, 산동성 임구현(臨朐縣) 오정진(五井鎭)에서 산출] 등이 있다. 당나라 시절에 매우 유행하여 시인 백거이(白居易, 772~846)는 「태호석기(太湖石記)」를 지어 태호석을 전문적으로 기술하기도 하였다. 북송 휘종시기(1100~1126)에 20여 년 동안 지속된 화석강(花石綱, 황제를 위해 아름다운 꽃과 돌을 운반하기 위한 특수 교통조직) 사건에도 태호석이 관련되어 있었으며, 결국 민란의 한 요소가 되기도 하였다.
명말 학자 임유린(林有麟)이 1613년에 저술한 일종의 수석 도록인 『소원석보(素園石譜)』에서 돌을 감상하는 기준으로 '수(瘦, 날씬한 형태) · 추(皺, 주름) · 루(漏, 뚫린 동굴) · 투(透, 투과되는 구멍)'의 4가지를 제시하여 지금도 사용되고 있다.【역주】

174 태호(太湖) : 장강삼각주의 남쪽에 있으며, 중국 5대 담수호의 하나로 면적이 2,445㎢(서울시의 4배 정도)이다. 강소성과 절강성에 걸쳐 있고, 북 무석(無錫) · 남 호주(湖州) · 서 의흥(宜興) · 동 소주와 닿아있다. 관련 하천이 약 50개이며 호수 속에 섬이 약 50여 개 있다.【역주】

175 본문의 내용은 천연 태호석에 대한 기술이 아니며, 태호석 덩이를 캐서 인공으로 다듬어

소주 유원(留園) 관운봉(冠雲峰)

상해 예원(豫園) 옥영롱(玉玲瓏)

원문 太湖石

出蘇州太湖. 先雕, 置急水中舂撞, 久之如天成. 或用烟熏, 色黑.

번역 홍사석紅絲石[176]

이 돌은 토마노土瑪瑙[177]와 유사하지만 재질이 거칠어 윤택하지 않으며,

아름답게 만드는 방법을 설명한 것이다.【역주】

176 홍사석(紅絲石) : 산동성 청주(靑州)에서 산출된다. 석질은 적황색으로 실과 같은 홍색의 무늬가 있어 돌의 표면을 감싸고 있다. 벼루를 만들 수 있다.【原註】

* 홍사석(紅絲石) : 퇴적암으로 경도는 4~4.5도. 당나라에서는 홍사석으로 만든 벼루를 최고로 간주하였으며, 송대 말기에 자원이 고갈되어 근대에 이르러 다시 채굴되고 있다. 채굴하여 표면을 연마하면 황색 바탕에 홍색의 실 무늬가 아름답게 나타난다. 현대에는 주로 벼루를 만든다.【역주】

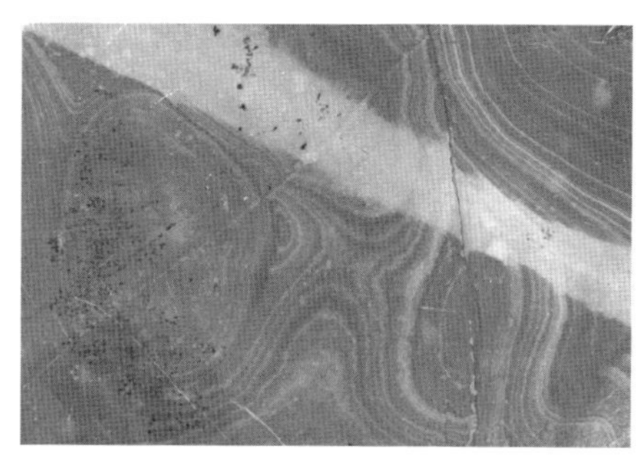

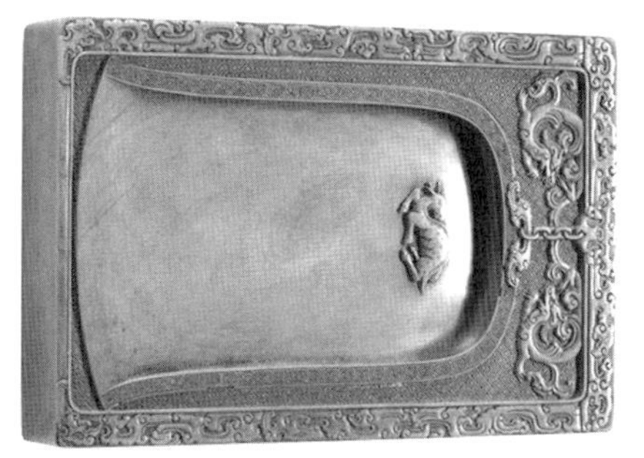

홍사석의 무늬

〈종문홍사연(鍾紋紅絲硯)〉, 광동성박물원 소장

백색 바탕에 홍색의 줄 무늬가 있고, 아울러 구름 등의 무늬가 없다. 역시 판판하게 톱질하여 탁자에 상감할 수 있다. 큰 것은 대여섯 자이며, 그리 가치가 나가지 않는다.

원문 紅絲石

此石類土瑪瑙, 質麄不潤, 白地紅紋路, 幷無雲頭等花. 亦可鋸板嵌臺卓. 大者五六尺, 不甚直錢.

---

177 토마노(土瑪瑙) : 산동성 임기시(臨沂市) 거남현(莒南縣)·기수현(沂水縣)·비현(費縣)·임기(臨沂)와 일조시(日照市) 거현(莒縣) 등지에서 산출되는 마노와 비슷한 무늬가 있는 돌. 석질이 그리 좋지 않으며, 반투명이고 대부분 회색·백색·홍색의 3가지 색이며, 태문(苔紋, 이끼 무늬)과 호도문(胡桃紋, 호두무늬)이 석재에 나타난다. 판 모양으로 잘라서 탁자의 표면이나 병풍의 장식으로 사용된다.【역주】

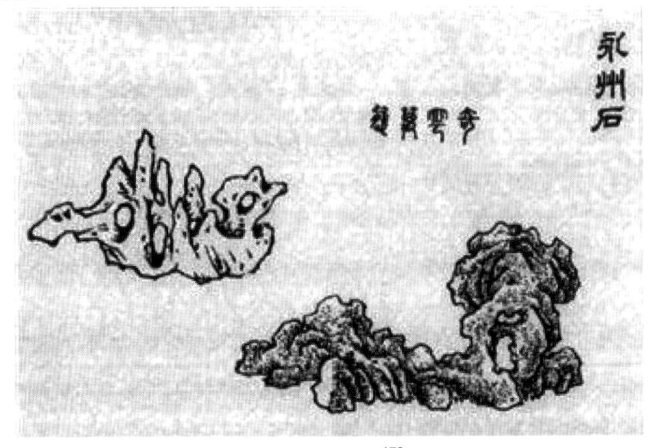

〈소원석보(素園石譜)〉,[178] 영석

기양석 조각

번역 영석永石[179]

영주永州[180]에서 산출되며 단단하지 않고 청색이다. 좋은 것은 산수나 일월이나 인물 등의 형상이 있으며, 대부분 칼로 깎아 만들어 자연적인 것은 아니고, 손으로 만지면 울퉁불퉁하여 확인할 수 있다. 자색 무늬가 있는 것이 청색 무늬의 것보다 조금 우수하다. 판판하게 톱질하여 탁자 표면과 병풍에 상감할 수 있다. 그리 값이 나가지 않는다.

---

178 소원석보(素園石譜) : 명말 학자 임유린(林有麟, ?~?)이 각종 명석 102종을 수집하여 249폭의 크고 작은 그림으로 수록한 일종의 수석 도록. 1613년의 서문이 붙어있다.【역주】

179 영석(永石) : 기양석(祁陽石)을 가리킨다. 호남성 영주시(永州市) 기양현(祈陽縣)에서 산출되는 돌로, 석질이 세밀하며 자홍색을 띠고, 옅은 녹색의 석맥(石脈)이 나타난다. 자홍색의 바탕과 옅은 녹색의 돌무늬를 이용하여 만든 벼루인 기양연(祈陽硯)이 유명하다. 당대부터 벼루로 제작되어 청대에 성행하였으며, 민국시기에 자원이 거의 고갈되었다.【역주】

180 영주(永州) : 지금의 호남성 영주.【原註】

원문 永石

出永州, 不堅, 色靑. 好者有山水日月人物之像, 多是刀刮成, 非自然者, 以手摸之, 坳垤[181]可驗. 紫花者稍勝靑花者. 鋸板, 可嵌卓面屛風. 不甚直錢.

번역 시금석試金石[182]

사천의 강물에서 산출되며, 순흑색으로 치밀하고 윤택한 것이 좋다. 시금석 표면이 시험한 금선으로 가득하면, 소금으로 씻어내고 습기가 많은 곳에 두어 잠시 뒤에 호두 기름으로 문지르면, 여전히 금을 시험할 수 있다. 항상 주머니에 넣어 두어야 한다.

시금석(試金石)

원문 試金石

出蜀中江水內, 純黑色, 細潤者佳. 如上金[183]满, 用鹽洗去, 留於濕地上, 少時, 用胡桃油揩之, 仍上金. 宜常用袋盛之.

---

181 坳垤(요질) : 지세가 높고 낮아 평평하지 않다.【原註】

182 시금석(試金石) : 표면에 금을 문질러 황금의 순도를 판단하는 용도로 사용하는 흑색의 단단한 규산질 암석. 희랍어 'basanos'에서 유래하여 'Basanite'라고 한다.【역주】

183 上金(상금) : 금을 올리다. 여기서는 시금석 위에 금을 그어 시험하다.【역주】

백운모(common mica)

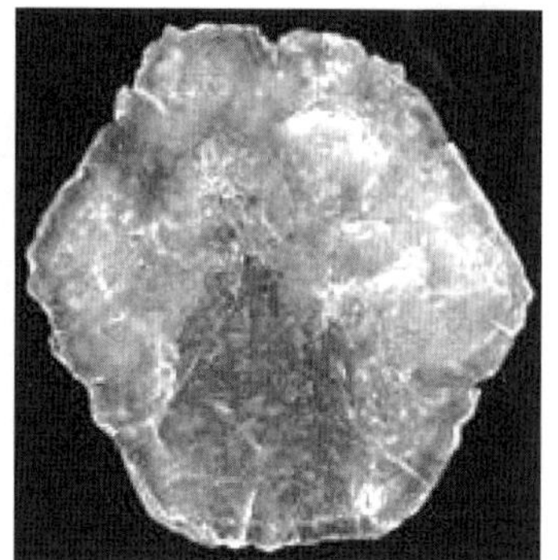

린운모(鱗雲母, Lithium mica)

번역 운모석(雲母石)[184]

연주兗州[185]와 강주江州[186]에서 산출되며, 청황색이고, 얇은 조각으로 잘라서 불 위에 놓고 향을 태운다.

원문 雲母石

出兗州江州, 青黃色, 揭薄片, 留火上燒香.

---

184 운모석(雲母石) : 유리광택이 나는 투명하거나 반투명한 2차원적인 층상구조(層狀構造)를 갖는 규산염류 광물. 고대에는 병풍의 장식과 약재 등으로 사용하였으며, 현대에는 공업용으로 많이 사용한다. 경도는 2~3.5도이며, 자연계에서 흔히 보이는 형태는 판형으로 분리되는 작은 덩이이다. 흑운모(biotite) · 금운모(갈운모, phlogopite) · 백운모(보통 운모, common mica) · 린운모(鱗雲母, Lithium mica) · 견운모(絹雲母, sericite) 등 종류가 다양하다.【역주】

185 연주(兗州) : 지금의 산동성 연주(兗州).【原註】

186 강주(江州) : 중국 고대에 적지 않은 지방이 '강주'로 지명을 삼았다. 명대의 강주는 관청 소재지가 지금의 강서성 구강(九江)이다.【原註】